MICHAEL MAIER

DAS ENDE DER BEHAGLICHKEIT

MICHAEL MAIER

DAS ENDE DER BEHAGLICHKEIT

Wie die modernen Kriege Deutschland und Europa verändern

FBV

Bibliografische Information der Deutschen Nationalbibliothek
Die Deutsche Nationalbibliothek verzeichnet diese Publikation in der Deutschen Nationalbibliografie;
detaillierte bibliografische Daten sind im Internet über **http://d-nb.de** abrufbar.

Für Fragen und Anregungen:
info@finanzbuchverlag.de

2. Auflage 2016
© 2016 by FinanzBuch Verlag,
ein Imprint der Münchner Verlagsgruppe GmbH
Nymphenburger Straße 86
D-80636 München
Tel.: 089 651285-0
Fax: 089 652096

Redaktion: Judith Engst, Susanna Maier, Stefanie Schneider
Korrektorat: Verena Schnapp
Umschlaggestaltung: Isabella Dorsch
Bildquelle und -bearbeitung: Shutterstock, Pamela Machleidt
Foto dritte Umschlagseite: Laurence Chaperon
Satz: Carsten Klein
Druck: GGP Media GmbH, Pößneck
Printed in Germany

ISBN Print 978-3-89879-941-6
ISBN E-Book (PDF) 978-3-86248-791-2
ISBN E-Book (EPUB, Mobi) 978-3-86248-792-9

Weitere Informationen zum Verlag finden Sie unter
www.finanzbuchverlag.de

Inhalt

Für Fahira und Sabira

EINLEITUNG

Als ich im Jahr 1996 von Wien nach Berlin geholt wurde, um aus dem ehemaligen SED-Bezirksblatt »Berliner Zeitung« eine ordentliche Zeitung zu machen, war Deutschland für viele europäische Einwanderer die ideale Mischung von Behaglichkeit und Aufbruch. Man konnte viel erleben, ohne etwas zu riskieren. Die Wiedervereinigung war zwar ein radikaler Bruch, traf aber in erster Linie die Ostdeutschen. Den westdeutschen Eliten bot sich die einmalige Chance einer Zeitreise in die Vergangenheit. So verließen junge, neugierige und außerordentlich belesene Journalisten die behaglichen Redaktionsräume der FAZ, um für ein ehemaliges SED-Propagandablatt die Überreste der DDR zu bestaunen. Sie notierten die Aussagen von müden Helden und eloquenten Verrätern, porträtierten die Zeitzeugen und spotteten über die Spießigkeit der Diktatoren von Wandlitz. In meist brillanten Texten gelang es ihnen, von Goethe bis zur Love Parade immer die richtige historische Reminiszenz zu finden.

Überlegungen, welche Folgen die friedliche Revolution von 1989 für das Deutschland der Zukunft haben würde, standen für die meisten nicht im Vordergrund. Die DDR-Bürgerrechtler spielten keine Rolle. Bärbel Bohley, eine Art Jeanne d'Arc des Mauerfalls, lebte immer noch in ihrer verfallenen Wohnung am Prenzlauer Berg. Später ging sie nach Bosnien, um dem Land beim Wiederaufbau nach dem Krieg zu helfen. Die politischen Macher setzten auf einen wilden Bauboom. Der Alexanderplatz, wo die Redaktion liegt, sollte eine Skyline aus Wolkenkratzern erhalten, vor der selbst New York erblassen würde. Zwanzig Jahre später sieht der Platz immer noch aus wie zu Mielkes Zeiten. Nur die Ost-Kneipe »Das Setz-Ei« hat Pleite gemacht und ist verschwunden. Der DDR-Vorzeigebau, der »Palast der Republik«, wurde abgerissen. An dem Ort wird das kaiserliche Stadtschloss rekonstruiert.

Warum hat »die Wende« eigentlich keinen Modernisierungsschub in Deutschland ausgelöst? Die deutschen Eliten haben damals vor allem leidenschaftlich darüber gestritten, welche Folgen die Wiedervereinigung für die Vergangenheit Deutschlands haben würde. Die Zukunft sollte aus der Vergangenheit definiert werden. Ich erinnere mich an nächtelange hitzige Diskussionen mit dem Direktor des Deutschen Historischen Museums in Berlin: Es ging um die Frage, ob die Quadriga vom Brandenburger Tor aus heraldischer Sicht als neues Symbol für die »Berliner Zeitung« taugen könnte, oder das als eine Reminiszenz an Preußen missverstanden werden würde. Wir verwarfen die Idee und entschieden uns für die Modernisierung der Zeitung.

Ich gewann damals den Eindruck, dass die deutschen Eliten eine gewisse Aversion gegen wirklich radikale Veränderungen haben. Unberechenbare Erneuerer werden misstrauisch beäugt. Man fürchtet den radikalen Bruch. Deutschland setzt auf die Perfektion des Bestehenden. Bei neuen Dingen will man erst mal abwarten, ob sie sich bewähren. Wenn allerdings einmal eine Neuerung vollzogen wurde, dann können sich die Deutschen wie kein anderes Volk der Welt an der »inkrementellen Verbesserung« erfreuen: Hier noch ein Schräubchen, da ein Rädchen, dort eine Stellschraube – so wird man Export-Weltmeister.

Doch schon um das Jahr 2000 zeigte sich auch in Deutschland, dass die nächste Umwälzung nicht so einfach zu absorbieren sein würde: Die Internet-Revolution machte die Wiedervereinigung über Nacht zu einer welthistorischen Petitesse. In Amerika legte der russische Einwanderer Sergey Mikhaylovich Brin den Grundstein zu einem neuen Imperium. Google sollte nur wenige Jahre später zu einer Macht werden, die im Zusammenspiel mit anderen Technologie-Giganten das Leben der Menschen auf dem Erdball verändert wie kein anderes Unternehmen in der Geschichte zuvor.

So wurden in Berlin Wende und Wiedervereinigung bald abgelöst von den Vibrationen der Internet-Revolution. Ich hatte das Glück, auch bei dieser »Revolution« dabei sein zu dürfen. Ich wurde vom norwegischen Internet-Pionier Knut Ivar Skeid geholt, um mit ihm gemeinsam die erste deutsche Online-Zeitung aufzubauen, die »Netzeitung«. Im Vergleich zu den Goldgräber-Tagen bei der »Berliner Zeitung« blieben die Deutschen für das damals als revolutionär geltende Projekt einer Tageszeitung ohne Papier nicht unter sich, sondern profitierten von der Internationalität des Internets: Hinter dem Projekt standen schwedische Investoren, das Führungsteam kam aus Norwegen, der Kulturchef war ein Schweizer Schriftsteller griechischer Herkunft.

Ich habe Deutschland in all diesen Umbrüchen als ein sehr stabiles Land kennen und schätzen gelernt. Veränderungen nähert man sich hierzulande aus einer unwiderstehlichen »Behaglichkeit« heraus. Das Wort ist altmodisch und für eine SMS schon fast zu lang. Lion Feuchtwanger hat es gerne verwendet, in seiner großen Wartesaal-Trilogie. Dort beschreibt Feuchtwanger, wie die damaligen deutschen Eliten – unter ihnen viele Juden – die Gefahren des Nationalsozialismus nicht kommen sahen. Sie hatten es sich »behaglich« in ihren Villen in Berlin-Dahlem oder in München-Schwabing eingerichtet. Das Donnergrollen, das die Katastrophe ankündigte, interpretierten sie als Laune der Geschichte. Auch Florian Illies schildert in seinem Buch »1913. Der Sommer eines Jahrhunderts« die seltsame Mischung aus behaglichem Gleichmut und nervöser Spannung am Vorabend des Ersten Weltkriegs: Alle dachten: »Wann geht es endlich los?«, wie Illies den österreichischen Thronfolger Franz Ferdinand ironisch denken lässt.[1] Doch kaum einer konnte sich vorstellen, dass am Ende des Krieges der Zerfall der österreichisch-ungarischen Monarchie und damit die komplette Neuordnung Europas stehen würden.

Im Jahr 2015 ist die Behaglichkeit der Deutschen einem bedrückten Unbehagen gewichen. Die Heiterkeit ist verflogen. An die Stelle der Gelassenheit ist eine latente Aggressivität getreten. Statt Zuversicht herrschen Beklemmung, Misstrauen, Verzagtheit und Angst. Zehntausende Menschen ziehen unter dem apokalyptischen Slogan »Patrioten Europas gegen die Islamisierung des Abendlandes« durch die eiskalten Straßen Dresdens. Die Bilder der fahlen Gestalten mit ihren seltsamen Fahnen sind verstörend. Manche Auftritte wie der des Schriftstellers Akif Pirinçci im Oktober 2015 sind so rassistisch, dass es sogar den Teilnehmern der Pegida die Sprache verschlägt. In der Silvesternacht zu 2016 ist es in Köln zu massiven sexuellen Belästigungen und Eigentumsdelikten gekommen, für die die Polizei Personen »aus dem nordafrikanischen und arabischen Raum« verantwortlich macht.

Erklärungen und vor allem Lösungen wird es aber bald brauchen, denn mittlerweile ist eine Welle der offenen Gewalt zu registrieren: In Heidenau attackierten Rechtsextreme im August 2015 eine Flüchtlingsunterkunft. In Berlin bedrohte im September 2015 ein verurteilter Terrorist Passanten und verletzte eine Polizistin mit einem Messer, nachdem er sich seiner elektronischen Fußfessel entledigt hatte. In Köln wurde im Oktober die Kandidatin für das Amt des Oberbürgermeisters bei einer Wahlveranstaltung niedergestochen.[2]

Deutschland ist von einem radikalen Umbruch erfasst worden, der sich in chaotischen Zuständen manifestiert. Die »Stellschraube« als Steuerungsinstrument versagt. Das Land muss sich Problemen stellen, die nichts mit der eigenen Vergangenheit, sondern ausschließlich mit der Zukunft der Welt zu tun haben. Alle die Probleme sind von »externen« Faktoren getrieben. Die Berliner Republik, die sich lange in der Rolle des Zuschauers gefiel, findet sich auf einmal in der Position des Getriebenen wieder. Andere bestimmen das Tempo. Die Herausforderungen sind gewaltig: Die Möglichkeit des Zerfalls der EU, die Gefahr eines neuen Kalten Krieges gegen Russland, der größte Skandal der Automobilgeschichte ausgerechnet bei Volkswagen, hunderttausende Flüchtlinge und Migranten, die scheinbar wie aus dem Nichts plötzlich auftauchen und hier leben wollen.

Deutschland hat jahrelang so getan, als sei der ewige Frieden ausgebrochen, nur weil zwischen Rhein und Oder alles so behaglich ablief. Diese Illusion hat dazu geführt, dass man am liebsten die Zeit angehalten hätte: Alles möge so bleiben, wie es ist. Die »friedliche Revolution« von 1989 hat die Illusion aufkommen lassen, dass Weltveränderungen immer ganz harmonisch vonstattengehen können, wenn man es nur ganz fest möchte. Die fröhliche Begrüßungs-Welle für die Flüchtlinge, als sich die Deutschen mit »Refugees Welcome«-Schildern an ihre nicht mehr existierenden Grenzen aufmachten, war in ihrer Choreografie von der Maueröffnung inspiriert: Auch damals hatten die Wessis die Ossis herzlich in Empfang genommen. Doch anders als bei der Wiedervereinigung leben wir im Jahr 2015 nicht in einer Zeit der globalen Friedenshoffnung. Anders als in den 1990er-Jahren sind die Militärs nicht überall weltweit auf dem Rückzug. Das Gegenteil ist der Fall.

Denn tatsächlich ist die Welt kriegerischer denn je. Die Möglichkeit, Kriege mit »modernen Mitteln« zu führen, hat die Lust vieler

Regierungen geweckt, Veränderungen mit Gewalt zu erzwingen. Der Charakter von militärischen Konflikten hat sich nämlich dramatisch verändert. Waffensysteme werden nicht mehr von Soldaten, sondern von Computerspezialisten gesteuert. Kriege werden als Finanzkriege geführt: Mit einer einzigen gezielten Finanz-Spekulation kann eine ganze Volkswirtschaft in die Knie gezwungen werden. Kriege werden als Cyber-Kriege im virtuellen Raum geführt. Ein Angriff auf die Stromversorgung kann ein ganzes Land lahmlegen. Orchestriert werden die Kriege in Propagandaschlachten, die in den Medien und im Internet toben. Die modernen Methoden zeichnen sich dadurch aus, dass Gewalt ausgeübt werden kann, ohne dass die Opfer die Täter kennen. Die modernen Methoden versetzen Kriegs-Parteien in die Lage, anonym, unerkannt oder gar in der Maskerade eines anderen aufzutreten. Kriege werden nicht mit offenem Visier geführt. Der Begriff »Pegida« verweist gerade wegen seiner Absonderlichkeit auf das tiefe Unbehagen: Die Leute wähnen sich im Kriegszustand. Sie wissen aber nicht, wer eigentlich der Feind ist. Sie wissen auch nicht, wie sie auf den unbekannten Feind reagieren sollen. Sie suchen Sündenböcke und konstruieren Erklärungen. Sie fühlen sich bedroht und können sich nicht wehren.

Die Flüchtlinge sind die ersten sichtbaren, stummen Zeugen der modernen Kriege. Sie führen uns vor Augen, dass der Weltfrieden eine Illusion ist. Sie erinnern uns, dass Deutschland auch von den Kriegen, von denen es auf dem Heimatboden nichts gemerkt hat, profitiert – mit Milliardengewinnen für die Rüstungsindustrie. Wir können nicht mehr wegschauen. Die Flüchtlinge ziehen in langen Trecks über die mazedonischen Hügel. Sie kämpfen verzweifelt gegen die unbarmherzigen Wellen in der Ägäis, reißen entnervt die Absperrungen in kroatischen Lagern nieder. Sie ziehen planlos durch die Wälder der Steiermark, und alle haben nur ein Ziel: »Germany«. Dort soll alles besser werden. Ein befreundeter Arzt berichtete mir von einem Pakistani, der es über tausende Kilometer bis nach Berlin geschafft hatte: Der Flüchtling erzählte ihm, er sei mit drei Freunden in Pakistan aufgebrochen, weil sie dort keine Zukunft gehabt hätten. In Afghanistan seien zwei von ihnen erschossen worden. Einer sei in der Türkei verdurstet. Nur er habe es geschafft. Nun sitzt er in der Praxis eines deutschen Arztes indischer Herkunft und beide sind hilflos, weil beide nicht wissen, wie es weitergehen soll.

Die »Modernität« unserer Kriege ist durch die Verschmelzung von Technologie und Industrie möglich geworden, einem globalen Prozess, der sich seit dem Jahr 2000 vollzieht. Wir bezeichnen diesen Prozess daher als technologisch-industrielle Revolution. Die erste Welle dieser Revolution waren die Anfangsjahre des Internet. Heute läuft die zweite Welle: Alle Möglichkeiten der Vernetzung, der Datenerfassung und der globalen Kommunikation werden miteinander verbunden. Diese Welle hat dazu geführt, dass große Technologie-Unternehmen die Weltwirtschaft zu dominieren beginnen.[3]

Die technologisch-industrielle Revolution hat eine zivile und eine militärische Komponente: In der zivilen werden neue Produkte geschaffen, die den Alltag ebenso verändern wie die Arbeit in den Unternehmen. In der militärischen Komponente werden alle Elemente kombiniert, um politische und wirtschaftliche Interessen mit Gewalt durchzusetzen. In solcherart »modernen« Kriegen werden Technologie und Industrie-Güter als Waffen eingesetzt, erprobt und weiterentwickelt. Viele der großen Technologie-Konzerne sind sowohl im zivilen Bereich als auch für die Rüstungsindustrie tätig. Der Krieg ist die Avantgarde dieser Revolution. Die »Kollateralschäden« in Form von zivilen Opfern, Vertreibung und Zerstörung werden in Kauf genommen, um geopolitische Interessen durchzusetzen und wirtschaftliche Vorteile zu erringen.

Die technologisch-industrielle Revolution verläuft global, gleichzeitig und ohne Hoheitsabzeichen. Es ist nicht mehr zu erkennen, wer der Urheber einer Aktion ist. Die Folgen jeder Aktion können überall auf der Welt auftreten.

Wegen des universalen Charakters dieser Kriege kann sich niemand der Entwicklung entziehen – auch Deutschland nicht. Die Stärke der deutschen Wirtschaft, die politische Stabilität und der Wohlstand sind keine Garanten mehr für die Zukunft. Im Gegenteil: Vom Erfolg verwöhnt und allem Neuen eher mit Skepsis als mit Mut zum Risiko begegnend, hat Deutschland die ersten beiden Wellen der technologisch-industriellen Revolution glatt verschlafen. Das hat gravierende Folgen: Die neuen Weltkonzerne heißen nicht mehr Volkswagen oder BMW, sondern Google, Apple, Yandex, Symantec oder Alibaba. Die jungen Giganten exportieren ihre Produkte in alle Welt.[4] Deutschland droht eine Zukunft als Werkbank der global tätigen Technologie-Konzerne, mit einschneidenden Veränderungen für Wirtschaft und Gesellschaft.

Die Schwäche Deutschlands liegt auch in dem bequem und an manchen Stellen morsch gewordenen, politischen Establishment. Die Erfolge der Untertanen haben die Regierungen träge und selbstgefällig gemacht. »Heute können wir feststellen: Deutschland geht es so gut wie lange nicht«, sagte Angela Merkel in ihrer Regierungserklärung im Januar 2014.[5] Im Herbst 2013 hatte die Kanzlerin vor der Wahl gesagt »Ganz grundlegend neue Sozial- und Wirtschaftsreformen brauchen wir nicht.«[6]

Unter Angela Merkel hat sich der Wandel Deutschlands zur »Postdemokratie« vollzogen. Dieser Begriff des Soziologen Colin Crouch bezeichnet einen Zustand, in dem die offizielle Politik nur noch als Marketing funktioniert. Die Sachfragen werden ohne Mitwirkung der Wähler in elitären Zirkeln entschieden. Was die Wähler in wichtigen politischen Fragen denken, kümmert die Politik nicht. Politik und Gesellschaft driften auseinander. Das zeigte sich in den vergangenen Jahren in fast allen wichtigen Fragen: Meinungsumfragen ergaben im Herbst 2015 übereinstimmend, dass eine klare Mehrheit der Deutschen in der Flüchtlingskrise eine andere Politik will als die Bundesregierung.[7] Es war die Stunde der Opportunisten: Nachdem den Bürgern jahrelang versichert worden war, Griechenland sei »auf einem guten Weg«[8], und der Aufschwung sei nahe, empfahl Bundesfinanzminister Wolfgang Schäuble im Juni überraschend den vorübergehenden Austritt Griechenlands aus der Währungsunion. Im Konflikt mit Russland ergaben Umfragen, dass die Mehrheit der Deutschen eher der russischen Position glaubte als der der eigenen Regierung.[9] Trotz der gegenteiligen offiziellen Lesart sehen die Deutschen Russland nicht als Aggressor im Konflikt, der um die Ukraine erbittert geführt wird.[10] Der Skandal um Volkswagen traf die Deutschen im

Mark. Erstmals hegten sie fundamentale Zweifel an der Integrität ihrer Industrie-Kapitäne. Millionen Existenzen sind direkt oder indirekt von der Automobil-Industrie abhängig.[11] Experten sagen, der VW-Skandal könnte für Deutschland teurer werden als ein Griechenland-Crash.[12]

Die Bruchlinien zeigen, dass die restaurativen Kräfte in Deutschland gegen den Willen der Bevölkerung agieren. Die von den Parteien dominierten politischen Entscheidungen zielen allein darauf ab, den Status quo zu erhalten. Doch die Bevölkerung braucht eine Perspektive für ihre Zukunft in den Wirren der technologisch-industriellen Revolution. In einer solchen Situation kommt es sehr auf die Fähigkeit einer Regierung und auf die Aufgeschlossenheit der Eliten an. Sie muss der Bevölkerung die Angst nehmen und einen Rahmen schaffen, in dem sich ein Land erneuern kann.

Das Ende der Behaglichkeit bedeutet für Deutschland, sich schleunigst von der Haltung des Bewahren-Wollens zu verabschieden. Deutschland muss dazu sein postdemokratisch-starres System überwinden und in Europa eine Führungsrolle übernehmen. Diese muss sie nutzen, um die ungeheuren Potenziale der technologisch-industriellen Revolution für eine nachhaltige Entwicklung zu heben. Für sinnvolle Produkte gibt es echten gesellschaftlichen Bedarf, einen wirtschaftlichen Markt und die politische Notwendigkeit.

Dazu müssen keine Kriege geführt werden. Die Welt sucht noch immer eine Antwort auf die entscheidende Frage in der fundamentalen Auseinandersetzung um die neuen Technologien: Werden sich jene durchsetzen, die die neuen technischen Möglichkeiten zum Schaden der Menschheit zu kapern versuchen? Oder gewinnen jene, die mit dem Bruch einen Neuanfang zum Wohle der Gesellschaft setzen können? In den USA wird diese Debatte aktuell geführt: In einem offenen Brief des MIT wiesen Technologie-Experten, Ökonomen und Investoren im Sommer 2015 darauf hin, dass »wir uns in der sehr frühen Phase eines großen technologischen Wandels befinden«. Sie benennen all die Gefahren, die die technologisch-industrielle Revolution mit sich bringt. Zugleich kommen sie zu dem Schluss, dass die Menschheit dieser Entwicklung nicht »machtlos« gegenübersteht. Sie glauben, dass die Gesellschaft in der Lage ist, darüber zu entscheiden, ob die Revolution zur Zerstörung oder zu mehr Gerechtigkeit und einem besseren Leben für viele führen wird.[13] Jerry Kaplan, der sich mit den Auswirkungen der Revolution auf die Menschen befasst hat, sagt, der radikale Umbruch werde in jedem Fall »brutal« verlaufen, weil viele Menschen ihren Job verlieren werden.[14]

Dieses Welten-Getöse hat auch der deutschen Behaglichkeit ein Ende bereitet. Die heitere Zuversicht der rheinischen Republik ist einer gespannten Ängstlichkeit gewichen. Mein Eindruck ist, dass die Verunsicherung nicht daher kommt, dass die Deutschen die Probleme für unlösbar halten. In der Flüchtlingskrise etwa hat man gesehen, dass die ehrenamtliche Hilfsbereitschaft enorm ist. Die moralische Kraft ist vorhanden, vor allem bei der Bevölkerung. Doch strukturell ist Deutschland schlecht vorbereitet auf die rapiden Veränderungen: Eine Statistik zeigt, dass Deutschland im Jahr 2014 nicht mehr unter den zehn führenden Nationen im Technologie-Bereich aufscheint.[15]

Das Unbehagen findet seinen Ausdruck in dem massiven Dissens zwischen dem, was die Bürger denken, und dem, was die Regierung ihnen einzureden versucht: Man traut den politischen und wirtschaftlichen Führern nicht zu, dass sie die intellektuelle, charakterliche und fachliche Kompetenz haben, die anstehenden Probleme zu lösen. In seinem Buch »Why Nations Fail« hat der angesehene US-Ökonom Daron Acemoglu an zahlreichen Fallbeispielen analysiert, warum Nationen zerbrechen. Auch wenn die regionalen, politischen oder kulturellen Umstände sehr unterschiedlich sein mögen: Der Zusammenbruch von Staaten lässt sich immer auf einen zentralen Grund reduzieren. Staaten zerfallen, wenn sich eine kleine politische und wirtschaftliche Elite, in deren Händen die Geschicke des Gemeinwesens liegen, nicht mehr um das Wohl des ihnen anvertrauten Volkes kümmert, sondern sich nur noch für den Ausbau und den Erhalt ihrer eigenen Macht interessiert. In solch einer Situation können äußere Einflüsse den entscheidenden Anstoß geben, um ein innerlich morsches Gebilde zum Einsturz zu bringen. Acemoglu schildert sehr anschaulich, wie im Jahr 1346 die Pest über das Schwarze Meer und den Don-Fluss nach Europa hereinbrach. Während einige Staaten nach dem Ende der Epidemie aufblühten und gestärkt aus der Krise hervorgingen, versanken andere im Totalitarismus und fielen für Jahrhunderte in ihrer Entwicklung zurück.

Eine ähnlich einschneidende Wirkung haben in der Regel tiefgreifende technologische Revolutionen: Acemoglu erzählt in seinem Buch das Beispiel des Londoner Erfinders William Lee, der im Jahr 1583 den ersten Webstuhl erfunden hatte. Lee hatte sich daran gestoßen, dass seine Frau so viel unnötige Zeit mit dem Stricken von Strümpfen vergeudet. Er kam auf die Idee, das Problem maschinell zu lösen und erfand den ersten Handkulierstuhl. Er war stolz und überzeugt, dass diese Erfindung das Leben der Menschen verbessern würde, weil man mit der Industrialisierung der Textilwirtschaft eine Menge Zeit und Geld werde sparen können. Doch als er die Maschine Königin Elizabeth I. vorstellte, war diese nicht begeistert, sondern empört: Er möge doch bedenken, wie viele Menschen ihre Arbeit verlieren, wenn diese Arbeit künftig von einer Maschine verrichtet werden würde. Dann müssten ihre Untertanen betteln, und das wünsche sie nicht. Die Königin schickte Lee fort und weigerte sich, seine Erfindung zu patentieren.[16]

In jeder industriell getriebenen Revolution gibt es Gewinner und Verlierer. Revolutionen sind wichtig für die Gesellschaft, weil sich bestimmte Prozesse verändern und unnütze Ressourcen-Verschwendung beendet wird: Solange man Nachrichten den Menschen nur in Papierform übermitteln konnte, musste man Bäume fällen und das bedruckte Papier mit Lastwägen und Boten an die Konsumenten bringen. Für eine Internet-Zeitung wird kein Baum gefällt, aber eben auch kein Drucker oder Fahrer mehr beschäftigt. Stattdessen werden Arbeitsplätze für Programmierer, Designer und Video-Macher geschaffen.

Fünfzehn Jahre nach der Jahrtausendwende befinden wir uns heute in der zweiten Phase der technologisch-industriellen Revolution. Die Zeit des unbefangenen Experimentierens ist beendet. Wir erleben hautnah und greifbar, was der Ökonom Joseph Schumpeter die »kreative Zerstörung« genannt hat. Alte

Industrien werden gnadenlos ersetzt, neue treten an ihre Stelle. Dieser Ablösungsprozess betrifft nicht nur die Wirtschaft, er betrifft auch die Staaten und damit die Gesellschaften in einem umfassenden Sinn. Staaten oder Staatenbünde stehen immer in Konkurrenz zueinander. Die technologische Revolution hat auch die Möglichkeiten der Staaten radikal verändert. Sie nutzen alle neuen Werkzeuge bedenkenlos für ihre Kriege. Die großen Technologie-Unternehmen wollen Geschäfte machen. Sie profitieren von der militärischen Nutzung ihrer Entwicklungen. Profit kennt keine moralischen Grenzen.

Die modernen Kriege tragen einen ganz anderen Charakter als die klassischen Kriege, die um Macht und Territorien geführt wurden. Die modernen Kriege werden virtuell geführt, als Finanzkrise, als Cyber- und Propagandaschlachten. Nicht Armeen bestimmen das Kampfgeschehen, sondern Bilder, Illusionen und artifizielle Intelligenzen. Die modernen Kriege sind in gewisser Weise »platonische Kriege«: Sie folgen der uralten Idee des griechischen Philosophen Plato, der die Welt als Idee verstanden hat: In seinem berühmten Höhlengleichnis hat er erklärt, dass die Welt nichts anderes ist als die Idee, die wir von ihr haben. Im Alten Testament spricht der Verfasser des Buchs »Kohelet« davon, dass »alles eitel und vergänglich« sei, Schopenhauer sieht die »Welt als Wille und Vorstellung« – eine Idee, die der österreichische Schriftsteller Robert Menasse in seiner Frankfurter Poetik-Vorlesung mit dem originellen Titel »Die Zerstörung der Welt als Wille und Vorstellung«[17] paraphrasiert hat.

Die modernen Kriege schaffen neue Realitäten. Sie werden mit den Mitteln der technologisch-industriellen Revolution geführt. Krieg war immer ein wichtiges Experimentierfeld für die Zivilgesellschaft. Kriege sind aus humanistischen wie aus religiösen oder politischen Gründen grundsätzlich abzulehnen. Die Allgemeine Erklärung der Menschenrechte hält fest, dass das Recht auf Leben für jeden Menschen universell gilt und durch niemanden beschnitten werden dürfe. Und doch führen die Nationen Kriege, seit die Menschheit denken kann. Joseph Schumpeter hat in seinem Buch »Kapitalismus, Sozialismus und Demokratie« erklärt, wie sich mit der Modernisierung der Kriege auch die Struktur von

Unternehmen und Wirtschaft der Zivilgesellschaft ändert – bis hin zum Typ des »Unternehmers«, der früher dem Typen des »Feldherren« entsprach, der selbst noch in die Schlacht zieht. Je technischer und abstrakter die Kriege, desto anonymer werden auch die Feldherren oder die Fürsten, in deren Namen die Armeen ihre Schlachten schlagen.[18]

Diese Anonymität, das Gefühl, nicht mehr zu wissen, wer Feind, wer Freund ist, prägt die technologisch-industrielle Revolution, deren zweite Welle jetzt über uns zusammenschlägt.

In diesem Buch soll es darum gehen, den Zusammenhang dieser »modernen Kriege« mit der technologisch-industriellen Revolution sichtbar zu machen. Zugleich soll gezeigt werden, welch ungeheure Chancen die neuen Technologien bieten, wenn sie menschenfreundlich eingesetzt werden. Um zu verstehen, warum diese Revolution auch Deutschland radikal verändern wird, möchte dieses Buch den Kontext herstellen zwischen dieser technologisch-industriellen Revolution und ihren Auswirkungen auf Politik, Wirtschaft und Gesellschaft. Wir werden sehen, dass der Sog der Veränderung unwiderstehlich ist. Wie bei jeder Innovation gibt es, wenn der Geist einmal aus der Flasche ist, kein Zurück mehr.

Das ist faszinierend, weil wir Geschichte »live« erleben und sogar gestalten können. Es macht freilich auch Angst, weil wir wissen, dass vertraute Gewohnheiten über Bord geworfen werden müssen. Im Hinblick auf Deutschland ist die Situation sehr kritisch. Es besteht eine realistische Gefahr, dass die politischen Eliten die Zeichen der Zeit nicht erkennen und damit die Zukunft des Landes für mindestens eine Generation verspielen könnten. Dies liegt zum einen an der sehr restaurativen deutschen Real-Verfassung: Sie ist auf Bewahren angelegt und nicht auf Veränderung. Zum anderen ist die Zukunft Deutschlands nur im europäischen Kontext vernünftig zu gestalten. Die Verdrossenheit über die »EU 1.0« hat den europäischen Gedanken diskreditiert. Die EU muss sich dekonstruieren und radikal neu erfinden.

Mit der Ankunft der Flüchtlinge hat eine fremde, unbekannte Welt Einzug gehalten in den romantischen, teutonischen Wäldern.

Die EU befindet sich in der tiefsten Krise ihrer Geschichte. Der für Deutschland existentiell wichtige Automobil-Sektor ist in seinen Fundamenten erschüttert. Die vielen modernen Kriege verschieben die Gleichgewichte in der Welt. Die technologisch-industrielle Revolution fegt über den Globus. Der Sturm rüttelt an den Balken. Die Fenster klirren. Die Tür steht plötzlich weit offen. Es zieht.

AUSGANGSLAGE

Erhard Busek ist kein Mensch der Düsterkeit, im Gegenteil: Der frühere österreichische Vizekanzler gilt als heiter und gelassen, ein Intellektueller, der viel erlebt und das meiste mit Humor getragen hat. Manche würden ihn als eine K&K-Figur sehen: Er engagierte sich in Osteuropa, als der Eiserne Vorhang noch hermetisch geschlossen war und Europa unerbittlich in zwei Teile teilte. Er hatte die Öffnung erlebt, wurde zum glühenden Europäer. Er ist ein Möglichkeitsmensch.

Im September 2015 hatte sich sein Gesicht jedoch verfinstert: »Wir stehen vor einem schleichenden Dritten Weltkrieg«, sagte Busek im Herbst 2015 in einem Interview.[19] Ich war überrascht von dieser apokalyptischen Vision.

Der Dritte Weltkrieg – angekommen im Wien des 21. Jahrhunderts, genau 100 Jahre, nach dem Karl Kraus sein legendäres Theaterstück »Die letzten Tage der Menschheit« geschrieben hatte. Kraus, der scharfzüngig gegen ein verkommenes Establishment anschrieb, hatte ein Panorama des Weltuntergangs entworfen. Er hatte Details aus den letzten Tagen eines zerfallenen Imperiums zusammengetragen. Kraus war vor allem getrieben von seiner leidenschaftlichen Ablehnung des Krieges. So wie Kurt Tucholsky in Berlin, der Soldaten als Mörder bezeichnete und die preußisch-militarisierte Bürokratie als Wurzel des Übels eines beispiellosen gesellschaftlichen Verfalls geißelte, so hatte sich auch Karl Kraus mit äußerster Schärfe gegen die restaurativen Todeszuckungen der österreich-ungarischen Monarchie gestellt.

Aber der stets positiv gestimmte Erhard Busek? Ich traf Busek vor vielen Jahren zuletzt in Alpbach. In diesem kleinen Ort in den Tiroler Bergen treffen sich jedes Jahr im Sommer Intellektuelle, Politiker und Wirtschaftsbosse, um über die neuesten Trends zu diskutieren. Es ist einer der seltenen Orte, an denen interdisziplinär diskutiert wird. Die Teilnehmer dieses Symposiums versuchen zu ergründen, welche Auswirkungen die Technologie, der Fortschritt, die rasante Veränderung auf Gesellschaft, Kultur und Wirtschaft haben. In der Regel kommen sie zu optimistischen Ergebnissen.

Manchmal, wie zu Beginn dieses Jahrtausends, gerieten die Teilnehmer sogar ins Schwärmen. Das Internet werde der Menschheit ungeahnte Möglichkeiten eröffnen. Partizipation, Gerechtigkeit, Innovation und Freiheit des Einzelnen würden aufblühen. Busek war damals zwar nicht so euphorisch wie andere. Aber ein wenig angesteckt von dem überbordenden Optimismus war sogar er.

Fünfzehn Jahre später ist bei vielen eine große Ernüchterung eingetreten. Die Verheißungen der Technologie haben sich offenkundig noch nicht erfüllt. Mehr noch: Mitunter hat man das Gefühl, die Technologie werde vor allem von jenen genützt, die etwas zerstören, andere unterjochen oder sich skrupellos einen Vorteil verschaffen wollen.

Im Jahr 2007 war ich als Fellow an der Harvard Kennedy School. Ich beschäftigte mich am Joan-Shorenstein-Center mit der Frage, wie die neue Technologie den Journalismus verändern würde. Das Center war geprägt vom scharfsinnigen Intellekt vieler ehemaliger Journalisten von der »New York Times«. Sie betrachteten die technologische Revolution mit großem Argwohn. Der Leiter des Centers war Alex Jones, früher Medien-Redakteur bei der »Times«. Mit seiner Frau Susan Tifft hat er ein monumentales Buch geschrieben, »The Trust«.[20] Es erzählt die Geschichte der Sulzberger-Familie, wie diese durch den Mut, die Chuzpe und die Genialität eines einzigen Mannes imstande war, aus dem Kern einer kleinen Regionalzeitung die mächtigste und für viele die beste Zeitung der Welt zu formen. Das Buch besteht, in guter amerikanischer Tradition, aus akribischer Recherche, intelligenter Einordnung und farbigen Details.

Als ich Jones vorschlug, über das Internet und den Journalismus arbeiten zu wollen, kam ich gerade bis zum Wort Internet. Sein Kopf lief rot an und er sagte: »Ich hasse das Internet.« Auf meine Frage, warum er so emotional reagiere, sagte er: »Wenn ich bei Google meinen Namen eingebe, kommt als erstes dieser irre Verschwörungstheoretiker, der auch so heißt, der mit der schrecklich vulgären Stimme, der nichts weiß und alles behauptet.« Er bezog sich auf den Texaner Alex Jones, der die Website »Infowars« gegründet hatte und tatsächlich Furore mit den absonderlichsten Geschichten machte. Der »richtige« Alex Jones, also jener von der

Kennedy School, schickte mich zur Harvard Law School: »Gehen Sie zum Berkman Center, wenn Sie etwas über das Internet machen wollen. Die sind die Avantgarde.« Ich ging, blieb aber trotzdem auch an der Kennedy School und durfte tatsächlich über das Internet arbeiten. Ich verglich in einer Analyse die Arbeit von Wikipedia mit der der klassischen Medien anhand der Berichterstattung über ein Schul-Massaker in Virginia Tech.[21] Das Ergebnis war eindrucksvoll: Die unbekannten Wikipedianer hatten äußerst sauber gearbeitet, alle Quellen gecheckt und im Grunde keinen Fehler gemacht – obwohl sie genauso in Echtzeit arbeiteten wie die klassischen Medien. Jones' Vorbehalte gegen Wikipedia waren präzise und trafen den Schwachpunkt der Online-Enzyklopädie: »Die verwenden keine Original-Quellen.«

Am Berkman Center kümmert man sich um solche, scheinbar akademische Feinheiten nicht: Das junge, kreative Team um John Palfrey versuchte, die Welt neu zu erfinden. Ethan Zuckerman gründete damals die Plattform »Global Voices«: Blogger aus aller Welt, insbesondere aus Afrika, Asien und Lateinamerika schilderten die Probleme ihrer Länder, vor allem die sozialen, politischen und wirtschaftlichen. Plötzlich hatten Menschen eine Stimme, die auf der ganzen Welt hörbar war. Vorher konnte sie nur als Einzelkämpfer versuchen, die Situation in ihrem Land zu verändern. John Henry Clippinger arbeitete am sogenannten »Cloud-Law«: Gemeinsam mit dem Staat Vermont wurde nach einer Möglichkeit gesucht, Gesetze in der »Cloud«, also im virtuellen Raum zu verankern. John sagte, es müsse möglich sein, dass jemand, der aus Nigeria ein Unternehmen in Vermont gründen will, alle wesentlichen Schritte von seinem Heimatland aus setzen kann – von der Anmeldung über die Gründung bis zur Finanzierung. Jonathan Zittrain arbeitete über die Weisheit des Wikipedia-Modells und über Internet-Filter. Er dokumentierte, wie China und Saudi-Arabien die Technologie nutzen, um die freie Meinung der Nutzer zu unterdrücken. Damals hatten alle das Gefühl, dass nur diese Länder die grandiosen Möglichkeiten des Internet missbrauchen würden, um für die Menschen daraus Nachteile zu erzeugen. Am Berkman Center waren alle beseelt von der Idee, die Welt würde besser werden durch die neuen technologischen

Möglichkeiten. Die ersten Revolutionäre glaubten alle daran, dass das Gute im Menschen so stark sei, dass es sich auf jeden Fall durchsetzen werde. Auch ich hatte nicht den geringsten Zweifel und schrieb sogar ein Buch darüber, zu dem mich der visionäre Verleger Christian Strasser ermutigt hatte.[22] Strasser wollte ein Buch, dass den »Zukunfts-Schock« beschrieb, wie der Verleger unter Hinweis auf ein legendäres Buch aus den 1980er-Jahren sagte.[23] Ich schrieb das Buch unter dem Einfluss des amerikanischen Optimismus. Doch das deutsche Publikum war auch im Jahr 2008 noch nicht sonderlich revolutionär gestimmt. Während man in den USA erfolgreich ist, wenn man ein Buch mit dem Titel »Wie Du mit dem Internet reich und glücklich werden kannst« schreibt, reißen sich die deutschen Leser eher um ein Buch, das den Titel »Wie das Internet uns immer dümmer macht«. Die deutschen Eliten hatten sich schon in den siebziger Jahren gegen die Technologie gesträubt, die ihnen verdächtig und gefährlich erschien. Bei einer Diskussion im Sommer 1968 zwischen Rudi Dutschke, Hans Magnus Enzensberger, Bernd Rabehl und Willi Semmler rief Rabehl zum Bildersturm auf die Computer auf: »Technologie bedeutet für bürgerliche Zukunftsbilder das Wesentliche, sie bedeutet alles. Diese Technologie ist Bestandteil der Bürokratie und der toten Kosten, sie reproduziert andauernd Herrschaft. Sie zielt auf die Verewigung der kapitalistischen Herrschaft. Deshalb muss diese Technologie, so wie sie angelegt ist, zerstört werden, abgeschafft werden.« Dutschke entgegnete: »Nicht die Technologie als Ganzes.« Rabehl: »Doch. Die Technologie in ihrer ganzen Anlage, in ihrer Zielrichtung, in ihrer Arbeitsweise.«[24]

Ein halbes Jahrhundert später scheint es, als hätte Rabehl recht behalten, und wir, die Euphorischen, hätten uns gründlich geirrt: Die Technologie als Medium des Guten hat ihren Siegeszug noch nicht angetreten. Statt der großen Freiheit, der Evolution der Information hin zur Konversation, statt der vielen unbekannten Helden und der versteckten Champions, zeigt sich der technologische Fortschritt von seiner dunklen Seite. Wir erleben die destruktive Kraft der technologisch-industriellen Revolution. Der Krieg hat sich ihre Werkzeuge angeeignet. Tod durch Technologie, das scheint die Avantgarde zu sein, mit der die Revolution über den Erdball fegt.

Die Vernetzung der Welt hat nämlich zunächst nicht, wie erhofft, zur völligen Befreiung, zu mehr Gerechtigkeit, Gleichheit, Minderheitenschutz und Vielfalt geführt: Das Internet, einst vom Militär als neue Kommunikations-Struktur erfunden, wurde von Geheimdiensten, Konzernen, politischen Agitatoren und globalen Profit-Hengsten gekapert. In Harvard sprach im Jahr 2007 kein Mensch von der NSA oder gar von Terroristen, die das Internet als ihre Infrastruktur verwenden. Niemand dachte daran, dass gar die westlich-demokratischen Regierungen die technologischen Möglichkeiten nicht ausschließlich dazu nützen könnten, die Lebensbedingungen der Menschen zu verbessern. Es war unvorstellbar, dass der großen neuen Freiheit eines Tages der »schleichende Dritte Weltkrieg« entspringen könnte.

Genau genommen, haben wir es nicht mit einem Weltkrieg zu tun, sondern mit vier verschiedenen Ebenen von Kriegen, die ineinander verzahnt sind.

Die erste Ebene betrifft die realen Kriege: Mit technologischen Mitteln ist es heute möglich, scheinbar »sauber« zu töten. Über einen »Joy-Stick« – welch obszöne Bezeichnung in diesem Zusammenhang – werden Drohnen ferngesteuert und töten. Es gibt keine Kriegserklärung. Die Unterscheidung zwischen Zivilisten und Soldaten ist aufgehoben. Die Urheber der sogenannten »gezielten Tötungen« bleiben im Dunklen. Es gibt auch keine regulären Armeen mehr: Söldner kämpfen überall, politische Sekten werden in Stellvertreterkriege geschickt. Die einzigen, die noch ein Gesicht haben, sind jene, die die Folgen zu tragen haben. Die Toten bleiben uns meist verborgen – es sei denn, sie werden zu Propaganda-Zwecken noch einmal missbraucht.

Die stummen Ankläger dieser realen Kriege haben jedoch ein Gesicht: Es sind die Flüchtlinge, die im Jahr 2015 zu Hunderttausenden nach Europa gekommen sind. Sie wurden vertrieben von Kriegen, deren Kriegsherren niemand kennt. Sie haben uns im behaglichen Europa aufgescheucht und lassen uns wissen, dass Krieg herrscht auf der Welt.

Der zweite Krieg ist der Finanzkrieg: Dank der globalen Vernetzung ist es möglich, Geldströme in Lichtgeschwindigkeit über den Erdball zu jagen. Viele wirtschaftliche Phänomene, vor denen wir heute rätselnd stehen, sind nicht Zufall oder Chaos.. Sie sind das Ergebnis von gezielten Angriffen auf andere Finanzsysteme. Die Regierungen der großen Staaten befehligen ganze Armeen von Finanz-Kriegern. Sie agieren unerkannt. Sie können jederzeit eine andere Regierung oder ein Unternehmen zu Fall bringen. Sie sind in Stellung gebracht, um zu manipulieren, anzugreifen oder zurückzuschlagen. Man sieht sie nicht, man hört sie nicht, man kennt sie nicht. Und doch können diese wahren Waffen der Massenvernichtung ganze Erdteile über Nacht ins Unglück stürzen.

Der dritte Krieg ist der sogenannte Cyber-Krieg: Das Internet, von den Nerds und Garagen-Gründern als neues Paradies ersehnt, ist zur Vorhölle der Zerstörung geworden. Die Konzerne haben sich seiner bemächtigt und stellen ihr Wissen in den Dienst der Zerstörung. Auch hier bleiben Täter und Drahtzieher unerkannt. Mit professionellen Hackern können ganze Infrastrukturen lahmgelegt werden. Wie gefährlich und wie entwickelt diese Strukturen mittlerweile sind, zeigt die Tatsache, dass die USA und China neulich mit Verhandlungen über ein Abrüstungsabkommen begonnen haben: Man wolle sich gegenseitig darauf verständigen, dass die Zerstörung von Staudämmen, Stromanlagen, Kernkraftwerken und Verkehrseinrichtungen ausgeschlossen werden solle.[25] Die Verhandlung der Großmächte darüber, dass sie die Zerstörung unterlassen wollen, belegt: Sie sind heute bereits zur Zerstörung in der Lage. Die Atombombe nimmt sich neben diesen Möglichkeiten der »smarten« Kriegsführung aus wie eine Keule neben einem Jagdflugzeug.

Der vierte Krieg, der im technologischen Zeitalter tobt, ist der Propaganda-Krieg. Um es gleich vorweg zu nehmen: Ich lehne »Medienschelte« grundsätzlich ab. Es gibt keine »Lügenpresse«, zumindest nicht in Deutschland, Europa oder den USA. Die Medien in den westlichen Demokratien sind heute in vielen Bereichen sogar viel besser als früher. Der Glaube, früher sei alles besser gewesen, ist eine Illusion: Man muss nur an die gefälschten Hitler-Tagebücher denken, die den Stern erschüttert hatten. Früher gab es eine unmittelbare Zusammenarbeit der Geheimdienste mit den Redaktionen: Einer meiner Vorgänger als Chefredakteur der Wiener Tageszeitung »Die Presse«, Otto Schulmeister, stand auf der Mitarbeiterliste der CIA.[26] Der frühere Fernsehdirektor des ORF, der legendäre Wiener Bürgermeister Helmut Zilk, erhielt offizielle Zahlungen vom Geheimdienst der Tschechoslowakei.[27] Aufgeflogen sind diese Dinge, nachdem beide Spitzen-Journalisten bereits tot waren. Eine wissenschaftliche Untersuchung, wie sich die Geheimdienst-Tätigkeit dieser Journalisten auf die Berichterstattung in ihren Medien ausgewirkt hat, gibt es leider noch nicht. Doch auch aus der vagen Erinnerung kann man getrost annehmen, dass beide – sowie alle anderen, deren Verstrickungen noch nicht bekannt sind – ein straffes ideologisches Regime in ihren Medien geführt hatten. Der »Leitartikel« machte damals noch seinem Namen alle Ehre: In diesen Texten gaben die Chefredakteure die Blattlinie vor, und zwar so, dass kein Blatt zwischen ihre Meinung und die Nachrichten passte. Von wem diese Leitartikler ihrerseits geleitet wurden, bleibt im Dunklen. In der BRD wurden die Zeitungs-Lizenzen von den Alliierten vergeben. Man kann davon ausgehen, dass die Amerikaner ein wachsames Auge darauf hatten, was geschrieben wurde.

Das ist heute ganz anders: Eigentlich besteht die Möglichkeit einer ungeahnten Freiheit und Vielfalt. Doch die Wirtschaftskrise und das Erodieren des Geschäftsmodells haben viele Zeitungen in die Arme der »spin doctors« und PR-Maschinen getrieben. Journalisten haben heute wenig Zeit und nicht selten noch weniger Fachkompetenz. Sie müssen jenen aus den Händen fressen, die nicht an Aufklärung, sondern an Irreführung interessiert sind. Die öffentlich-rechtlichen Anstalten in den meisten Ländern Europas sollen die Öffentlichkeit eigentlich über das Versagen der Regierungen informieren. Doch sie werden von ebendiesen Politikern kontrolliert und finanzieren sich über Zwangsgebühren (Rundfunkbeitrag). Das kann nicht funktionieren. Die Zwangsgebühr führt dazu, dass diese Medien der Kontrolle durch den Markt entzogen sind: Sie brauchen sich nicht darum zu kümmern, ob sie wirklich das Informationsbedürfnis befriedigen, wie es ihrem Auftrag entspricht. Immer wieder begegnen mir aufrechte und hervorragende Journalisten aus diesen Sendern, die diese Entwicklung beklagen. Doch die Strukturen haben sich so verfestigt, dass individueller Widerstand kaum noch möglich ist. Die meisten von ihnen haben außerdem Familie und Kinder, vielleicht einen Wohnungskredit, den sie bedienen müssen. Ganz abgesehen davon sind Journalisten ihrer Natur nach nicht zum Heldentum geboren und scheuen das Risiko. Sie sind lieber auf der »sicheren Seite« und daher geneigt, das zu schreiben, was alle schreiben.

Gleichzeitig besteht für alle Propagandisten die Möglichkeit, im Internet selbst zu »publizieren«. Mit geringem finanziellem Aufwand ist es möglich, propagandistisch tätig zu werden. Mit den sozialen Medien und Video-Plattformen wie »YouTube« können die Regierungen und ihre PR-Leute heute jeden direkt erreichen, der Umweg über die Medien ist oft gar nicht mehr nötig. Für die Journalisten wiederum ist diese Vielfalt ein ausgesprochener Glücksfall: Noch nie gab es in der Geschichte unseres Berufes die Möglichkeit, so viele Quellen gleichzeitig zu evaluieren. Noch nie war es den Medienkonsumenten möglich, so viele verschiedene Stimmen zu rezipieren. Doch die Arbeitsweise vieler traditioneller Medien hat sich die Möglichkeiten der technologisch-industriellen Revolution nicht zu eigen gemacht, im Gegenteil: Es wurde primär als Gefahr definiert – und bekämpft.

So werden die Medien in die modernen Propagandakriege hineingezogen, die die realen Kriege, die Finanzkriege und die Cyber-Kriege orchestrieren müssen.

Kriege werden nie aus ethischen Gründen angezettelt. Und im Verlauf von Kriegen haben sich immer alle Parteien Verbrechen zuschulden kommen lassen. Natürlich gibt es Abstufungen: Die Schoah, also die rational geplante und technisch-industriell exekutierte Ermordung von sechs Millionen Juden in Europa sowie die mit derselben eiskalten Präzision erfolgte Ermordung von Sinti und Roma, Homosexuellen, Behinderten und anderen Minderheiten sind ein in der Menschheitsgeschichte einmaliges Ereignis. Die Erinnerung an die Verbrechen der Nationalsozialisten und ihrer willigen Helfer haben dazu geführt, dass mit dem Ruf »Nie wieder Krieg!« Europa eine ungewöhnlich lange Epoche des Friedens und des Wohlstands geschenkt war.

Doch die apokalyptischen Reiter sind nicht verschwunden. Sie haben nur ihre Taktik geändert. Heute, ein halbes Jahrhundert später, erscheint das Internet vor allem als ein Werkzeug der Zerstörung: Alle Staaten sind im Zug der technisch-industriellen Revolution aufgeschreckt oder im Aufbruch. Sie nützen die neuen Möglichkeiten, um die Lage zu testen, um Nadelstiche zu setzen oder wirklich neue Fakten zu schaffen. In den vergangenen Jahren haben sich auch die Realitäten auf der Welt verändert. Fast alle Staaten haben grundlegende Probleme, die sie zum Handeln zwingen. Für viele ist die Flucht nach vorne das Mittel der Stunde, also der Krieg. Die neuen Technologien versetzen die Staaten in die Lage, mit gewalttätigen Aktionen von ihren inneren Problemen abzulenken. Sie suchen die Solidarität der eigenen Bürger mit neuen Feindbildern.

Die globale Überschuldung, das demographische Ungleichgewicht, die technologische Revolution und ihre Einsatzmöglichkeiten sowie die steigende Ungleichheit im Hinblick auf die Vermögensverhältnisse wirken im Zeitalter der Globalisierung wie Brandbeschleuniger: Es ist durchaus denkbar, dass wir uns bereits mitten in einem modernen Dreißigjährigen Krieg befinden. Eskaliert er weiter, werden die Generationen nach uns, wie im historischen Dreißigjährigen Krieg, eine verbrannte Erde vorfinden.

Europa kann in dieser Situation eine besondere Rolle spielen. Der »alte« Kontinent ist in seiner Substanz viel stärker, als man durch die Euro-Krise annehmen könnte. Wir werden uns mit dem Elend und dem möglichen Glanz Europas am Ende beschäftigen – aus dem einfachen Grund, weil wir hier leben und hier die Möglichkeit haben, gegenzusteuern.

Als ich im Jahr 2010 Alex Jones erneut an der Kennedy-School traf, hatte sich das Shorenstein-Center grundlegend verändert: Nicht mehr die alten Haudegen der »New York Times« und »Washington Post« bestimmten das Klima. Nicco Mele und Clay Shirky, zwei der intellektuellen Internet-Aktivisten in den USA, unterrichteten über die Möglichkeiten des Journalismus im digitalen Zeitalter. Ich musste lachen und erinnerte Alex daran, wie skeptisch er noch vor drei Jahren gegenüber der Wikipedia gewesen war. Alex hatte eine Erklärung für seine neue Liebe: »Ich habe mir die

Wikipedia genau angesehen. Die ist gar nicht so anarchistisch, wie ich dachte. Die haben ein ausgeklügeltes System von Administratoren und Kontrolleuren. Da kommt nichts zufällig rein, da steckt eine straffe Organisation dahinter!«

Ich, der alte Wikipedia-Fan, antwortete: »Genau das ist das Problem.«

KAPITEL 1: DIE REALEN KRIEGE

Für mich war die Wikipedia immer ein Wunderding. Das Online-Lexikon schien alles zu bestätigen, was man als Hoffnungen mit dem Internet verbunden hat: Ehrliche Menschen, die aus reinem Idealismus miteinander das Kulturgut der Welt zusammentragen, auf das es objektiv für alle Zeiten und alle Generationen zur Verfügung stehe. Ich bin heute immer noch verblüfft, auf wie viele Artikel dieser Befund zutrifft. In Harvard machte mich Larry Sanger, einer der Mitbegründer von Wikipedia, allerdings auf ein grundsätzliches Problem aufmerksam: Er hatte auf Wikipedia einen Disput mit einem anonymen Administrator, weil dieser Fakten in einem Beitrag verdreht hatte. Ein Professor, der von seiner Materie in der Tat etwas verstand, versuchte, einem gesichtslosen Verwalter klarzumachen, dass es sich um Fakten handle. Doch der Hüter der offiziellen Weisheit antwortete ihm schließlich: »Es mag ja sein, dass Sie dies für eine Tatsache halten. Ich bin aber anderer Meinung.« Sanger war über die rechthaberische, ideologische Entwicklung bei Wikipedia so verärgert, dass er das Projekt verließ und mit »Citizendium« ein Alternativ-Projekt startete.

Die Begebenheit ist im Zusammenhang mit den modernen Kriegen als weithin verdeckten Kriegen von Bedeutung: Wir haben akzeptiert, dass Entscheidungen, die uns selbst oder die Welt betreffen, von anonymen Instanzen getroffen werden. Franz Kafkas »Der Prozess« oder sein »Türsteher« sind Realität geworden. Einst war die Anonymität im Internet als unerlässlicher Schutz für Aufdecker gedacht. Doch innerhalb kurzer Zeit hat sich die Anonymität zu einem Deckmantel für Manipulation, Verdrehung und Beeinflussung entwickelt. Wikipedia, das anfangs von vielen intellektuellen Enthusiasten bewunderte und unterstützte Projekt geriet 2013 massiv unter Beschuss, als aufflog, dass eine PR-Firma falsche Autoren eingeschleust und Beiträge im großen Stil manipuliert hatte.[28] Die Beiträge wurden zwar später teilweise gelöscht, doch ob sich strukturell etwas geändert hat, ist schwer zu sagen. Bis heute weiß niemand, wer bei der Wikipedia die letzten Entscheidungen trifft. In vielen Bereichen ist das Lexikon immer noch phänomenal gut. Doch der strukturelle Mangel, der es durch Decknamen maskierten Leuten ermöglicht, zu Tätern zu werden, die die Reputation anderer zerstören oder einen gesellschaftlichen Diskurs durch gezielte Denunziationen vergiften können, war auch Monate nach dem Auffliegen des Skandals nicht behoben.[29]

Der Angriff aus einer Position der Anonymität ist ein zentrales Merkmal der modernen Kriegsführung geworden. Militärische Angriffe, die heute unverändert viel Leid über die Menschheit bringen, werden nicht mehr von Armeen und Soldaten ausgeführt, die mit offenem Visier und Standarte in die Schlacht ziehen. Niemand, der heute Menschen tötet, riskiert zwangsläufig, selbst getötet zu werden. Die Soldaten der Moderne agieren unter dem Schutzmantel der Anonymität. Niemand weiß, wer einen Einsatzbefehl geben kann, niemand ist Rechenschaft für seine Taten schuldig.

Die Kriege der Moderne sind in einem strukturellen Sinn Stellvertreterkriege: Es werden nicht mehr Territorien verteidigt oder Kulturen geschützt. Der ganze Globus ist zu einem Schlachtfeld geworden, über das marodierende Söldner, radikale Sekten oder mörderisch perfekte Computer-Systeme und skrupellose Regierungen hinwegfegen. Sie sengen und brennen mit den Mitteln der modernen Technologie, die sich, wenn man die Zahl der Toten addiert, die durch den Einsatz technologischer Mittel zu Tode gekommen sind, zu Mitteln der Massenvernichtung entwickelt haben.

Es gibt mehrere Gruppen, die die Ausführenden der modernen Kriege sind: Professionelle Söldner, Drohnen und ferngesteuerte Waffen, verzweifelte Söldner, Killer und Fanatiker.

Die professionellen Söldner werden von Staaten oder regionalen »Fürsten« und Oligarchen angeheuert, um in bestimmten Regionen Kampfhandlungen durchzuführen. Der Krieg in der Ukraine ist ein gutes Beispiel: Hier kämpfen rechtsextreme Milizen Seite an Seite mit sogenannten islamistischen Extremisten. Oligarchen finanzieren ihre eigenen privaten Armeen. Auch andere Gruppen kamen im Ukraine-Konflikt zum Einsatz: Spanier kämpften für Russland, Kroaten zogen für die Regierung in Kiew in den Einsatz. Sogar Schweden waren beteiligt, Tschetschenen kämpften auf beiden Seiten des Konflikts.[30]

Berühmt wurden die Soldaten ohne Hoheitsabzeichen, die in der Ost-Ukraine zum Einsatz gekommen sind. Der Westen beschuldigte die Russen, auf diese Weise reguläre Truppen einzuschleusen.[31]

Die USA verwenden längst private Armeen für die Durchsetzung ihrer militärischen Interessen: Die Ausgaben des Pentagons für Privatarmeen stiegen zwischen 1999 und 2008 von 165 Milliarden auf 466 Milliarden Dollar.[32]

Die zweite Gruppe sind Söldner, die von radikalen Gruppierungen angeworben werden, um in regionalen Kämpfen dem Handwerk des Tötens nachzugehen. Diese Gruppen spielen vor allem im Syrien-Krieg eine wesentliche Rolle. Weil sowohl Syrien als auch der Irak – ähnlich wie Afghanistan – faktisch zerstörte Staaten sind, ist der Kriegsdienst die einzige berufliche Perspektive für junge Männer. Sie werden in den verschiedenen Schlachten eingesetzt. Oft wechseln sie den Arbeitgeber. Die meisten von ihnen agieren nicht aus religiösen oder ideologischen Motiven. Natürlich gibt es einzelne »Helden«, die gezielt als Marketing-Figuren aufgebaut werden, um andere »Arbeitnehmer« zu rekrutieren. Die Videos dieser Männer, die von den Organisationen im Internet verbreitet werden, zeigen scheinbar furchtlose Kämpfer, die sich morgens von ihren Kindern verabschieden, um ihrem Tagwerk nachzugehen.[33] Die Normalität des Einsatzes soll neue »Mitarbeiter« motivieren, sich dem Kampf anzuschließen. Am Ende entscheidet freilich das Gehalt: Der sogenannte »Islamische Staat« soll die besten Löhne zahlen – weshalb er auch den größten Zuspruch erhält.

Die Söldner-Truppen werden von regionalen Mächten und internationalen Großmächten eingesetzt, weil diese ihre eigenen regulären Armeen entweder nicht mehr finanzieren können oder aber Schwierigkeiten haben, die Leute für Kriege in fernen Ländern zu motivieren.

Besonders interessant ist in diesem Zusammenhang der Aufstieg des »Islamischen Staats«. Die Weltöffentlichkeit rieb sich im Jahr 2014 verwundert die Augen, als ihr plötzlich mitgeteilt wurde, dass es im Nahen Osten quasi über Nacht zur Bildung eines neuen Terror-Netzwerks gekommen sei. Der »Islamische Staat« war die große neue Bedrohung und hatte das Netzwerk Al-Kaida abgelöst, welches für das Attentat auf das New Yorker World Trade Center am 11. September 2001 verantwortlich gemacht wurde. Auch ein »Führer« der Gruppe wurde identifiziert: Abu Bakr al-Baghdadi.[34] Von ihm gibt es lediglich einige kurze Video-Clips. Er wurde zum Nachfolger des von den USA bei einer gezielten Tötung ermordeten Al-Kaida-Anführers Osama bin Laden als »gefährlichster Terrorist der Welt« ernannt. Faktisch wissen wir nichts über ihn. Was wir aber wissen: Dass die USA einen der Gegner des »Islamischen Staats« mit Geld und Waffen unterstützen. Die sogenannte al-Nusra-Front ist der syrische Ableger des ehemaligen US-Todfeinds Al-Kaida. Al-Nusra hat sich, anders als von den USA und der NATO dargestellt, nie vollständig von Al-Kaida gelöst: Sie besteht vielmehr aus zwei Flügeln. Der konservative Flügel will sich offen zur Assoziation mit Al-Kaida bekennen; eine andere Gruppe will sich formal von Al-Kaida distanzieren, um bei der zu erwartenden Aufteilung Syriens berücksichtigt zu werden. Zahlreiche Kämpfer von al-Nusra waren von Abu Musab al-Zarqawi ausgebildet worden, einem der Al-Kaida-Führer in Afghanistan, wie die Quilliam Foundation ermittelt hat. [35] [36]

Die Nahost-Korrespondentin Karin Leukefeld ist eine der besten Kennerinnen der Lage. Sie schreibt in ihrem Buch »Flächenbrand«: »Im Arabischen wird die Al-Baghdadi-Gruppe ›Daesh‹ genannt, das sind die Anfangsbuchstaben von ›Dawlat al-Islam fi al-Iraq wal-Sham‹, übersetzt: ›Islamischer Staat im Irak und in Al-Sham/Levante/Großsyrien‹. Nach dem Überfall auf Mossul (Juni 2014) ordnete die Al-Baghdadi-Gruppe die Bewohner der Stadt und die Medien an, sie nicht mehr mit dem Kürzel sondern als ›Islamischer Staat‹ zu bezeichnen.« Erstaunlicherweise folgten die internationalen Medien dem Befehl und nannten die Gruppe fortan so.[37]

Die Entstehung des »Islamischen Staats« zeigt, dass es in den modernen Kriegen nicht nur äußerst schwierig ist, die Beteiligten zu identifizieren. Auch das Freund-Feind-Schema funktioniert nicht mehr. Die kriegsführenden Mächte nutzen die globale Vernetzung zu einer beispiellosen Maskerade, die nicht nur die Kriegsparteien irritieren, sondern auch die unbeteiligte Öffentlichkeit verwirrt zurücklassen soll.

Offenbar haben die Amerikaner auch die Vorläufer des IS unterstützt, oder zumindest sein Entstehen nicht verhindert. Der amerikanische Watchdog Judicial Watch veröffentlichte 2015 einen Bericht des US-Militärgeheimdienstes Defense Intelligence Agency (DIA).[38] Demnach hatten die Amerikaner frühzeitig Hinweise darauf, dass sich hier eine radikale Gruppe zusammenrottet. Sie schritten jedoch nicht ein, weil sie darauf setzten, dass diese Gruppe beim Sturz der syrischen Regierung behilflich sein könnte.[39]

Die Strategie folgte laut Middle East Eye einem langfristigen Plan von US-Geopolitikern, die schon vor Jahren empfohlen hatten, man möge die unterschiedlichen Glaubensrichtungen der Muslime gegeneinander ausspielen.[40] Wenn sich Schiiten und Sunniten gegenseitig bekämpften, gäbe dies der US-Regierung die Möglichkeit, ihren Einfluss in der Region auszubauen.

Der Journalist Nafeez Ahmed, der den Fall untersucht hat und zur Untermauerung seiner Analyse mit zahlreichen Fachleuten aus dem Militär und bei Geheimdiensten gesprochen hat, verweist auch auf die geostrategische Bedeutung des Konflikts, den er als Stellvertreterkrieg ausmacht: Die Vorläufer des IS hätten vom Westen Geld und Waffen erhalten, weil, wie in dem Dokument steht, »der Westen, die Golf-Staaten und die Türkei die syrische Opposition unterstützen, während Russland, China und der Iran auf der Seite des Assad-Regimes« stünden. Doch der Krieg beschränkte sich plötzlich nicht mehr auf den Nahen Osten.

Ahmed zu den Folgen: »Der Aufstieg des IS hat dazu geführt, dass es neue Maßnahmen zum Kampf gegen den Terrorismus gibt – wie die Massenüberwachung und die Orwell'sche Pflicht der Bürger, sich gegenseitig zu bespitzeln. Pläne, die die Regierungen diesseits und jenseits des Atlantiks in die Lage versetzen, Medien zu zensieren, zielen unverhältnismäßig auf Aktivisten, Journalisten und ethnische Minderheiten, vor allem Muslime. Doch der neue Bericht des Pentagon enthüllt, dass anders als von den Regierungen des Westens behauptet, die Ursache für die Bedrohung von ihrer eigenen, zutiefst fehlgeleiteten Politik kommt, weil sie heimlich den islamistischen Terror unterstützt hat, um dubiose geopolitische Zwecke zu verfolgen.«[41]

Neben den Söldner-Truppen verwenden vor allem die USA seit vielen Jahren unbemannte Drohnen, die von Computern aus gesteuert werden. Der Einsatz-Befehl kommt aus Washington, die operative Durchführung erfolgt von der deutschen NATO-Basis Rammstein aus. Der frühere amerikanische Nationale Sicherheitsberater, Zbigniew Brzezinski, spricht in diesem Zusammenhang von einem »neuen, technotronischen Zeitalter«[42]. Der Grund für den Einsatz dieser tödlichen Waffen liegt zum einen in der Möglichkeit, mit dieser Technologie rasch, unerkannt und äußerst effizient zu agieren. Der andere Grund liegt in der Tatsache, dass die meisten Staaten sich heute konventionelle Kriege gar nicht mehr leisten können. Allein der gegen den Irak hat nach Rechnung des Wirtschafts-Nobelpreisträgers Joseph Stiglitz mehr als drei Billionen Dollar verschlungen.[43]

Armin Krishnan, Visiting Assistant Professor for Security Studies Intelligence and National Security Studies Program an der Universität of Texas in El Paso und Autor des Buches »Gezielte Tötungen«[44], erklärt, warum das Mittel der gezielten, anonymen Tötung eine heute gängige Praxis der modernen Kriegsführung geworden ist: »Es gibt eine Zunahme von verdeckten Interventionen und geheimen Kriegen, die erheblich billiger sind, aber teuer genug, um den militärisch-industriellen Komplex am Laufen zu halten. Langfristig sehe ich aber einen weiteren Ausbau des Polizeistaates und des Sicherheitsapparates im Inland. Im Heimatschutz, der Terror- und Verbrechensbekämpfung liegt wahrscheinlich die Zukunft der Rüstungs- und Sicherheitsindustrien. Bis 2020 plant die amerikanische Luftfahrbehörde FAA, 30.000 inländische Drohnen zu genehmigen. Damit haben zumindest die Drohnenhersteller auf absehbare Zeit volle Auftragsbücher, egal ob es weiter Drohnenangriffe in Entwicklungsstaaten gibt. Da müssen keine neuen Kriege angezettelt werden. Begrenzte Militäreinsätze in Entwicklungsstaaten wird es trotzdem weiter geben.«

Diese Kriege werden der Öffentlichkeit gerne als besonders »sauber« verkauft. Schon im Irak-Krieg wurde dazu die Vorarbeit geleistet: Medienvertreter wurden in die damals noch regulären Truppen eingebettet und lieferten Video-Bilder, die ihnen von der Truppen-Führung zur Verfügung gestellt worden waren. Man sah verschwommene Schwarz-Weiß-Bilder, bei denen Marschflugkörper angeblich treffsicher die Gebäude von Terroristen auslöschten. Die Illusion des »chirurgischen Schnitts« wurde zur Beruhigung der Öffentlichkeit eingesetzt.

Tatsächlich handelt es sich bei den Drohnen um heimtückische Waffen, deren Einsatz niemals kontrolliert abläuft und deren Folgen fast immer auch die Zivilbevölkerung treffen. Krishnan: »Die Genfer Konventionen schützen Zivilisten in militärischen Konflikten, und auch die USA sind daran gebunden. Kollateralschäden, also auch zivile Verluste, die verhältnismäßig sind, sind vom Kriegsrecht allerdings ausdrücklich erlaubt. Solange es eine militärische Notwendigkeit für den Militäreinsatz gab und Vorkehrungen getroffen wurden, um zivile Verluste gering zu halten, ist es innerhalb von Kriegsgebieten erlaubt, zivile Schäden zu verursachen.«

Und weiter: »Das rechtliche Problem besteht vor allem darin, dass Drohnenangriffe, die zuweilen erhebliche zivile Schäden anrichten und viele Zivilisten töten, in neutralen Staaten wie Pakistan, Jemen oder Somalia stattfinden. In Pakistan könnten bis zu ein Drittel der Todesopfer der Drohnenangriffe unschuldige Zivilisten sein. Manche Völkerrechtlicher, darunter auch von der Stanford University, betrachten diese Drohnenangriffe in neutralen Staaten, bei denen Zivilisten sterben, als mögliche Kriegsverbrechen.«[45]

Doch diese Kriegsverbrechen werden nie geahndet. Ihre technologische Durchführung schützt die politisch Verantwortlichen und die ganze Befehlskette. Nur in Ausnahmefällen werden jene Täter bestraft, die tatsächlich den Computer betätigt haben. So wurde im Irak-Krieg eine Gruppe von Soldaten des besonderen Zynismus überführt, als sie sich wie bei einem Computer-Spiel auf die Jagd nach Opfern machten. Die Ermordeten wurden später als harmlose Zivilisten identifiziert.[46]

Natürlich spielen die sogenannten Islamisten eine besondere Rolle. Es ist sehr schwer zu unterscheiden, wo die Grenzen verlaufen zwischen echter religiöser Überzeugung und der propagandistischen Behauptung, man übe im Namen der Religion Gewalt aus. Die genaue Darstellung dieser Schattierungen kann im Rahmen dieses Buches nicht geleistet werden. Zu empfehlen ist jedoch das Buch »Citizen Islam«, das aufzeigt, wo die Grenzen verlaufen und wie man die Geister vor allem in Hinblick auf die Einwanderung von Muslimen unterscheiden kann.[47]

Es gibt vielschichtige Gründe, warum der Islam ausgerechnet im Zeitalter der Hochtechnologie als eine der Kräfte gesehen wird, die die Welt mit dem Schwert und dem Feuereifer der religiösen Besessenheit zurück in die Barbarei manövrieren möchte. Schließlich handelt es sich dabei um eine alte und den Wissenschaften traditionell verschriebene monotheistische Religion, die überall auf der Welt in der Geschichte hervorragende intellektuelle Leistungen und einzigartige Kunst- und Bauwerke hervorgebracht hat.

Da ist zunächst das Problem des Islam als einer völlig dezentralen Organisation. Wie im Judentum gibt es auch im Islam so viele Strömungen wie Gläubige. Es gibt keine »Stimme«, mit der der Islam spricht. In Deutschland gibt man sich der Illusion hin, dass der »Zentralrat der Muslime« ein solches verbindliches Sprachrohr sein könne. Doch auch der Zentralrat der Juden in Deutschland spricht nur für einen Teil der Juden in Deutschland. Der Zentralrat hat sich lange mit Händen und Füßen geweigert, die progressiven Juden aufzunehmen.[48] Der Zentralrat der Muslime spricht trotz seines klingenden Namens nur für eine kleine Gruppe. Ihn vertritt der sehr sympathische Ayman Masyek, der den Islam in einem modernen Kontext sieht. Er ist gebildet und ein geschickter Politiker. Er ist das Gegenteil eines Radikalen und muss die Muslime trotzdem jedes Mal, wenn sich wieder eine Gewalttat ereignet hat, gegen pauschale Verdächtigungen verteidigen.[49]

Wenn man nämlich mit einer anderen Gruppe diskutiert, weisen diese Muslime jede Zuständigkeit des Zentralrats für ihre Belange zurück. Dies gilt etwa für die Bewegung des Predigers Fetullah Gülen, deren Sprecher in Deutschland Ercan Karakoyun ist. Der junge Stadtplaner und seine Gruppe haben eine völlig andere Sicht auf den Islam. Diese Sicht bestimmt sich im Wesentlichen aus der Zugehörigkeit zu einer Gruppe. Denn die Muslime trauen einander selbst nicht über den Weg. Die Gülen-Bewegung wurde zunächst in der Türkei von den Kemalisten als gefährliche Sekte verfolgt. Die Gruppe entspricht in Deutschland den Pietisten des 19. Jahrhunderts: Sie wollen in der Gesellschaft leben, die Gesellschaft aber nach ihren Werten prägen. Sie praktizieren den interkulturellen Dialog mit allen anderen Weltreligionen. Ich hatte die Bewegung durch den Leiter des Potsdamer Rabbiner-Seminars, Walter Homolka, kennengelernt. Er hatte mir die Gülen-Bewegung mit den Worten empfohlen: »Für die sollte man etwas tun, denen ist wirklich an einer Integration gelegen.« Die Tatsache, dass eine islamische Bewegung von einem Rabbiner empfohlen wird, macht die Gruppe bei anderen Muslimen besonders verdächtig. Denn für viele radikale Islamisten sind Juden und Christen tatsächlich Ungläubige, deren Leben keinen Pfifferling wert ist.

Auch die Gülen-Gruppe ist nicht einfach einzuordnen:[50] Ich hatte Karakoyun als den typischen intellektuellen Deutsch-Türken kennengelernt, den man sich in Deutschland eigentlich wünscht: Er ist religiös, steht jedoch felsenfest auf dem Boden des Grundgesetzes. Der Harvard-Ökonom Dani Rodrik sieht die Bewegung dagegen als ein undurchsichtiges Geflecht, das in »schmutzige Machenschaften« verstrickt ist.[51] Die amerikanische Soziologin Helen Rose Ebaugh hat die Bewegung ausführlich studiert und hat keine Fakten gefunden, die die Gefährlichkeit der Bewegung belegen könnten.[52] In Berlin bauen die Gülens gemeinsam mit der Evangelischen Kirche und einer jüdischen Gruppe ein gemeinsames Gebetshaus. Das Referat für Weltanschauungsfragen der Evangelischen Kirche ist skeptisch, weil man nach dem Studium der Gülen-Texte keine endgültige Klarheit darüber habe gewinnen können, ob die Gruppe nicht doch die Scharia über dem Grundgesetz sieht.[53] Die Tatsache, dass ihr Führer in Pennsylvania unter dem Schutz der USA lebt, hat den Gülens schließlich in der Türkei den gegenteiligen Vorwurf eingetragen: Sie seien von der CIA gesteuert und wurden, als sie dem türkischen Präsidenten Erdogan nicht mehr in den Kram passten, verfolgt und verhaftet. Es ist für den kritischen Betrachter trotz erheblichen Zeitaufwands faktisch unmöglich, herauszufinden, wie man eine solche Gruppe einordnen soll.

Dieses Wirrwarr und die ständig wechselnden Allianzen sind das ideale Einfallstor für Extremisten. Jeder, der sich als Muslim fühlt, kann sich Muslim nennen. Sobald er nach dem Koran lebt, ist er Muslim. Es gibt kein Eintrittsritual wie die Taufe bei den

Christen. Während Juden von den meisten anderen Juden nur als solche anerkannt werden, wenn ihre Mutter jüdisch war, spielt im Islam die Abstammung keine Rolle.

Diese scheinbare Lockerheit führt zwangsläufig zu einer Inflation der Bruderkriege. Die Tatsache, dass die Welt des 21. Jahrhunderts eine so kriegerische ist, ist auf das Zusammentreffen der technologisch-industriellen Revolution und der notwendigen Evolution des Islam zurückzuführen. Die katholische Kirche hat mit dem Zweiten Vatikanischen Konzil (1962-1965)[54] den Zeitgeist der Emanzipationsbewegung der 1968er sehr früh erfasst und reflektiert. Wie die vielen Verbrechen im Rahmen der Kinderschänder-Skandale zeigen, hat selbst der intellektuell redliche Aufbruch bei der katholischen Kirche nicht zu einer inneren Erneuerung geführt. Die Kirche blieb in ihrer Struktur autoritär. Die katholische Revolution des Konzils fand ihren Robbespierre in dem bayrischen Kardinal Joseph Ratzinger, der ein strenges autoritäres Regime etablierte – zunächst als Präfekt der Glaubenskongregation, schließlich sogar als Papst Benedikt XVI.

Doch während die existentiellen Verwerfungen der Kirche gewissermaßen zu einer Auto-Aggression führten und sich die freigesetzten Kräfte nach innen richteten, wenden sich radikale Gruppen des Islam nach außen. Ihre zerstörerische Wirkung können sie global entfalten, nicht, weil der Koran gewalttätiger geworden ist, sondern weil sich auch Radikale heute mit Flugzeugen bewegen, Computer bedienen und Raketen abfeuern können. Die gewalttätigen Ausbrüche der Islamisten sind der Ausdruck einer fundamentalen Sinnkrise des Islam. Niemand kann heute sagen, ob am Ende die Läuterung oder die vollständige Zerstörung stehen werden. Es ist jedenfalls nicht zu erkennen, dass sich im Islam ernsthafte Strömungen ausbilden, die etwa zu einer historisch-kritischen Rezeption des Korans kommen. Stattdessen scheint sich ein neuer Fundamentalismus Bahn zu brechen, der von jenen gesellschaftlichen Kräften im Westen nicht verstanden wird, die entweder militante Atheisten oder naive Bewunderer des Andersseins sind.

Dass bei dieser epochalen »Selbstfindung« des Islam die ganze Welt zum Kriegsschauplatz wird, liegt nicht nur an den religiösen

Fanatikern und den Terroristen. Sie haben einen Nährboden in Staaten gefunden, die sich die Religion als Mittel der totalitären Kontrolle angeeignet haben. Hier ist an erster Stelle Saudi-Arabien zu nennen, das eine strenge religiöse Diktatur ist: Frauenrechte, Rechte von religiösen Minderheiten, Schwulen-Rechte, Menschenrechte – das alles gibt es dort nicht. Die herrschenden Wahabiten (Sunniten) haben eine saudische Exklusiv-Version des Islams geschaffen, die sich vor allem gegen andersdenkende Muslime (Schiiten) richtet. Zugleich haben die Saudis den Terror in aller Welt und im Nahen Osten im großen Stil finanziert, um ihre machtpolitischen Interessen durchzusetzen. Gleichwohl ist das Land der engste Verbündete der USA und der EU. Das Land erhält Waffen aus dem Westen und versorgt im Gegengeschäft die Welt mit Erdöl. Jedes Lamento westlicher Politiker über die »islamistische Gefahr« findet ein jähes Ende, wenn es ums Geschäft mit den Saudis geht.

Zeiten einer technologisch-industriellen Revolution sind auch Zeiten von lebhaften Geschäften. Neue Player machen alten Unternehmen die Märkte streitig. Neue Technologien versetzen junge Unternehmen in die Lage, effizienter zu produzieren. Wie wir am Beispiel Wikipedia gesehen haben, gibt es auch Interessen, die in Kauf nehmen, die neue Technologie zu einem zerstörerischen Zweck einzusetzen. Die weltweite Vernetzung macht es möglich, dass alle neuen Technologien auch global zum Einsatz kommen. Einzelne Länder haben von dieser Globalisierung profitiert, wenn sie von integren Politikern geführt wurden, die die Interessen ihrer Völker im Blick haben. Allerdings ist die Globalisierung im Wirtschaftsleben längst nicht so umfassend, wie Pankay Ghemawat in seinem Buch »World 3.0« schlüssig erklärt.[55] Gefährlich sind dagegen Entwicklungen, die Dani Rodrik in seinem »Globalisierungs-Paradox« darstellt:[56] Die ungebremsten Finanzströme, die in Lichtgeschwindigkeit um den Erdball gejagt werden. Niemand kann heute noch nachvollziehen, welcher Staat oder welches Unternehmen welche politischen oder kriegerischen Aktivitäten unterstützt.

Mehr noch: Die Finanzströme selbst sind zu Waffen geworden. Der Investor Warren Buffet hat die sogenannten Derivate (also

Finanzprodukte, die von realen Geschäften abgeleitet werden und damit eine Art virtuelle Finanzwelt kreieren) einmal als »finanzielle Massenvernichtungswaffen« bezeichnet.

Der »schleichende Weltkrieg« hat sich ein neues Schlachtfeld gesucht und es an den Finanzmärkten gefunden. Längst befinden wir uns mitten in einem globalen Finanzkrieg. Die Soldaten sitzen, wie die Todeslenker der Drohnen, auch hier nicht in einem Cockpit, sondern hinter einem Computer-Terminal. Ihre Angriffe sind unsichtbar. Die Folgen sind jedoch oft tödlich. Auf dem Höhepunkt der Griechenland-Krise hat der damalige griechische Finanzminister Yanis Varoufakis im Hinblick auf das aus seiner Sicht verheerende Diktat der EU gesagt: »Früher wurde ein Putsch mit Panzern durchgeführt. Heute macht man es mit Banken (sprachlich noch treffender ist der Vergleich im englischen Original: »tanks – banks«).[57] Wir wollen im Folgenden untersuchen, wie der Finanzkrieg funktioniert.

Kapitel 2: Der Finanzkrieg

Jim Rickards ist ein Grenzgänger: Der Ökonom und Investment-banker berät nicht nur wohlhabende Kunden. Seine wichtigsten Klienten sind Unternehmen und das US-Verteidigungsministe-rium. Mit seinem Buch über Währungskriege[58] hat Rickards ein Standardwerk vorgelegt, im dem er zeigt: Krieg wird heute nicht mehr mit Waffen oder Armeen geführt. Krieg wird vor allem über die Finanzmärkte geführt. Rickards ist davon überzeugt, dass die Staaten ihre jeweiligen Währungen gezielt als Waffen verwenden – sei es zum Angriff oder zur Verteidigung. Der »Hebel« einer Wäh-rung ist einfach zu groß, um der Versuchung zu widerstehen, sie für politische Zwecke einzusetzen: Wer seine Währung abwertet, kann die Exporte steigern. Wer sie aufwertet, steigert das Vermö-gen der Währungsinhaber.

Doch die Währungskriege sind noch vergleichsweise leicht als solche zu erkennen: Man kann Währungen handeln, und mit ei-niger Erfahrung kann man ganz gut erkennen, wenn die Währung als Waffe eingesetzt wird. Wenn man alle Instrumente der moder-nen Finanzmärkte geschickt nutzt, kann man im Grunde nicht ver-lieren – und niemand wird es je erfahren: Man kann seine Wetten durch Gegenwetten absichern (»hedgen«). Jeder Staat kann das be-sonders effektiv machen, weil er vorher schon weiß, welche finanz-politischen Entscheidungen er treffen wird. Unberechenbar bleibt jedoch der unsichtbare Gegner: Immer wieder beschuldigen die Staaten einander, Währungskriege zu führen. Vor allem China wur-de vom Westen dafür attackiert, dass es seine Währung, den Yuan, künstlich niedrig hielt. Auch die Europäische Zentralbank (EZB) steht im Verdacht, dass ihre Agenda eine künstliche Abwertung des Euro sei, um die europäischen Exporte global wettbewerbsfähig zu halten. EZB-Chef Mario Draghi bestreitet auffällig vehement, dass die EZB mit ihrer Geldpolitik auf den Wechselkurs schielt.

Doch die Währungen können in Kombination mit allen anderen Waffen eine Schlüsselrolle in den globalen Finanzkriegen spielen. Jim Rickards berichtet in seinem Buch von einem interessanten

War-Game, das die Amerikaner vor einigen Jahren durchgeführt hatten und an dem er selbst teilnahm: Die Annahme des Spiels war, dass Russland und China versuchen könnten, die internationale Weltwirtschaft zur Wiedereinführung des Goldstandards zu zwingen. Die anwesenden Militärs waren verwirrt. Es war für sie neu, eine Annahme zu treffen, die nichts mit Divisionen, Drohnen oder Söldnern zu tun hat, sondern die Währungen als Waffen verwendet. Das Erstaunliche der Simulation: Waren die Generäle anfangs noch verwirrt, ließen sie sich am Ende doch überzeugen. Der Finanz-Krieg war in ihren Köpfen zu einer realen Möglichkeit geworden.

Diese Art der finanziellen Kriegsführung ist im Grunde noch nie so wirkungsvoll möglich gewesen wie im Zeitalter der technologisch-industriellen Revolution. Heute werden alle finanziellen Transaktionen elektronisch durchgeführt. Für den Kunden hat dies den Vorteil, dass er bequem auch sonntags von zu Hause Überweisungen durchführen kann. Für die Staaten, die Regierungen und die Institutionen hat es den Vorteil, dass sie alles überwachen können. Die Enthüllungen des ehemaligen NSA-Mitarbeiters Edward Snowden haben zutage gefördert, dass faktisch alles, was im Internet geschieht, von den Geheimdiensten gespeichert und überwacht wird.[59] Die öffentliche Debatte über den globalen Überwachungsstaat ist nach der ersten Empörung erstaunlich schnell wieder abgeflaut. Kaum jemand hat sein Verhalten geändert. Die meisten Leute sagen, sie hätten nichts zu verbergen – und empfinden die vollständige Überwachung daher auch nicht als Bedrohung.

Immerhin: In Deutschland sind die Äußerungen Snowdens wegen der hierzulande herrschenden Technologie-Ängste auf fruchtbaren Boden gefallen. Wie wir später noch sehen werden, könnte diese Haltung für Deutschland einen Nachteil darstellen, wenn es um die Folgen der technologisch-industriellen Revolution für Wirtschaft und Gesellschaft geht. Zwar möchte selbst hierzulande niemand mehr, wie weiland Bernd Rabehl, die gesamte Technologie zerstören. Doch sind die deutschen Eliten noch nicht so weit, dass sie ihre berechtigten Sorgen zum Ausgangspunkt für neue, sichere Entwicklungen nehmen. Wie wir später sehen werden, ist dieser Punkt von entscheidender Bedeutung: Denn während alle Welt technologisch hochrüstet, verharrt Deutschland in einer fast restaurativen Haltung. Es ist zu hoffen, dass das Ende der Behaglichkeit in Deutschland im Hinblick auf die technologischen Entwicklungen nicht ansatzlos in ein böses Erwachen übergeht.

Denn bei dieser Überwachung geht es nicht um den einfachen Bürger. Es geht nicht einmal um das Handy der Bundekanzlerin. Die Überwachung des Merkel-Handys hat im Zuge der Snowden-Debatte in Deutschland eine Scheindebatte ausgelöst, die die wirklich wichtigen Fragen hinter dem Thema gekonnt übertönt hat. Dass der US-Geheimdienst ein herkömmliches Handy der Kanzlerin überwacht, das erwartet man sich von den Amerikanern. Man wäre, ehrlich gesagt, enttäuscht, wenn sie es nicht könnten. Doch warum hat die Kanzlerin nicht längst ein Handy, das nicht überwacht werden kann? Wo steckt die Gegen-Technologie?

Das Ziel der Massenüberwachung besteht darin, dass sie die Regierung in die Lage versetzt, Daten zu sammeln. Daten sind der Schlüssel des menschlichen Verhaltens. Mit dem Zugriff auf Daten kann man Entwicklungen analysieren und künftiges Verhalten antizipieren. Diese Erkenntnisse sind für die US-Internet-Konzerne und für die Regierungen bares Geld wert: Die Konzerne können mit ihrem Wissen Konsumentenbedürfnisse wecken, manipulieren und befriedigen. Die Regierungen können mit den Daten das Wahlverhalten steuern. Gemeinsam können beide in der technologisch-industriellen Revolution enorme Vorteile für sich schaffen: Das Magazin »Quartz« berichtete von der Symbiose zwischen Google und Hillary Clinton: Für die Präsidentschaftswahl 2012 haben demnach Google und die Demokraten eng zusammengearbeitet. Eine Partnerschaft in dem Unternehmen »Groundwork« ist die Basis für weitere Schritte. Google hat sich längst als Roboter-Unternehmen einen Namen gemacht und arbeitet am Einstieg in den Automarkt.[60] Für die US-Regierung wie für Google ist es eminent wichtig zu wissen, was etwa die deutschen Autobauer vorhaben. Aber auch die Auswertung des Verhaltens von Autofahrern ist wichtig, weil sich damit das Investitionsverhalten perfekt steuern lässt. Deutschland sitzt bei dieser Entwicklung staunend auf dem Beifahrersitz, wie wir später noch sehen werden.

Entscheidend bei den auf Daten beruhenden Finanzkriegen ist die Möglichkeit, das eigene Land gegen solche Angriffe zu schützen. Der Ausgangspunkt jeder finanziellen Schlacht sind handfeste wirtschaftliche Interessen. Die moderne Finanzwirtschaft kennt eine enge Vernetzung von Banken, Regierungen, Finanz-Vehikeln und Unternehmen. Man kann heute kaum noch unterscheiden, wann das nationale Interesse eines Staats tangiert ist. Der Skandal um die manipulierten Abgaswerte bei Volkswagen zeigt dies sehr anschaulich: Es ist im Grunde die ganze Deutschland-AG betroffen. Unwillkürlich muss man sich fragen: Wer kann daran ein Interesse haben? Können solche Angriffe auch gezielt herbeigeführt werden? Wäre es denkbar, dass wir, wie bei den realen Kriegen, ein Netzwerk von anonymen Angreifer-Gruppen aufbauen, die am Ende jeden Konkurrenten ausschalten können?

Rivalitäten zwischen den Staaten wurden in der Geschichte immer bevorzugt über die Währungen ausgetragen. In der aktuellen weltpolitischen Funktion läuft die Frontlinie zwischen den USA auf der einen Seite und China, Russland und den Schwellenländern auf der anderen Seite. Diese Länder wollen die Dominanz des Dollar als Weltwährung brechen. Peking hat in dieser Hinsicht eine starke Position, weil China einer der größten Gläubiger der USA ist.

Die Chinesen wollen nun auch in der Währungspolitik jene Rolle spielen, die ihnen als wirtschaftliche Weltmacht zusteht: Der Yuan soll in den Währungskorb des Internationalen Währungsfonds kommen, aus dem sich die sogenannten Sonderziehungsrechte ergeben. Mit ihnen können Staaten, die in Not geraten, gewissermaßen auf einen Notgroschen zurückgreifen. Bis jetzt sind der US-Dollar, der Euro, das britische Pfund und der japanische Yen im Währungskorb. Der US-Dollar ist die wichtigste Weltreservewährung. 80 Prozent aller Währungsreserven sind in US-Dollar. Seit einigen Jahren arbeitet China darauf hin, den Yuan ebenfalls zur Reservewährung zu erheben. Im Herbst 2015 war es fast so weit: Der IWF hat die Bemühungen Chinas anerkannt, seine Währung nicht mehr beliebig zu manipulieren, sondern Peking bestätigt:

Der Yuan ist eine stabile Währung. Es wird erwartet, dass der Yuan spätestens 2016 zur offiziellen Reservewährung erklärt wird.

Das Einlenken des von den USA beherrschten IWF ist eine Reaktion auf die neuen Machtverhältnisse in der Weltwirtschaft und die Ambitionen Chinas. China hat im Jahr 2015 eine Konkurrenz-Institution zum IWF gegründet: Die Asian Infrastructure Investment Bank (AIIB). Mit dieser Bank wollen die Chinesen die US-dominierten, globalen Institutionen Weltbank und IWF ablösen. Gemeinsam mit den großen Schwellenländern Brasilien, Russland, Indien, Südafrika (auch als BRICS-Staaten bezeichnet) will Peking das Gleichgewicht in der Welt verschieben: Die aufstrebenden Staaten wollen nicht länger akzeptieren, dass alle Finanzströme vom US-Dollar beherrscht werden.[61]

Die Tatsache, dass 80 Prozent aller weltweiten Transaktionen in US-Dollar abgewickelt werden, hat nämlich weitreichende Konsequenzen:[62] In dem Moment in dem Dollar involviert sind, bekommt die US-Regierung quasi die weltweite Jurisdiktion. Das bedeutet Macht und Kontrolle. Diese Macht hat zum Beispiel der Weltfußball-Verband FIFA zu spüren bekommen. Wegen einiger Transaktionen hat die wegen ihrer korrupten Praktiken längst in Verruf gekommene FIFA den Zorn der US-Finanzbehörden auf sich gezogen. Es müssen nämlich alle Transaktionen über ein so genanntes Clearing-Verfahren über US-Banken laufen. Basis ist das internationale Zahlungssystem SWIFT. Das System ist eine Art sicherer Nachrichtendienst, der die Informationen von Bank zu Bank weitergibt, wenn eine Zahlung von einem Land in ein anderes erfolgen soll. Wenn den Amerikanern Unregelmäßigkeiten auffallen oder sie sich entschlossen haben, unliebsame Mitbewerber aus dem Rennen zu werfen, geht es ganz schnell: Die Finanzbehörden können über Nacht international tätig werden und arbeiten eng mit den US-Strafverfolgungsbehörden zusammen. Im Fall der FIFA gab es eine Razzia während einer Konferenz der Fußball-Funktionäre. Wenig später folgte der Schweizer Staatsanwalt – und ob die FIFA die kommenden Monate überleben wird, kann heute niemand sagen. Denn neben Strafen gibt es auch Auslieferung und Gefängnis für die von den USA als Täter identifizierten Personen.

SWIFT ist eine unabhängige, supranationale Institution. Diese hat ihren Sitz in Brüssel. Im Herbst 2014 versuchten die Amerikaner heimlich, die Russen vom globalen Zahlungssystem abzuschneiden. Wie massiv die Versuche gewesen sein müssen, lässt sich durch den Umstand erkennen, dass SWIFT den Vorgang öffentlich gemacht hat, freilich ohne Nennung von Namen – aber vor allem, um sicherzustellen, dass nicht andere auch auf dieselbe Idee kommen könnten.[63] Der Versuch der Amerikaner, bei SWIFT zu intervenieren, kann im Übrigen als »old school« abgetan werden. Wie wir später sehen werden, arbeiten alle Militärs der Welt an immer raffinierteren Methoden, um andere Systeme zu hacken. Warum nicht auch SWIFT attackieren? Die ganze Wirtschaft eines Landes könnte von einer Sekunde auf die andere zum Erliegen gebracht werden.

Die Verfügungsgewalt über das Daten-Material der ganzen Welt versetzen die USA in die Lage, wirtschaftliche Sanktionen gegen missliebige Staaten wirkungsvoll durchzusetzen. Unternehmen, die gegen diese Sanktionen verstoßen, werden aufgespürt und verfolgt. So mussten die europäischen Banken 100 Milliarden an Strafen zahlen.[64] Viele Unternehmen, wie die Schweizer Großbank UBS, haben durch diese Strafen nicht bloß viel Geld, sondern vor allem ihren guten Ruf und damit ihre Vertrauenswürdigkeit verloren. Im globalen Wettbewerb der Banken haben sich so die US-Banken entscheidende Vorteile verschafft. Die französischen, Schweizer und zum Teil auch die deutschen Banken sind in die Defensive geraten.

Über den Finanzkrieg wird ganz offen gesprochen. Steuermittel in erheblichem Ausmaß werden dazu verwendet, entsprechende Strukturen aufzubauen. Die USA sind in dieser Hinsicht besonders weit. Das Magazin »Newsweek« berichtet unter dem Titel »Die Kunst der finanziellen Kriegsführung«[65] über eine eigene Behörde, die die Regierung zu diesem Zweck eingerichtet hat: Das Office of Terrorism and Financial Intelligence (TFI) ist sozusagen das Bataillon, das den Finanzkrieg für die USA führt. Es besteht aus den besten Anwälten und Finanz-Fachleuten des Landes, viele von ihnen kommen von den Elite-Universitäten, wie etwa Juan Zarate, den »Newsweek« das Mastermind des TFI nennt. Mit dem

TFI will die US-Regierung ihre globalen Interessen durchsetzen. »Newsweek« schreibt: »In einer Welt von gezielten Wirtschaftssanktionen ist es dem Finanzministerium gelungen, die finanzielle Vormachtstellung der USA in einer globalisierten Welt zu einem entscheidenden Vorteil zu machen.«

In der Praxis werden diese Finanzkriege äußerst effizient geführt: Sobald Sanktionen verhängt werden, werden über das Internet alle Banken der Welt in Sekunden verständigt, welche Personen und Institutionen betroffen sind. Niemand auf der Welt wagt es, mit Leuten Geschäfte zu machen, die auf einer der schwarzen Listen der Amerikaner stehen. Das TFI wurde als Instrument des Anti-Terror-Kriegs gegründet, um die Geldströme von Al-Kaida-Terroristen ausfindig zu machen und zu stoppen. Mit Russland wurde erstmals ein Gegner aus dem Kreis der Industrie-Nationen identifiziert.

Interessant ist die Geschichte, wie Russland auf die Liste gekommen ist: Zunächst haben Rechtsradikale in Kiew einen Putsch gegen die rechtmäßig gewählte Regierung von Viktor Janukowitsch durchgeführt. Unterstützt wurden die Putschisten von der Vaterlandspartei der Oligarchin Julia Timoschenko, einer Schwesternpartei der CDU, die mittlerweile auch offiziell im Beobachterstatus in den Kreis der Europäischen Volksparteien (EVP) aufgenommen wurde.[66] Ihre Partei spielte bei der Machtübernahme eine Schlüsselrolle. Man kann heute mit gutem Grund von einem Putsch sprechen: Eine Studie der Universität Ottawa hat die Fakten penibel recherchiert und aufgezeigt, dass die Beweislast erdrückend ist.[67] Eine offizielle Untersuchung der Toten auf dem Maidan, die bei dem Staatsstreich allem Anschein nach nicht von der Regierung, sondern von den Rechtsradikalen erschossen worden waren, hat nie stattgefunden. Die Vorgänge hatten Russland in höchste Alarmbereitschaft versetzt. Russland hat auf der Krim, damals noch Teil der Ukraine, seine Schwarzmeerflotte vor Anker. Die Vorstellung, dass die Ukraine in die Hand von Rechtsextremen fallen könnte, veranlasste die Russen, umgehend, die eigene Flotte auf der Krim zu sichern. Ein Großteil der russischen Soldaten ist dort seit jeher stationiert, weil die Russen das Recht dazu vertraglich verbrieft haben. Es ist jedoch anzunehmen, dass die Russen auch zusätzliche Kräfte auf die Krim geschickt haben. Danach ließ Russland ein Referendum abhalten, ob die Krim zur Ukraine oder zu Russland gehören sollte. Das Ergebnis war eindeutig: 96,8 Prozent[68] wollten, dass die Krim Teil Russlands werde. Das ist nicht weiter überraschend: Die Russen sind mit etwa 58 Prozent die bei weitem stärkste ethnische Gruppe auf der Krim.[69]

Unter welchen Umständen das Referendum abgehalten wurde, ist schwer zu sagen. Es waren einige internationale Beobachter dort.[70] Sie haben zumindest keine gravierenden Verstöße gemeldet.

Doch die USA haben weder den Putsch am Maidan noch das Referendum auf der Krim als Fakten akzeptiert. Obwohl das Referendum nach Völkerrecht als Recht auf Selbstbestimmung vermutlich rechtskonform gewesen ist, behaupteten die Amerikaner fortan, die Russen hätten sich der »Annexion« der Krim schuldig gemacht. Die EU und alle Medien wiederholen diese Verdrehung seither monoton in fast jeder Meldung über den Konflikt – doch dazu später mehr.

Für den Finanzkrieg der USA ist die Qualifikation der russischen Aktionen auf der Krim als »Annexion« von großer Bedeutung: Nur im Falle einer gewaltsamen Annexion eines anderen Landes oder Landstrichs erlaubt das Völkerrecht militärische Aktionen gegen den Aggressor. Die »Annexion« der Krim wurde zum Auslöser des Finanz-Kriegs gegen Russland und setzte den Sanktionsmechanismus in Kraft. Er wirkte perfekt: Innerhalb kürzester Zeit waren die russischen Banken von den internationalen Finanzmärkten abgeschnitten, die Wirtschaft brach ein und eine neue Epoche des Kalten Krieges begann. In der Ukraine wurde eine frühere Investmentbankerin und Mitarbeiterin des US-Außenministeriums Finanzministerin, die ukrainische Staatsbürgerschaft erhielt sie wenige Stunden vor ihrer Angelobung.[71]

Die US-Regierung hat diese Maßnahmen noch nicht zum Exzess getrieben: Ein Sprecher des Finanzministeriums sagte der Newsweek: »Diese Sanktionen haben nicht den Zweck, die Russen wieder von der Krim zu vertreiben, die haben wir verloren. Aber sie sollen eine Prophylaxe sein gegen künftige Aggressionen. Wir haben nun die Möglichkeit, so etwas durchzusetzen, ohne damit

Russland und damit die ganze Weltwirtschaft zum Absturz zu bringen.«

Für die Regierung haben die neuen Finanz-Krieger den unschätzbaren Vorteil, dass die Amerikaner ihre politischen Interessen viel besser über Wirtschafts-Sanktionen durchsetzen können als auf dem diplomatischen Weg. Die Amerikaner sprechen in diesem Zusammenhang von einem »finanziellen Präzisions-Krieg«. Er wird allerdings nicht von Scharfschützen, sondern von Angestellten des Finanzministeriums geführt. Der Krieg hat die Politik ersetzt. Clausewitz' Wort kann man heute getrost mit umgekehrten Vorzeichen verwenden: »Politik ist nichts anderes als Krieg mit anderen Mitteln.«[72]

Und so ist es nur logisch, dass auch alle anderen Staaten in diesem Bereich aufgerüstet haben. So unverständlich die Behauptung der Amerikaner im Hinblick auf die Krim ist, so muss man den Amerikanern doch zugutehalten, dass sie zumindest einen legistischen Vorwand verwenden und die Aggression gegen Russland insoweit mit offenem Visier betreiben, als dass sie erklären, dass es Sanktionen gibt.

China – und wohl auch Russland und noch viele andere – haben unsichtbare Waffen in ihren geheimen Arsenalen, wie Jim Rickards in seinem neuen Buch »The Big Drop« schreibt:[73] Die chinesische Regierung hat zahlreiche Investment-Vehikel aufgebaut, mit denen Peking jedes Asset der Welt kaufen und verkaufen kann. Vor allem aber können diese Vehikel Dollar und US-Staatsanleihen (Treasuries) kaufen. Damit aber hat die Regierung eine mächtige Waffe in der Hand: Sie kann faktisch gegen jeden Wert in unbegrenzter Weise spekulieren, ohne erkannt zu werden. Sie kann das auch so wohldosiert machen, dass die Märkte lange Zeit gar nicht merken, was gespielt wird. Wenn dann der letzte Stein fällt und ein System – etwa eine Assetklasse – zusammenbricht, dann ist es für alle anderen zu spät. Rickards erwartet, dass die Chinesen diese Waffe in einer der nächsten Etappen des globalen Währungskrieges einsetzen werden. Doch wie schon im Verhältnis der USA zu Russland ist es auch für die Chinesen nicht ganz einfach, den »roten Knopf« zu drücken. Die Weltwirtschaft ist nämlich mittlerweile derart verflochten, dass niemand mehr sagen kann, was womit zusammenhängt. Es ist auch sehr schwer, aggressive Handlungen zu setzen und dabei abzuschätzen, welche Folgen ein bestimmtes Vorgehen haben wird.

Dies wird vor allem bei der Betrachtung der Rohstoffpreise manifest. Im Jahr 2015 hat sich ein veritabler Preisschock bei den Rohstoffen eingestellt. Der breiten Öffentlichkeit ist diese Entwicklung nur im Hinblick auf den Ölpreis bewusst geworden: Die Autofahrer freuen sich, wenn sie auf die Rechnung an der Tankstelle blicken.

Doch in einer Zeit, in der die meisten Volkswirtschaften der Welt kaum bis wenig wachsen und auch die Wachstumsraten in den Schwellenländern wie China deutlich hinter den teils hysterischen Prognosen zurückbleiben, haben wir es im Fall der Rohstoffpreise mit einer gefährlichen Entwicklung zu tun. Denn sie signalisiert, dass eine der bisher sichersten »Wetten« der Finanzindustrie, nämlich die auf einen lang anhaltenden Boom in den Schwellenländern, nicht zu gewinnen sein dürfte. Rohstoffe haben sehr viel mit Finanzkriegen zu tun, weil sie die Grundlage für alle Volkswirtschaften bieten und weil sie nur in begrenztem Ausmaß vorhanden sind. Wenn es aber nur ein begrenztes Angebot gibt, dann steigt der Preis. Chris Martenson hat in seinem Buch »The Crash Course« vorhergesagt, dass der Ölpreis in absehbarer Zeit so gewaltig steigen werde, dass ein globaler Crash unausweichlich sei.[74] Erstaunlicherweise ist das Gegenteil eingetreten: Der Ölpreis sinkt seit geraumer Zeit, und mit ihm fallen die Rohstoffpreise. Diese Entwicklung war im Grunde seit einiger Zeit abzusehen: Das globale Wirtschaftswachstum ist schwach. Der sogenannte Baltic Dry Index zeigt, dass die globalen Gütertransporte rückläufig sind. Im Hinblick auf das Öl ist zu erkennen, dass viele Staaten die Zeit des billigen Öls genutzt haben, um ihre Lager aufzufüllen. Ölfirmen wiederum mussten lagern, weil sie nicht rentabel verkaufen können.[75] Mit dem Daten-Wissen, über das die USA dank der Internet-Konzerne verfügen, haben die Amerikaner einen entscheidenden Vorteil in diesem Spiel. Sie können Entwicklungen antizipieren und die Preise beeinflussen.

Diese Entwicklung ist schwer zu kontrollieren. Niemand weiß, was hinter den Kulissen läuft. Der Rohstoff-Experte Michael

Bernegger erklärt jedoch, welche Spirale in Gang gesetzt wird: »Aufgrund der scharf fallenden Preise schmizt zunächst der Cashflow der Bergbau-Unternehmen rapide dahin. Sie stecken noch in laufenden, unter Umständen großen Investitionsprojekten und haben deswegen hohe laufende Ausgaben. Die stark fallenden Preise signalisieren Banken und Investoren darüber hinaus verdüsterte, ja miserable Zukunftsaussichten. Der Zufluss von Kapital versiegt plötzlich. Banken dürfen aufgrund von Risikomodellen und Eigenkapitalvorschriften keinen neuen Kredit mehr geben, jetzt, wo er am nötigsten wäre. Investoren, die realisieren, dass sie in diesen Bereich wohl zu viel investiert haben, ziehen sich intuitv ebenfalls zurück. Ein Teil versucht verzweifelt, Anlagen zu verkaufen und realisiert hohe Verluste. Ein anderer Teil betrachtet sie neu als ganz langfristige Anlagen. Augen zu und durch. Die Aktienpreise kollabieren, die Kreditspreads weiten sich schlagartig aus. Der Sektor wird zusehends vom Kredit- und Kapitalmarkt abgeschnitten. Wer von den Players überleben wird, hängt nicht unwesentlich davon ab, ob er in privater Hand oder ob er staatlich ist. Staatliche Unternehmen haben einen großen Vorteil, sie können notfalls auf Kredite zurückgreifen oder umschulden.«

Bernegger weist noch auf etwas anderes hin – nämlich auf die enge Verzahnung des Rohstoffhandels im neuen, globalen Finanzkreislauf: »Auch Umstrukturierungen innerhalb der Finanzindustrie waren hilfreich für den Investitionsboom. Rohstoffe wurden plötzlich nicht mehr als Handelsprodukte, sondern als ‚asset class', als eigenständige Vermögensklasse, angesehen und in spezialisierten Desks gehandelt, denen auch das Research über die Unternehmen des Sektors angegliedert ist. Das Kreditresearch wurde zusätzlich noch mit dem Aktienresearch koordiniert und in einigen Fällen verschmolzen. Der Edelmetallhandel, der vorher immer Teil des Devisenhandels war, wurde ebenfalls in diese Rohstoff-Desks integriert. Dies gab Investoren den Anschein hoher umfassender und gebündelter Kompetenz und erleichterte das Marketing und den reißenden Absatz der Aktien und Obligationen des Sektors.«

Was aber im Boom zu hohen Profiten führen kann, führt in der Phase der Markteinbrüche zu schweren Verlusten. Tatsächlich werden Krisen-Situationen immer auch dazu genutzt, politische

Ziele zu verfolgen. Der schon etwas abgedroschene Spruch, dass jede Krise auch eine Chance sei, ist im Hinblick auf die Finanzkrise vor allem insoweit zutreffend, als dass viele Player alles tun, um eine Krise herbeizuführen, von der sie dann profitieren können.

Hier spielen unterschiedliche Interessen zusammen: Einerseits wollen oder müssen die Beteiligten vor allem Profite machen. Das betrifft die Banken. Sie werden gerne von der Politik als die alleinigen »bösen Buben« identifiziert. Bei der Bevölkerung fällt diese Banken-Schelte auf fruchtbaren Boden – auch, wenn die Banken mitunter in einer viel schwächeren Position sind als die Staaten, die gegen sie vorgehen. Die Commerzbank musste im Jahr 2015 zur Kenntnis nehmen, dass die Bank eine Strafzahlung von 1,5 Milliarden Dollar an das US-Justizministerium leisten musste. Einen der Gründe erklärt die »FAZ«: Die Strafe sei zu zahlen für »Verstöße gegen Handelssanktionen in den Jahren 2002 bis 2008, unter anderem um Geschäfte mit der staatlichen iranischen Reederei IRISL. Gegen diese Reederei hatten die Vereinigten Staaten ein Handelsembargo verhängt, weil sie mutmaßliche Massenvernichtungswaffen verbreitet haben soll. Der Chef der New Yorker Finanzaufsicht, Benjamin Lawsky, beklagte..., dass die Commerzbank insgesamt 60.000-Dollar-Transaktionen im Wert von 253 Milliarden Dollar für iranische und sudanesische Kunden ausgeführt habe, ohne diese offen zu legen.«[76]

In diesem Konflikt geht es nur in zweiter Linie um Geld: Die US-Regierung wollte zeigen, dass Sanktionen auch durchgesetzt werden können. Die US-Regierung hatte einen eindeutigen Informationsvorsprung gegenüber den Bank. Alle internationalen Player haben einen weiteren Nachteil: Wegen der Position des Dollar als Weltwährung hat die US-Regierung Zugriff auf jeden Geschäftsvorgang, der in US-Dollar abgewickelt wird.

Das Beispiel zeigt, wie sehr Willkür und Skrupellosigkeit in einem Szenario wuchern, in dem Gesetze außer Kraft gesetzt werden und der globale Kriegszustand gewissermaßen Normalität geworden ist. Das Geschäft der Bank wird durch die finanzpolitische »Kriegserklärung« der USA an den Iran und an den Sudan erst zu einem Unrecht. Der Fall zeigt, in welche Schwierigkeiten eine Bank kommen kann, wenn sie zwischen die Fronten gerät.

Natürlich nützt eine solche Maßnahme auf der anderen Seite den amerikanischen Banken. Ein lästiger Konkurrent wird geschwächt. Die US-Regierung ist mit ähnlicher Härte auch gegen die französischen Banken vorgegangen. Hier finden sich Kriegsherren und Profiteure in einer völligen Zielübereinstimmung. Der Staat gewinnt den Krieg, die Bank gewinnt. Wenn man sich noch gegenseitig gehört, ist das System perfekt.

Ich erwähne diese Verschränkungen hier, weil es bei Kriegen immer um Rohstoffe geht und weil die Rohstoffpreise anfällig für Manipulationen sind. Die Manipulation von Preisen zählt zum schon fast langweiligen Standard-Repertoire der Finanzkriege: Jahrelang wurde der pure Verdacht, die Preise könnten manipuliert worden sein, mit dem Ausdruck größter Entrüstung zurückgewiesen. Doch tatsächlich wurde und wird faktisch alles manipuliert, was zu einem handelbaren Finanzprodukt gemacht werden kann: Der Skandal um die Zinsmanipulationen von Libor und Euribor hat faktisch alle Banken betroffen – und im Grunde auch alle Staaten, weil die Regulatoren geschlafen oder weggesehen haben oder noch Schlimmeres. Der Goldpreis wurde manipuliert, ebenso der Aluminiumpreis. Auch die Devisenkurse wurden manipuliert.[77]

Der Finanzjournalist Norbert Häring schreibt auf seinem Blog: »Es wäre furchtbar naiv zu glauben, wenn ein Dutzend großer Investmentbanken und Fondsgesellschaften die Finanzmärkte beeinflussen und manipulieren können, dass diejenigen, die das Verhalten dieses Dutzends bei Bedarf koordinieren können, dies nicht tun, um wichtige Ziele zu erreichen.« Häring zitiert dann den früheren deutschen Morgan Stanley-Chef, Dirk Notheis, der in einem Artikel für das Handelsblatt schreibt, dass »Waffen mit breiterer Streuung ... aus der weltweiten Vernetzung von Kapital- und Rohstoffmärkten in der digitalen Real-time-Welt des 21. Jahrhunderts entstehen«.[78]

Notheis analysiert: »Damit werden Investmentbanker zu Soldaten, und es ersetzt die Wall Street das Pentagon, die Kontrolle über die globalen Kapitalströme und deren Standards stellen heute hegemoniale Instrumente dar ... Wie viele Short Trades auf den Rubel auf den Büchern angelsächsischer Hedgefonds liegen, weiß niemand ... Diese Waffen sind nicht aus Metall, sondern aus

Bits und Bytes gefertigt. Sie tragen keine Sprengköpfe, sondern Information. Nicht der Einschlag von Raketen, sondern die Börsenkurse von Währungen, Aktien oder Rohstoffen entscheiden heute über Handlungsspielräume und damit die Streitfähigkeit von Kriegsteilnehmern.«[79]

Die Insider-Informationen versorgen »diejenigen mit den entscheidenden Waffen, die das sensible geo-ökonomische Netzwerk der Märkte zu ihren Gunsten beeinflussen können.« Nicht mehr die Schlacht um Donezk, sondern die um den Kurs des Rubels oder Öls werden also den Konflikt in der Ukraine entscheiden – schreibt immerhin ein ehemaliger Investmentbanker einer der führenden Banken der Welt.

Norbert Häring erläutert sehr schlüssig, dass diese Art der Kriegsführung allen Beteiligten nützt – und daher auch aktiv eingesetzt wird. So ist es eben durchaus vorstellbar, dass es nichts gibt, dass »einen hohen Regierungsvertreter daran hindern sollte, in der Vorstandsetage einer der großen Investmentbanken jemanden anzurufen, dem er vertraut, und ihm zu sagen, dass es die Regierung gerne sähe, wenn dieser oder jener Kurs deutlich in diese oder jene Richtung ginge, und ihn spüren zu lassen, dass es ihm nicht unrecht wäre, wenn auch andere einflussreiche Institutionen mit dem Potenzial, den Markt zu bewegen, von diesem Wunsch erführen«. Die Folge: »Was hält den Adressaten des Anrufs davon ab, seine Kollegen in den anderen großen Häusern anzurufen, und ihnen zu erzählen, was die Regierung möchte, und dass er geneigt ist, in diese Richtung zu wetten? Nichts hält ihn ab, wenn es erfolgversprechend ist. Und natürlich wäre es erfolgversprechend. Denn wenn in dieser Gruppe jeder weiß, dass man mit dem Segen der Regierung und damit der Aufsichtsbehörden koordiniert in eine Richtung marschieren kann und damit die Richtung kennt, die der Markt nehmen wird, ohne dass die übrigen Investoren das wissen, dann ist das wie eine Lizenz zum Gelddrucken. Wer würde da schon nein sagen?«[80]

Mit der weltweiten Vernetzung sind solche Machenschaften heute auf Knopfdruck möglich – und zwar global und gleichzeitig. Die Hochtechnologie, die sich im Bankenwesen im Besonderen etabliert hat, macht es möglich: Nur noch die ARD scheint in ihrer fast schon rührenden Sendung »Börse vor acht« immer noch zu glauben, dass die Börse aus schreienden Händlern und Telefonen mit Kabeln besteht. Tatsächlich läuft heute der weitaus größte Teil des Handels über Computer.[81] Algorithmen reagieren in Nano-Sekunden auf Impulse. Die Steuerung erfolgt schneller als ein Wimpernschlag. Große Händler prügeln sich um die Grundstücke neben den Börsen, um auch noch den letzten Millimeter an Nähe herauszuschinden. Doch selbst dieses Ringen um eine höhere Geschwindigkeit ist schon fast anachronistisch: Denn die Informationen werden, wie wir gesehen haben, oft irgendwo bewusst »gekocht«.

Noch einmal Norbert Häring: »Wenn sich Finanzmärkte kräftig bewegen und Analysten verstärkt größere Bewegungen voraussagen (Der Euro wird auf 1:1 zu Dollar abwerten; italienische Anleihen werden unter Druck kommen), dann lohnt sich grundsätzlich die Frage zu stellen, wem das dienen könnte. Davon sollte man sich auch nicht abhalten lassen, weil es einen erkennbaren ökonomischen Grund für die Richtung der Bewegung gibt. Solche Kampagnen, wenn es Kampagnen sind, setzen immer auf plausible Begründungen aus dem unpolitischen Raum auf. Die Frage, die man sich stellen sollte ist vielmehr: ist es plausibel, dass diese Begründung das Ausmaß der zu beobachtenden oder vorausgesagten Entwicklung erklärt, ohne dass man Marktdynamik und ähnliches bemühen muss. Denn die leicht beeinflussbare Marktdynamik ist genau die Waffe, mit der die Investmentbanken und Kapitalanlagegesellschaften, wenn sie in der Rolle der modernen Soldaten agieren, ihre Kämpfe austragen.«[82]

Weil aber die Fakten also eigentlich Kunstprodukte sind, auf die zu reagieren man als »feindlicher Player« immer zu spät kommen muss, richten sich die modernen Kriege direkt gegen die technischen Systeme, die die Informationen transportieren: Der Cyber-Krieg ist ein wesentlicher Bestandteil der Auseinandersetzung: Im Frühjahr 2015 wurde beispielsweise der Server des Deutschen Bundestags durch Hacker lahmgelegt. Bis heute weiß niemand, wer dahinter steckt. Die Anonymität des Netzes ermöglicht es nämlich Staaten, Schurken, Schurken-Staaten und anderen, sich elektronisch zu maskieren und existentiell gefährliche Angriffe gegen andere zu starten.

Anders als bei den realen Kriegen sind hier nicht direkt Menschen das Ziel. Anders als bei den Finanzkriegen werden nicht Staaten in ihrer wirtschaftlichen Substanz attackiert. Die Cyber-Kriege zielen auf die Verwundbarkeit der technischen Infrastruktur ganzer Gesellschaften. Sie sind besonders effizient, weil sie von überall ausgeführt und die Urheber in der Regel niemals ausgeforscht werden können. Sie sind sozusagen die »Königsdisziplin« der modernen Kriegsführung.[83]

KAPITEL 3: DER CYBER-KRIEG

Ein Freund erzählte mir vor einigen Jahren eine Geschichte, die ihm zugleich peinlich war und ihn am Ende doch stolz machte: Eines Tages habe es morgens an seiner Tür geklingelt. Als Harvard-Dozent war er sehr überrascht: Vor seiner Tür stand das FBI. Die Geheimdienstler teilten dem Akademiker mit, dass von seinem Computer aus eine Behörde in Washington gehackt worden war. Der Freund ist zwar ein brillanter Intellektueller und spricht auf wichtigen Konferenzen, auch bei solchen, die die nationale Sicherheit der USA betreffen, wie etwa dem Aspen-Institute. Doch seine Computerfähigkeiten gingen über das Schreiben von Texten und den massiven Gebrauch von E-Mails nicht hinaus. Was ihm zunächst als Irrtum erschienen war, nahm jedoch rasch eine unerwartete Wendung: Die Beamten forschten seinen Sohn aus, der ein Nerd war und einen Code geschrieben hatte, mit dem er in interne Regierungssysteme eingedrungen war. Doch der kreative Junior wurde nicht in Handschellen abgeführt: Zum größten Erstaunen meines Freundes lobten die Beamten die Fähigkeiten des Hackers und boten ihm an, doch besser für die Regierung zu arbeiten. Wenig später war der junge Mann bei einer der Cyber-Einheiten der Regierung beschäftigt.

Die Episode trug sich vor mehreren Jahren zu. Mittlerweile ist der Cyber-Krieg längst zum festen Bestandteil von politischen, militärischen und finanziellen Auseinandersetzungen in aller Welt geworden. Was früher der Hacker-Gruppe Anonymous vorbehalten war, ist heute Teil des Arsenals von Regierungen und Unternehmen, die im Auftrag der Regierungen arbeiten.

Zum Cyber-Krieg gehören unterschiedliche Elemente: Das am meisten eingesetzte ist die Spionage. Computer und Computer-Systeme werden gehackt, um zu erfahren, was relevante Zielpersonen oder Einrichtungen machen. Die Technik ist mittlerweile sehr ausgefeilt. Seit Edward Snowden wissen wir, dass praktisch jede Tätigkeit, die am Computer ausgeführt wird, nachvollzogen werden kann. Die großen Software-Konzerne der USA sind alle in der Lage, Programme zu installieren, die den User überwachen.

Im Falle des neuen Windows 10 von Microsoft waren Überwachungselemente so massiv, dass es einen Protest der User gab. Kritische Microsoft-Nutzer verweigerten die Installation des neuen Programms. Zwar konnte man die Überwachungs-Funktionen ausschalten – doch wie viele Nutzer machen sich die Mühe?[84] Im Übrigen ist nicht nachzuvollziehen, was eigentlich bei den sogenannten Updates geschieht: Die meisten Nutzer glauben, dass sie damit wichtige neue Funktionen erhalten. Doch tatsächlich erhält Microsoft mit jedem Update Zugriff auf alle Dateien. Dasselbe gilt für alle anderen Hard- und Software-Firmen. Die Daten werden abgegriffen, um die Nutzer-Bedürfnisse besser zu erfassen. Das wäre im Prinzip in Ordnung. Doch haben alle großen Konzerne die Verpflichtung, mit den Sicherheitsbehörden zusammenzuarbeiten. Die Debatte über die Weitergabe von Daten an Regierungsstellen flammt zwar immer wieder auf – doch meist ebbt die Empörung rasch wieder ab. Der Geist ist aus der Flasche – und kann so schnell nicht mehr zurückgedrängt werden.

Dazu schreibt Armin Krishnan: »Die Washington Post und der britische Guardian veröffentlichten am 6. Juni die Informationen des Geheimdienst-Insiders. Zusätzlich zu seiner Zeugenaussage legte Snowden verschiedene Dokumente vor, darunter eine Power-Point Präsentation über das Überwachungsprogramm ›PRISM‹, die belegen, dass es eine geheime Zusammenarbeit zwischen den US-Geheimdiensten und amerikanischen Technologie-Giganten wie Yahoo, Google, Facebook, Microsoft und Apple gibt. Nach Angabe von Snowden gewähren die Firmen der NSA Echtzeit-Zugang zu allen Nutzer- und Verbindungs-Daten der kooperierenden Firmen.«
Krishnan weiter: »Die NSA expandiert seit Jahren ebenfalls ganz massiv, auch im Bereich der Inlandsüberwachung. Binney (ein ehemaliger NSA-Manager, Anmerkung des Autors) behauptet, dass die NSA zwischen 10 und 20 in den USA verstreute Zentralen hat, die Daten direkt von Telekommunikationsfirmen abzapfen. Im Herbst soll ein gigantisches zwei Milliarden teures Datenlager in Bluffdale in Utah fertiggestellt werden, was es der NSA ermöglichen wird noch mehr Daten zu sammeln und auszuwerten. Schon jetzt ist die NSA in der Lage geschätzte 1,5 Milliarden

Kommunikationen pro Tag zu überwachen, welche dann von der NSA auf unbestimmte Zeit für mögliche spätere Nutzung gespeichert werden können.«[85]

Die Erfassung von Daten ist vor allem im Finanzbereich von großer Bedeutung. Fast alle Finanzgeschäfte sind in einer gewissen Weise Wetten auf die Zukunft. Wie bei der Wettmafia im Fußball ist es für den Erfolg von Finanzwetten von größter Bedeutung, dass man die Zukunft vorhersehen kann.

Nachdem durch die Unterlagen des Whistleblowers Edward Snowden bekannt wurde, dass die NSA weltweit in 80 US-Einrichtungen Horchposten installiert hatte, gab der Verfassungsschutz im September 2013 den Auftrag, aus einem Hubschrauber im Tiefflug Fotos vom Dach des US-Konsulats in Frankfurt zu schießen. Damit sollten mögliche Abhörtechniken der USA identifiziert werden.

Damals bereits hatte der Finanzjournalist Klaus Engelen darauf verwiesen, dass es für all jene Finanzinstitute gefährlich werden könnte, die nicht zu den Five-Eye-Staaten gehören und damit völlig schutzlos der US-Spionage ausgesetzt sind. Engelen schrieb damals in »The International Economy«, dass die Aufgabe von »Spionage-Organisation nicht nur das Aufspüren von Terroristen, sondern auch die Beschaffung von Informationen für die eigene Industrie in wettbewerbsintensiven Bereichen« sei.[86]

Der Journalist Glenn Greenwald hat in einem Interview mit dem »Züricher Tagesanzeiger« angedeutet, dass die NSA – wie auch andere US-Dienste – »großes Interesse an Banking und Geldflüssen« zeigen. Obwohl genau über dieses Thema wenig in Greenwalds neuem Buch steht, sagte der Snowden-Freund nun: »Es gibt Hinweise in den Dokumenten, dass die NSA das Schweizer Bankensystem ausspioniert. Erst muss man diese Unterlagen genauer auswerten.«

Greenwald verweist auf die Interessen der Amerikaner: »Die USA sagen, dass sie wirtschaftliche Informationen nicht an Unternehmen weiterleiten. Fakt ist, dass die NSA gezielt einzelne Branchen aushorcht, oft die Konkurrenten von US-Unternehmen. Man muss sehr naiv sein, zu glauben, das täten sie nicht, um wirtschaftliche Vorteile zu erlangen.«[87]

Die wirtschaftlichen Interessen etwa im Hinblick auf die Schweizer Banken sind evident: Die US-Behörden hatten die Banken seit langem im Verdacht, reiche US-Kunden bei der Steuerhinterziehung zu unterstützen. Es gab, wie bei der FIFA, spektakuläre Verhaftungen. Das System der Schweizer Großbanken ist seither nicht mehr, was es einmal war: Die Anonymität ist aufgehoben, das Bankgeheimnis nur noch ein Relikt aus vergangenen Zeiten. Der Druck auf die internationalen Banken war enorm, auch die Staaten wurden sukzessive gezwungen, das Bankgeheimnis aufzugeben. Wie wir später noch sehen werden, sind die Staaten gezwungen, wegen der hohen Schulden hinter jedem Steuer-Cent herzujagen. Dieser Krieg ist im Grunde ein Krieg, den die skrupellosen Regierungen in trauter Eintracht gegen den einfachen Bürger oder Anleger führen. Der spektakuläre Prozess gegen den Manager des FC Bayern München, Uli Hoeneß, war im Grunde ein Schauprozess: Der Staat wollte ein Exempel statuieren. Tatsächlich meldeten sich nach dem Prozess mehr als 13.000 deutsche Steuerbürger freiwillig bei ihren Finanzämtern, um ihre hinterzogenen Steuern zu deklarieren.[88] Woher Hoeneß die vielen Millionen hatte oder in wessen Auftrag er »zockte«, weiß niemand. Die Öffentlichkeit wurde mit der Erklärung abgespeist, der sonst so rational wirkende Manager sei Opfer seiner Spielsucht geworden.

Der Cyber-Krieg wird nicht nur eingesetzt, um den einfachen Bürger unter Generalverdacht zu stellen und so die Einnahmen der Staaten aufzubessern. Der Cyber-Krieg tobt auch im Bereich des ganz normalen Welthandels.

Die New York Times berichtet von der Überwachung amerikanischer Anwaltskanzleien.[89] Nach amerikanischem Recht ist es der NSA eigentlich untersagt, die eigenen Bürger oder Unternehmen zu bespitzeln. Doch mit der Unterstützung befreundeter Dienste lässt sich auch dies leicht umgehen. So gehört der australische Geheimdienst zum Spionageclub »Five Eyes« – genauso wie die USA, Großbritannien, Kanada und Neuseeland.

In einem NSA-Dokument vom Februar 2013 war eine US-Kanzlei betroffen, die von der indonesischen Regierung angeheuert wurde, um sie in Handelsstreitigkeiten mit den USA zu beraten. In dem Streit ging es um den Import indonesischer »Nelkenzigaretten«.

Die USA hatten die Einfuhr dieser Ware verwehrt. Die Überwachung wurde nicht direkt von der NSA durchgeführt, sondern von den Australiern. Diese informierten die NSA und boten den Amerikanern an, die Erkenntnisse mit ihnen zu teilen.[90] So können die Amerikaner sehr bequem die eigenen Unternehmen ausspähen, wenn sie der Meinung sind, gegen einen unliebsamen Staat vorgehen zu wollen. Das staatliche Interesse wird hier deutlich über das Interesse des privaten US-Unternehmens gestellt – ein Phänomen, dem wir uns später noch detaillierter zuwenden wollen. Denn die modernen Kriege sind nicht, wie früher, Kriege von Staaten gegeneinander. Die Staaten nutzen ihre Privilegien, um auch gegen die eigenen Staatsbürger und ansässige Unternehmen vorzugehen.

In der Finanzindustrie kann sich heute kaum noch ein großer Player eine falsche Wette leisten: Wegen der Babyboomer müssen die großen Pensionsfonds immer mehr Geld immer schneller an die Rentner auszahlen. Kein Vermögensverwalter darf auf dem falschen Fuß erwischt werden.

Wenn Greenwald sagt, dass es Hinweise gäbe, dass die USA die Schweizer Banken ausspionieren, dann besteht kein Zweifel, dass die NSA auch die Bundesbank, die EZB und alle anderen europäischen Banken ausspioniert. So können die US-Banken Wetten auf Dinge abschließen, deren Ergebnis sie schon kennen.[91] Besonders erfolgreich verlaufen solche Wetten, wenn die Computer-Systeme anderer gehackt werden.

Gert R. Polli, der frühere Chef des österreichischen Bundesamts für Verfassungsschutz und Terrorismus-Bekämpfung, erzählte bei einer Tagung im Sommer 2015 in Italien, dass die Geheimdienste eine besondere Rolle im Cyber-Krieg spielen: Sie spionieren nicht nur, sondern sie wollen vor allem manipulieren und Fakten schaffen. Polli, der am Standort Wien mit allen Geheimdiensten der Welt engen Kontakt hatte, sieht in der Spionage nur die Vorstufe zu gezielten Aktionen: Es sei für jeden Geheimdienst von großer Bedeutung, dass die Ereignisse, vor denen die Dienste warnen, auch tatsächlich eintreten. Man kann daher davon ausgehen, dass viele Aktionen, die wir an den Märkten erleben, einen anderen Hintergrund haben als öffentlich dargestellt.

Der Cyber-Krieg findet natürlich auch intensiv in Zusammen-arbeit mit den militärischen Organisationen aller Militärmächte statt.

Die Cyber-Kriege haben die Strukturen der regulären Arme-en fundamental verändert. Immer häufiger finden bereits Manö-ver statt, zu denen nicht mehr reguläre Soldaten einberufen wer-den, sondern hunderte Computerspezialisten. Ein solches Manöver führte die Nato im April 2015 in Tallinn durch. Die Experten simu-lierten Hacker-Angriffe auf Windows-Programme. Eine Sprecherin der Nato sagte, es handele sich um fiktives Szenario mit einem Fan-tasie-Gegner. Es braucht nicht allzu viel Fantasie, um sich vorzustel-len, dass die Nato an Russland dachte. Bereits im Jahr 2007 hatten Hacker Estland in einem Großangriff quasi vom Internet getrennt. Die Attacke legte die Telefonnetze ebenso lahm wie die Rechner der nationalen Strom- und Wasserversorger. Estland bezichtigte Russ-land der Täterschaft, konnte aber nichts beweisen. Moskau demen-tierte heftig. Tatsächlich zeigt der Vorfall, dass im Cyber-Krieg die totale Irreführung der Öffentlichkeit möglich ist und praktiziert wird. Wer angreift und wer verteidigt, ist nicht mehr festzustellen.

Cyber-Attacken sind so gefährlich, weil sie die gesamte Infra-struktur eines Landes lahmlegen können. Mit einer einzigen Akti-on kann ein Land im Bruchteil einer Sekunde ins Chaos gestürzt werden, etwa, wenn die Stromversorgung zusammenbricht oder die Leute ihre Handys nicht mehr verwenden können. US-Präsi-dent Barack Obama hat im Herbst 2014 daher ein Dekret erlas-sen, wonach Cyber-Angriffe als militärische Angriffe gewertet wer-den können.[92] Mit diesem Gesetz wurde faktisch das Kriegsrecht über die virtuelle Welt verhängt. In der Bundeswehr soll die Cy-ber-Truppe künftig den klassischen Teilstreitkräften Heer, Marine und Luftwaffe gleichgestellt werden. Der Cyber-Raum wird, wie der Luftraum, das Land oder das Meer, zu einem vollwertigen Ein-satzgebiet. Die Leitung der Umstrukturierung im Verteidigungs-ministerium liegt in den Händen einer Physikerin, die zuvor für die Unternehmensberatung McKinsey gearbeitet hatte.[93]

Auch Deutschland nimmt an diesem unsichtbaren Krieg teil: »Es ist erforderlich, weiterhin international zusammenzuarbeiten, wobei gegenseitiges Vertrauen eine entscheidende Rolle spielt«, gibt die Bundesregierung in einer Antwort auf eine kleine Anfrage der Linken.[94] Aus diesem Grund gibt es Kooperationen auf EU-Ebene, mit der NATO und den USA, wie etwa die »Arbeitsgruppe EU – USA zum Thema Cybersicherheit und Cyberkriminalität«. Für Cyber-Angriffe dieser Art wurde 2007 bei der Bundeswehr die sogenannte Gruppe »Computer Netzwerk Operationen« (CNO) ins Leben gerufen.[95] Diese soll genau das machen, was in den Cyber-Kriegen möglich ist: »Die technischen Möglichkeiten, im Internet zu operieren, sind universal, grundsätzlich bekannt und werden in offen zugänglichen Foren und Kongressen diskutiert. Schwachstellen in Soft- und Hardware werden genutzt, um in gegnerische Netzwerke einzudringen, dort aufzuklären, einzelne Funktionen zu stören und zeitweise außer Betrieb zu setzen oder dauerhaft zu schädigen. [...] Dabei werden die Vorgehensweise und die dabei zu nutzenden Werkzeuge auf den Einzelfall zugeschnitten.«[96] Die Wirkung auf Zivilpersonen kann die Bundesregierung nicht kontrollieren. Man versuche aber, »Kollateralschäden weitgehend auszuschließen«.

Der Abgeordnete der Linkspartei, Andrej Hunko, kritisiert die Operation: »Es ist widersinnig wenn deutsche Cyber-Krieger Armbinden zur Kenntlichmachung ihrer militärischen Herkunft tragen, ihre digitalen Angriffswerkzeuge aber tarnen. Das Verteidigungsministerium kann auch nicht entkräften, dass zivile Einrichtungen oder Zivilpersonen durch mögliche Gegenreaktionen angegriffener Staaten gefährdet sind. So heißt es auch in der Antwort, Kollateralschäden könnten höchstens ›weitgehend‹ ausgeschlossen werden. Die Werkzeuge des Kommandos ›Strategische Aufklärung‹ sind Angriffswaffen. Noch schwerer wiegt, dass ihre Entwicklung offenbar mithilfe von Schwachstellen vorangetrieben wird (sogenannten 0 Day-Exploits). Die Bundeswehr befördert also den Schwarzmarkt für gefundene Sicherheitslücken, anstatt diese mit staatlichem Know How zu stopfen.«[97] Die Bundeswehr hält dagegen, und sagt, dass die Mitarbeiter grundsätzlich verpflichtet seien, »in einem internationalen bewaffneten Konflikt als Kombattanten verpflichtet, sich zu unterscheiden«.[98] Es gäbe allerdings kein völkerrechtliches Verbot der Tarnung. Die

Bundeswehr weiter: »So werden etwa bei Cyber-Tarntechniken die Erfassungsmöglichkeiten durch die Schutzsensorik des gegnerischen Netzes eingeschränkt. Von der zulässigen Tarnung strikt zu unterscheiden ist die unzulässige Nutzung falscher Identitäten mit dem Ziel, eine Zurechnung zu Zivilisten, zivilen Einrichtungen oder anderen geschützten Personen oder Objekten zu provozieren und sie so zum Ziel eines Gegenangriffs zu machen.«[99]

Versicherer halten das Risiko für Cyber-Attacken inzwischen für so hoch, dass sich Unternehmen nicht mehr gegen solche Angriffe versichern können. Ähnlich restriktiv sind Versicherungen nur bei Atomkraftwerken: Auch diese werden generell nicht versichert, weil die Folgen nicht eingeschätzt werden können. Daher fordern die Versicherungen nun von den Regierungen, für die Risiken zu haften. Stephen Catlin, der Chef eines der größten Versicherungs-Unternehmen in London, erhob diese Forderung im Februar 2015, berichtet die Financial Times.

Kurz zuvor hatte der US-Gesundheitsversicherer Anthem einräumen müssen, dass Hacker sein System geknackt hatten und in einem »sehr ausgefeilten Angriff« Sozialversicherungsnummern und Einkommensdetails der Kunden und Mitarbeiter gestohlen hatten. Catlin sagte, Cyber-Sicherheit sei das »größte Systemrisiko«, das ihm in seiner 42-jährigen Versicherungs-Karriere begegnet sei: »Unsere Bilanzen sind nicht groß genug, um dafür zu bezahlen«, so Catlin. Daher könnten die Versicherer die Risiken nicht übernehmen. Dies sei die Aufgabe der Regierungen.

Die Versicherer haben im Grund keine Chance, das Ausmaß eines Cyber-Angriffs abzuschätzen. Anders als bei Naturkatastrophen könne das Risiko nicht räumlich oder zeitlich eingegrenzt werden. Catlin ist der Auffassung, dass die Risiken aus Cyber-Angriffen sogar höher seien als bei traditionellen Terrorakten. Doch auch diese werden von den Versicherern bereits abgelehnt: Die Staaten und damit die Steuerzahler haben für die Folgen aufzukommen.[100]

Die »Internationale Organisation der Wertpapieraufsichtsbehörden« (IOSCO) warnte die Finanzwelt im August 2014 vor den Folgen eines möglichen Cyber-Angriffs. »Cyber-Kriminalität hat große Auswirkungen auf die Finanzmärkte«, zitiert die Financial

Times IOSCO-Chef Greg Medcraft. Jedes Handelssystem könne angegriffen werden. Die Hacker würden wie »Schläfer« agieren. Interessanterweise wählt Medcraft hier also einen Vergleich aus dem Terrorismus. Die Banken seien im Grunde nicht ausreichend geschützt, um sich gegen einen solchen Angriff zu wappnen. Die US Börsenaufsicht SEC hatte bereits im Oktober 2011 vor einem weltweiten Cyber-Angriff gewarnt. Richard Horne, Cyber-Security-Partner von PricewaterhouseCoopers (PWC), erklärt, warum die Lage so gefährlich ist: »Die Finanzmärkte sind weltweit miteinander vernetzt und stehen in Abhängigkeit zueinander. Das Finanzsystem ist nur so stark wie ihr schwächstes Glied.«[101]

Die Cyber-Angriffe zeigen, dass die technologisch-industrielle Revolution potentielle Täter in die Lage versetzt, mit sehr geringem materiellen Aufwand und vor allem unerkannt große Systeme in Gefahr zu bringen. Die Anonymität führt dazu, dass Angriffe geführt werden können, ohne dass die Urheber jemals zur Rechenschaft gezogen werden. Als im November 2014 das Unternehmen Sony gehackt wurde, machten die Amerikaner Nord-Korea dafür verantwortlich. Doch eine Gruppe von Spezialisten will herausgefunden haben, dass die Attacke von einem ehemaligen Mitarbeiter des Unternehmens ausgelöst worden sein soll.[102] Tatsächlich werden aktuell noch die meisten Angriffe von Mitarbeitern, ehemaligen Mitarbeitern oder Dienstleistern verübt.[103] Doch diese Erkenntnis ist nur ein schwacher Trost: Es ist heute nicht mehr zu beurteilen, ob nicht auch Mitarbeiter von verfeindeten Regierungen eingeschleust, instrumentalisiert oder erpresst werden.

Allen Formen der modernen Kriegsführung ist gemein, dass sie gewissermaßen »undercover« stattfinden: Niemand weiß, wer hinter welcher Aktion steht. Jeder kann alles behaupten – und die Öffentlichkeit wird über die tatsächlichen Urheber entweder im Dunklen gelassen oder in die Irre geführt. Man könnte nun meinen, dass dieser Zustand, so bedrohlich er ist, eigentlich das ideale Umfeld für aufklärerische, mutige Medien ist. Ihre Aufgabe besteht schließlich in der Kontrolle der Mächtigen und im Aufdecken von Missständen. Sie sind der frische Sauerstoff, den jede Demokratie braucht, um wehrhaft zu sein.

Doch die Medien sind inzwischen selbst zwischen die Fronten geraten. Jeder Krieg ist auch ein Krieg um die öffentliche Meinung. Wir wollen uns im Folgenden daher mit der vierten Komponente des »schleichenden Dritten Weltkriegs« beschäftigen, dem Propagandakrieg.

KAPITEL 4: DER PROPAGANDA-KRIEG

Das NDR-Medienmagazin »Zapp« hat Ende 2014 eine Umfrage in Auftrag gegeben, bei der die Glaubwürdigkeit der deutschen Medien im Zusammenhang mit der Ukraine-Krise abgefragt wurde. Zapp berichtet: »Laut der Umfrage haben 63 Prozent der Deutschen wenig oder gar kein Vertrauen in die Ukraine-Berichterstattung deutscher Medien. Von diesem Teil der Nutzer empfindet fast jeder Dritte die Berichterstattung als einseitig und 18 Prozent gehen gar von einer bewussten Fehlinformation durch die Medien aus. Das Misstrauen zieht sich dabei quer durch alle Alters- und Einkommensgruppen, unabhängig von Geschlecht und Wohnort. Zudem scheint es sich sogar auf die Wahrnehmung der Medien insgesamt auszuwirken. 14 Prozent aller Befragten meinen, dass ihr Vertrauen in die Medien durch die Berichterstattung über die Ukraine-Krise gesunken sei. Insgesamt ist das Vertrauen in die Medien so schlecht wie lange nicht mehr. Haben im April 2012 noch 40 Prozent der Befragten angegeben, großes oder sehr großes Vertrauen zu den Medien zu haben, sind es jetzt, im Dezember 2014, nur noch 29 Prozent.«[104]

Das sind in der Tat ernüchternde Ergebnisse. Sie bestätigen, was man landauf und landab hören kann. Die Bürger fühlen sich trotz eines mit jährlich acht Milliarden Euro aus Gebühren äußerst üppig ausgestatteten öffentlich-rechtlichen Rundfunks und trotz einer im Grunde recht vielfältigen Print- und Radiolandschaft in Deutschland schlecht informiert.

Im Zuge der Pegida-Protestbewegungen wurde diese Kritik zugespitzt. Bei den Demonstrationen wurde die gesamte Medien-Szene als »Lügenpresse« bezeichnet. Es kam sogar zu gewalttätigen Zwischenfällen: Reporter der »Dresdner Neuesten Nachrichten« und des MDR wurden körperlich attackiert.[105]

Tatsächlich ist der Begriff der »Lügenpresse« Unsinn. Denn er unterstellt, dass die Medien absichtlich die Unwahrheit verbreiten würden – und zwar abgesprochen, in einer Art Verschwörung gegen die Leser, User und Zuseher. Davon kann keine Rede sein – ebenso wenig wie von der vom früheren FAZ-Redakteur Udo

Ulfkotte behaupteten, systematischen Unterwanderung der Medien durch die Geheimdienste.

Ich habe selbst viele Jahre in sogenannten Leitmedien gearbeitet. Nie wurde mir, wie Ulfkotte schreibt, eine Taucherausrüstung oder auch nur sonst irgendetwas angeboten, damit ich etwa bei der Wiener »Presse«, bei der »Berliner Zeitung« oder beim »Stern« für eine den Geheimdiensten genehme Berichterstattung gesorgt hätte. Ich wurde nie zur Teilnahme an transatlantischen Think Tanks eingeladen. Auch bei den Internet-Medien habe ich dergleichen nicht erlebt: Weder bei der »Netzeitung« noch bei den »Deutschen Wirtschafts Nachrichten« (DWN).

Beim schwedischen Bonnier-Verlag, der im Frühjahr 2015 die Mehrheit bei den DWN übernahm[106], herrscht völlige Freiheit: Bei den Verhandlungen über den Verkauf haben die Schweden uns signalisiert, dass gerade die redaktionelle Unabhängigkeit und die Tendenz, gegen den Strom zu schwimmen, die DWN für sie interessant mache. Das mag auch an der Tradition des Verlages liegen: Bonnier startete 1804 mit »Seltsamen und wahren Kriminalgeschichten«. Der aus Dresden stammende Verleger Gutkind Hirschel hatte ein Faible für anarchistische Publikationen. Hirschel, der sich später aus Verehrung für Frankreich in Gerhard Bonnier umbenannte, publizierte 1837 in Stockholm das erste Buch des heute weltbekannten und renommierten Buchverlags: »Der Beweis, dass Napoleon niemals existiert hat.«[107]

Ich gehe davon aus, dass in etwa dieselben Bedingungen bei den meisten anderen Verlagen herrschen wie bei Bonnier. Niemand wird gezwungen, falsche Sachen zu publizieren. Im Grunde hat jeder die Freiheit zu publizieren, was er für richtig hält.

Woher kommt dann aber das Unbehagen, das so viele Deutsche gegen die Medien hegen? Bei einer kritischen Analyse ist es wichtig zu unterscheiden: Die öffentlich-rechtlichen Sender haben in Deutschland eine enorme Macht. Das ist in den meisten anderen europäischen Staaten genauso, wie ich aus eigener Erfahrung aus Österreich und von den Berichten meiner schwedischen Kollegen aus Skandinavien weiß. Man muss das Wirken der Sender anders beurteilen als jenes jener Medien, die sich nicht von einer Zwangsgebühr ernähren können, sondern ihr Geld auf dem Markt verdienen müssen. Von einem »freien Markt« zu sprechen, halte ich in diesem Zusammenhang für unzutreffend: Wenn eine ganze Branche einen Player – die öffentlich-rechtlichen Sender – ohne wirkliche Kontrolle über die Finanzen in die Lage versetzt, Zwangsgebühren für seine Existenz zu erheben, dann ist das eine schwere Störung des freien Markts. Denn die zum »Rundfunkbeitrag« umgewandelte, ehemalige GEZ-Gebühr wird in Deutschland von jedem Haushalt, jeder Ferienwohnung und jedem Mietwagen erhoben. Die Gebühr stellt nicht mehr auf Leistung ab, sondern auf den fiktiven Zustand, theoretisch dazu in der Lage zu sein, die Sendeleistung in Anspruch nehmen. Ein solches System ist seiner Natur nach nicht geeignet, sich selbst zu regulieren oder die wirkungsvollste Kontrolle, nämlich die durch die Kunden, ernst zu nehmen. Auch kritische Gutachten, wie im Jahr 2014 eines des Bundesfinanzministeriums[108], das die ausufernde Finanzierung geißelte und feststellte, dass acht Milliarden Euro pro Jahr nichts mehr mit dem ursprünglichen Auftrag der journalistischen Grundversorgung zu tun haben, werden in den Sendern ignoriert. Warum sollte man sich auch damit beschäftigen? Der Handelsblatt-Journalist Hans-Peter Siebenhaar hat das Dilemma in seinem Buch » Die Nimmersatten - Die Wahrheit über das System ARD und ZDF« gut zusammengefasst: [109] Die Finanzierung der Sender sei bis zum Sankt Nimmerleinstag sichergestellt und im Grunde unwiderruflich. In solch einem Biotop gehen die Uhren einfach anders.

Siebenhaars Beschreibung des öffentlich-rechtlichen Rundfunks als einer Art Parallelwelt scheint mir zutreffend: Denn neben der auf Ewigkeit garantierten Finanzierung und der strukturell verankerten Abwesenheit von Transparenz werden die Sender von einem weiteren Merkmal gekennzeichnet, das Einfluss auf die Unternehmenskultur hat: In den Rundfunkräten kontrollieren die von den Parteien bestellten Politiker jene Sender, die, wären sie von Journalisten und unabhängigen Managern geführt, diese Politiker rund um die Uhr schonungslos kritisieren müssten.

Dass dies so wenig geschieht, hat mit einem seltsamen deutschen Paradoxon zu tun: Anders als in den USA, wo die »free speech« als heilig gilt und es daher viele Blogs, unabhängige Websites und interessante Alternativ-Publikationen gibt, herrscht in

Deutschland im Hinblick auf die Medien eine über Jahrzehnte antrainierte Staatsgläubigkeit. Dies ist paradox, weil die Deutschen eigentlich doppelt aus der Geschichte hätten lernen müssen: Die Nationalsozialisten haben die kunstfertig inszenierte Propaganda mit Joseph Goebbels und Leni Riefenstahl zu einer derartigen Perfektion getrieben, dass viele Deutsche nach dem Krieg behaupten konnten, sie hätten von der Shoa und all den anderen Kriegsverbrechen nichts mitbekommen.

In der DDR gab es eine etwas mildere Form des staatlichen Propaganda-TV – doch nur, was die Dimensionen der Verbrechen anbelangt: Von den unschuldigen Mauertoten wurde entweder nicht berichtet, oder sie wurden – wie viele echte Bürgerrechtler – als konspirative Elemente diffamiert oder aber totgeschwiegen. Ich selbst habe im Archiv der »Berliner Zeitung« zahlreiche Artikel gefunden, in denen das Massaker am Tiananmen-Platz im Jahr 1989 als lobenswerte Maßnahme im Kampf gegen den Antifaschismus gepriesen wurde.

Man möchte nun annehmen, dass gerade diese Erfahrung die Deutschen zu der Überzeugung hätte gelangen lassen, dass staatlich kontrollierte Medien ein Widerspruch in sich sind, weil die Kontrolle der staatlichen Organe nicht funktionieren kann, wenn der Staat die Kontrolleure kontrolliert.

Und doch hat sich in Deutschland ein tiefes Misstrauen gegenüber allem »Privaten« festgesetzt: So haben die öffentlich-rechtlichen Sender in den ersten Jahren die Privatsender lächerlich gemacht und RTL oder SAT1 als Beleg dafür angeführt, wie schlecht Medien sind, wenn sie nicht vom Staat kontrolliert werden. Das ist eine doppelte Heuchelei: Zum einen haben die privaten Sender in Deutschland einen so engen Raum vorgefunden, dass sie sich in das Seichte flüchten mussten, um nicht zu ertrinken, wie Helmut Thoma das einmal so treffend formuliert hat. Und als die Privaten dann auf Sendung waren, schraubten die öffentlich-rechtlichen Sender die Qualität nicht nach oben, sondern begannen, die durchaus kreativen Privatsender zu kopieren.

Ich habe, gemeinsam mit dem damaligen MotorFM-Gründer Tim Renner im Jahr 2006 in Berlin die Radiofrequenz 100,6 für die Netzeitung erworben. Unser Ziel: frische Inhalte und

Independent Rock – als Alternativprogramm zu den bekannten Mischungen. Wir haben sehr schnell festgestellt, wie schwierig das Unterfangen ist: Zahlreiche öffentlich-rechtliche Sender kann man in Berlin empfangen.[110] Allein zwei davon machen Independent Rock (Fritz und Radio1). Diese Sender konnten auf alle ARD-Ressourcen zurückgreifen, was die Nachrichten anging. Wir mussten uns um die Frequenz bei der staatlichen Medienanstalt bewerben. Dies gelang uns, weil in dem Gremium einigermaßen unabhängige Köpfe saßen. Um aber wirtschaftlich zu überleben, mussten wir uns einem Werbeverband anschließen. Zwei standen zur Auswahl: Einer, der den Zeitungsverlegern gehört. Der andere wird von den öffentlich-rechtlichen Sendern betrieben. Um aber in den Genuss der Werbegelder zu gelangen, reichte es nicht, ein gutes Programm für die Zielgruppe zu machen. Man musste ein Jahr lang einen gewissen Wert in der von allen Platzhirschen betriebenen Media-Analyse erreichen. Ich freue mich jedes Mal, wenn ich heute das Radio einschalte, dass es den Sender – er heißt inzwischen FluxFM – immer noch gibt.

Heute sind die Programme von privaten und öffentlich-rechtlichen Sendern kaum noch zu unterscheiden. Auch in radikal kommerziellen Bereichen wie dem des Profi-Fußballs haben die öffentlich-rechtlichen Sender die Privaten verdrängt und mit den Geldern aus den Zwangsgebühren die Rechte zu im Grunde obszönen Preisen erworben. Ich frage mich manchmal, wie diese Republik wohl aussehen würde, wenn das ganze Geld, das der korrupten FIFA oder den undurchsichtigen Fußballvereinen, Spielervermittlern und Legionären zufließt, in investigativen Journalismus gesteckt worden wäre.

Dieser scheinbare Reichtum hat zu einem großen Aderlass geführt, den hinter vorgehaltener Hand viele aufrechte Journalisten in den Sendern beklagen. Das staatlich gelenkte Prinzip »Brot und Spiele« hat zuallererst die vielen guten Journalisten in den Sendern zu Bittstellern gemacht. Sie müssen um Sendezeiten und Teams kämpfen. Die Sender haben einen Kult der Quote ausgerufen, der in sich unsinnig ist: Wenn man staatlich garantierte Gebühren erhält, braucht man keine Quote – es sei denn, man bemisst die Höhe der Gebühren an der Quote, was natürlich nicht geschieht.

Die Auszehrung hat allerdings dazu geführt, dass die Sender auch im Propagandakrieg anfällig geworden sind. Sie verwenden viel mehr Ressourcen auf den Schein als auf die Fakten. Daher werden die Nachrichtensendungen in doppelter Hinsicht anfällig: Sie haben wenig Sendezeit und erhalten die Fiktion aufrecht, in 30 Minuten umfassend über das Weltgeschehen berichten zu können. Dieser Flaschenhals der Formate führt zu Verkürzungen, Schlampereien und der Abhängigkeit von spin doctors und PR-Beratern. Es ist völlig gleichgültig, wie viele Redakteure im Hintergrund arbeiten: Wenn jede komplexe Meldung auf 15 Sekunden eingedampft werden muss, bleibt nicht mehr viel Raum für Tiefe. Und so gewinnen jene die schleichende Herrschaft über das Programm, die bestimmte Interessen verfolgen: Lobby-Gruppen, Politiker, Verbände, Dienstleister, Produzenten, Nachrichtenagenturen. Denn ein kritischer Bericht, der das vorgefertigte Nachrichtenmaterial komplett hinterfragt und überprüft, braucht viel mehr Arbeits- und Sendezeit.

Die meisten Themen, über die Journalisten heute berichten müssen, sind höchst komplex. Trotzdem müssen die Inhalte so vereinfacht werden, dass die Leser oder Zuseher überhaupt noch verstehen, worum es geht. Dasselbe gilt für Politiker: Eigentlich müssten sie sich in viele Themen erst einarbeiten und erst reden, wenn sie die Materie verstanden haben. Ich habe einmal einem Gespräch beigewohnt, bei dem ein echter Banken-Experte einer willigen und gebildeten Abgeordneten zu erläutern versuchte, wie die Regeln zur europäischen Banken-Abwicklung funktionieren. Nach wenigen Minuten konnte ich an den Gesichtszügen der Politikerin ablesen, dass sie sich innerlich vom Thema verabschiedet hatte. Und nach weiteren wenigen Minuten begann die Dame bereits, an ihrem Smartphone zu fummeln. Mir fiel auf, dass sie keine Fragen stellte – obwohl dieses Thema wirklich komplex ist. Nach dem Gespräch sagte mir die Politikerin, sie habe sich nicht getraut Fragen zu stellen, weil sie nicht den Eindruck der Ahnungslosigkeit erwecken wollte. So blieb sie also ahnungslos – trotz der Nachhilfestunde.

Ähnliches gilt für Journalisten: Sie haben es sich angewöhnt, sich mit einer Aura des Allwissens zu umgeben. Selbst in Interviews kommt das zum Ausdruck. In der Politik sind sie dann aber oft kleinlaut und lassen alle Interviews willfährig »autorisieren«.

Die Gefahr der Desinformation wird durch einen selbstauferlegten Zwang zur Schnelligkeit verschärft: Die Medien haben sich freiwillig einem Diktat der Geschwindigkeit unterworfen. Sie nennen das Aktualität. Meist handelt es sich jedoch nur um die Angst, ein Vorgesetzter könnte fragen: »Warum haben wir diese Geschichte nicht gehabt?« Ich habe diese Frage an meine Redaktionen auch oft gestellt. Denn der Chefredakteur hat auch die Aufgabe, die Redakteure zur Wachsamkeit anzuhalten. Doch nur wenige sind so kompetent wie mein Sportchef bei der »Berliner Zeitung«, Klaus Hoeltzenbein. Als ich eines Montags keinen Bericht über das Fußball-Spiel von Hertha BSC in der Zeitung vorfand, fragte ich bei der Konferenz, warum wir über dieses Spiel nicht geschrieben hätten? Hoeltzenbein entgegnete mir kühl: »Das Spiel war so schlecht, darüber gab es nichts zu berichten.« Ich empfinde noch heute Respekt für diesen Kollegen.

Im Zeitalter des Internet ist das Gegenteil zur Norm geworden. Über jedes Ereignis muss »live« berichtet werden. Unter »Bericht« versteht man hier allerdings eher, dass in Windeseile alle verfügbaren Agenturmeldungen zusammengestoppelt und in die Welt hinaus gepustet werden. Weil Journalisten Lemminge sind und am liebsten das tun, was alle tun, ist diese Attitüde zur Norm geworden.

In solch einem gestressten Umfeld haben Einflüsterer und vermeintliche »Informanten« leichtes Spiel: Wem es als Erstem gelingt, irgendeine Aussage über den Ticker zu jagen, der hat schon gewonnen. So kommt es, dass beispielsweise Aussagen von Lobbyisten oder Militär-Sprechern wie die reine Weisheit in das Gewand einer Nachricht gesteckt werden.

Die Einordnung bleibt meist auf der Strecke. Sehr deutlich war dies bei den Attentaten auf die Satirezeitschrift »Charlie Hebdo« und einen jüdischen Supermarkt in Paris im Januar 2015 zu beobachten. Sehr schnell wandelte sich die Beschreibung der »unbekannten« Täter in »mutmaßliche« Islamisten. Das »mutmaßlich« verschwand binnen weniger Stunden. Schließlich wurde ein Reisepass in einem Fluchtauto gefunden. Der dazugehörige Name wurde über Youtube ausgeforscht, mit einem Video, in dem ein Mann religiös-wirre Sprüche von sich gab. Zahlreiche Sprecher von Sicherheitsbehörden und andere anonyme Quellen wurden zitiert, die bestätigen, was man hören wollte. Im Grund muss man selbstkritisch sagen: Man kennt zwar ein paar Puzzleteile. Aber die alles entscheidende Frage nach den Hintermännern wurde nie gestellt und daher auch nicht beantwortet. Was blieb, war eine Welle der unreflektierten Rührseligkeit. Ganze Redaktionen verbrachten Stunden damit, sich mit »Je suis Charlie«-Slogans abzulichten, diese Bilder im Netz zu verbreiten und sich gegenseitig dafür zu loben. Hätten sie all diese Zeit doch besser für die entscheidenden Recherchen genutzt – um herauszufinden, wer hinter der mörderischen Aktion stand, wer sie finanzierte, wer ein Interesse daran hatte, welche Ziele damit verfolgt wurden. Die einzige reale Konsequenz war, dass in Frankreich seither Tausende Soldaten auch die Bürger überwachen.[111]

Dieser Prozess ist typisch für die Maskerade der modernen Kriege: Die Täter bleiben im Dunklen. Jeder kann es gewesen sein. Jeder kann jeden beschuldigen. Die Anonymität wird genutzt, nicht von Redakteuren, um Informanten zu schützen, sondern von Informanten, um Manipulationen unters Volk zu bringen.

Und so kommt der Befund, den wir eingangs von »Zapp« gehört haben, nicht von ungefähr: Die Sender senden, was ihnen eingetrichtert wird oder was der Strom der Lemminge für die »Story« hält. Man ist auf der sicheren Seite, wenn man wiederkäut, was andere sagen. Dieser Papageien-Journalismus wird zum willigen Helfer all jener, die wollen, dass eine Geschichte einen gewissen »Spin« erhält. So entsteht ein Raum für viele Verunsicherte, die instinktiv spüren, dass etwas nicht stimmt; sie wollen dann aber eine einfache Lösung und schwadronieren die einfach herbei. Die »fixe Idee«, die der Psychiater bei Büchners Woyzeck als Krankheit diagnostiziert, füllt das Vakuum aus, das die professionellen Journalisten hinterlassen. So entstehen die berüchtigten »Verschwörungstheorien«, die nur deswegen so sprießen, weil viele Medien ihre handwerkliche Arbeit nicht ordentlich verrichten.

Über dem ganzen System der den Meinungsmarkt beherrschenden öffentlich-rechtlichen Sender hat sich über all der alltäglichen

Oberflächlichkeit eine Ebene etabliert, die dafür sorgt, dass auch im großen Stil nichts aus dem Ruder läuft: Das System der Rundfunkräte, die sich sogar über das Urteil des Bundesverfassungsgerichts hinweggesetzt haben und die Räte weiter mit Parteileuten oder Mitgliedern aus dem »Freundeskreis« besetzen, ist heute mächtiger denn je.[112] Die Rundfunkräte sitzen in den Köpfen der Intendanten, diese in den Köpfen der Chefredakteure und so weiter.

Die Parteien entscheiden über das Wohl und Wehe des Spitzenpersonals in den Sendern, wie der Fall des früheren ZDF-Intendanten Nikolaus Brender zeigt. Er war im Jahr 2009 nicht wiederbestellt worden, weil er aus Sicht des hessischen Ministerpräsidenten Roland Koch zu kritisch war. Brender, sicher kein besonderer Held während seiner aktiven Zeit, diente dem System als Warnschuss an die kritischen Geister: Man wollte zeigen, was geschieht, wenn man innerhalb des Systems auch nur zart aufmuckt. Die teilweise sagenhaften Gehälter der Rundfunk-Manager dienen nicht, wie man meinen könnte, zur Sicherung der absoluten Unabhängigkeit der Berichterstattung. Sie sind im Grund nur noch die Vorbereitungsphase für eine üppige Rente. Weil die journalistischen Leistungen des öffentlich-rechtlichen Systems nicht von den Zuschauern bewertet werden können, gilt daher für viele im Management nur noch ein Kriterium: Nicht auffallen und Ärger vermeiden. Das ist nicht gerade der Nährboden für kritischen und unabhängigen Journalismus.

Die Nähe der Sender zur Politik wird nicht nur durch die Struktur der Räte garantiert, sondern auch durch ein subtiles Wechselspiel von Parteien und Sendern: Die Parteien betrachten die Sender als ihr Eigentum. Sie sichern den Sendern die Verschleierung bei den Finanzen, die eigentlich leicht zu durchbrechen wäre. Doch in Fragen der Transparenz sind Sender und Parteien aus demselben Holz geschnitzt: Als wir von den »DWN« einmal wissen wollten, wie eigentlich der finanzielle Rahmen der Übertragung eines Parteitages geregelt sei, stießen wir auf eine Mauer des Schweigens. Wir schickten unsere Frage x-mal an die unterschiedlichsten Stellen und konnten aus den Antworten bestenfalls ein Poesiealbum der bürokratischen Abwehrkraft erstellen. Weder die Sender noch die Politiker haben ein Interesse an der Offenlegung der Verwendung

der Gebührengelder. Zwar gibt es immer wieder kleine Entgegen-
kommen, wenn gerade wieder einmal eine Sache besonders eklatant
»stinkt«. Doch die Sender und die Parteien können darauf vertrauen,
dass das Interesse schnell erlahmt. Sie sind Großmeister im Aus-
sitzen von kritischen Fragen. Ich habe aber auch noch etwas anderes festgestellt: Das Publikum interessiert sich für die Sender nicht
mehr. Nicht einmal die Kritik am System der öffentlich-rechtlichen
Sender ist ein Muntermacher. Die Leute haben sich verabschiedet.
Den Sendern kann das nur recht sein, auch wenn sie immer das Gegenteil behaupten. Die Zwangsabgabe steht, und so können sich die
Sender auf ihre verbleibende Zielgruppe, die Politiker konzentrieren,
für die sie eigentlich berichten – in unendlichen Twists und Veräste-
lungen, obwohl das die Zuschauer kaum noch nachvollziehen können. Die Zwangsgebühr nennen sie seither »Demokratieabgabe«.
Und das ist leider nicht einmal doppeldeutig gemeint.[113]

Tatsächlich informieren sich vor allem junge Leute heute fast
ausschließlich über andere Quellen. Dies schafft für die traditionellen Medien einen zusätzlichen Leistungsdruck, auf den sie leider falsch reagieren. Statt sich selbst alle verfügbaren Quellen neu
zu erschließen, wird »das Internet« oft pauschal diskreditiert. Damit aber werden die Leser gezwungen, selbst zu kritischen Konsumenten zu werden. Jonathan Zittrain vom Harvard Berkman Center, hat in der Zeit des Internet-Aufbruchs die Selbstregulierung
des Internet durch aufgeklärte Nutzer propagiert. Es ist zu hoffen,
dass dies beim Medienkonsum auch der Fall sein wird.

Für die Politiker müsste diese Entwicklung dagegen alarmierend sein: Denn sie leben immer noch in der Illusion, dass sie,
wie weiland Gerhard Schröder, nur »Bild, BamS und die Glotze«
brauchen, um wiedergewählt zu werden. Die Tatsache, dass wir
es heute in Deutschland und in den meisten anderen europäischen Demokratien mit einer fast unheimlichen Dominanz des
Berufspolitikers zu tun haben, hat dazu geführt, dass die Politiker
wirklich als Profis agieren:[114] Sie drängen sich mit ihren Sprechblasen in die Sender und verfolgen stets dasselbe Ziel. Sie wollen
selbst gut »rüberkommen« und dem parteipolitischen Gegner am
Zeug flicken. Viele dieser Politiker sind aber auch Lobbyisten.[115] Sie

vertreten die Interessen von Konzernen, Verbänden oder Gesinnungsverbänden. Daher sind die Sprechblasen auch meist darauf angelegt, die öffentliche Meinung zu beeinflussen und zu manipulieren. Für die eingeschüchterten, von der Hierarchie abhängigen Journalisten besteht kaum die Möglichkeit, politische Sprechblasen auf genau diese versteckten Intentionen hin zu durchleuchten.

Denn es ist natürlich das Einfachste, folgende Meldung zu publizieren: »Bundeswirtschaftsminister Sigmar Gabriel nannte die Manipulationen (bei VW, Anmerkung des Autors) schlimm. Er sei aber sicher, dass VW den Fall aufklären und die denkbar eingetretenen Schäden wiedergutmachen werde. Gabriel sagte weiter, der Begriff ›Made in Germany‹ sei ein weltweiter Qualitätsbegriff, daher sei es gut, Messfehler oder Manipulation vielleicht einmal grundsätzlich zu überprüfen.«[116]

In diesem Zusammenhang müssten kritische Journalisten sofort fragen: Was hat Sigmar Gabriel eigentlich dazu beigetragen, dass der Begriff »Made in Germany« nicht mehr so hell klingt wie vor der VW-Affäre? Gabriel war nach seiner Zeit als Ministerpräsident in Niedersachsen Lobbyist für VW in Brüssel. Sein Job bestand darin, die Interessen des Volkswagen-Konzerns bei der EU-Kommission zu vertreten. Würden die öffentlich-rechtlichen Sender ihre Ressourcen zielgerichtet einsetzen, könnten zwei Dutzend Redakteure auf Recherche geschickt werden. Die Franzosen und Italiener sind in dieser Sache sehr auskunftsfreudig, weil sie sich seit Jahren über die brutale Einflussnahme der deutschen Politik auf die Regulierung in Brüssel ärgern. Die Meldung ist eine klassische Sprechblase, die keinerlei Informationsgehalt hat. Sie ist eine politische Willenserklärung mit dem schalen Beigeschmack, dass der, der da fordert »Messfehler oder Manipulation vielleicht einmal grundsätzlich zu überprüfen«, noch vor nicht allzu langer Zeit in Brüssel als Lobbyist für eben diesen Konzern tätig gewesen ist.

Das sind Feinheiten – und doch treffen sie den Kern des Problems: Die enge Verquickung von Politik, Industrie und öffentlich-rechtlichen Sendern ist die Voraussetzung für den Propaganda-Krieg. In unserem Fall der Tagesschau-Meldung hat kein Redakteur gelogen. Kein Vorgesetzter hat etwas befohlen. Formal haben alle alles richtig gemacht. Und doch müssten kritische

Journalisten diese Meldung einfach weglassen. Sie müssten sie beiseitelegen und das Recherche-Team beauftragen, der Sache nachzugehen.

Es finden sich im Programm der Sender unendlich viele solcher Meldungen. Die wirklich wichtigen Sendungen, wie etwa eine Sendung des Teams von »Frontal 21« über die geplante Atomwaffenstationierung der USA in Deutschland finden in Nischen statt.[117] Sie werden meist zu später Stunde gesendet, und all jene, denen diese Meldungen unangenehm sind, hoffen, dass sich das Thema »versendet«. Sie profitieren von einer Symbiose zwischen Politik und Sendern, die dazu geführt hat, dass die Sender nicht mehr für die Bürger senden, sondern für die Regierung. Meldungen der Opposition werden bestenfalls als Appendix eingestreut.

Das Misstrauen der Zuseher im Hinblick auf die Ukraine-Krise ist daher durchaus angebracht: Natürlich gilt diese Symbiose nämlich erst recht in der Frage von Krieg und Frieden. Und sie manifestiert sich auch hier an kleinen, aber nachhaltigen Details.

Alle deutschen Medien sprechen im Zusammenhang mit dem Bürgerkrieg im Donbass durchgängig von den »pro-russischen Separatisten«. Damit wird der Eindruck erweckt, es handle sich bei den Aufständischen um eine von Russland ferngesteuerte Gruppe, die den Donbass von der Ukraine abspalten will. Tatsächlich handelt es sich aber nicht um »pro-russische« Menschen, sondern um echte Russen: Sie sprechen russisch und gehören dieser ethnischen Gruppe an. In der Ost-Ukraine leben insgesamt 3,6 Millionen Russen.[118] Von ihnen als »pro-russisch« zu sprechen, ist ungefähr so unsinnig, als hätte man im Zuge der Wiedervereinigung von den Bürgern Leipzigs beständig von den »pro-bundesdeutschen Separatisten« gesprochen. Ich ärgere mich jedes Mal aufs Neue, wenn unsere Redaktion alle Agentur-Meldungen umschreiben muss: Es ist ein schwerer, sachlicher Fehler – auf den uns übrigens bei unserem ersten Artikel die aufmerksamen Leser hingewiesen hatten.

Die Begriffsverwirrung führt uns direkt in das Herz des Propaganda-Krieges: Genau dasselbe gilt, wie wir in den vorigen Kapiteln gesehen haben, für den Begriff der »Annexion« der Krim durch Russland. Dass dieser Begriff sachlich falsch ist und seine

Verwendung daher eine Verdrehung der Tatsachen ist, hat der Jurist Reinhard Merkel in einem wichtigen Artikel für die »FAZ« aufgezeigt.[119]

Trotzdem schreiben alle Medien fortgesetzt davon und sorgen so dafür, dass sich in den Köpfen der Zuhörer und Leser eine Art Einverständnis herstellt: Die Russen sind schuld, also ist alles, was fortan geschieht, nur eine zulässige Reaktion des Westens auf den russischen Sündenfall. Es dient jedoch einem handfesten Zweck: Wie wir gesehen haben, benutzen die Amerikaner diese Wahrnehmung als Legitimation für ihre Sanktionen gegen Russland. In einer perfekten Symbiose ebnen die Medien so den Weg für einen veritablen Finanzkrieg, dessen Folgen am Ende die einfachen Russen und Europäer zu tragen haben.

Die Russen ihrerseits haben dieses System ebenfalls durchschaut. In Russland herrscht mitnichten Pressefreiheit. Russland hat alle ausländischen Verlage mehr oder weniger gezwungen, sich aus Russland zurückzuziehen. Es gibt, gemessen an der Größe des Landes und seinen intellektuellen Kapazitäten, nur wenige unabhängige Stimmen. In China ist die Lage noch viel schlimmer: Dort unterliegt das Internet einer knallharten Zensur, von unabhängigen Medien kann keine Rede sein. So erfolgreich die Chinesen im industriellen Bereich – nicht zuletzt wegen ihrer ausgiebigen und hochprofessionellen Spionage-Praktiken – sind, so sehr fehlt dem Land eine Medienstruktur, in der die Regierung kontrolliert werden kann, ohne dass die Journalisten Repressalien befürchten müssen. Russland hat seinen Propagandakrieg sogar ausgeweitet und mit dem staatlichen Fernsehsender RT eine englischsprachige Maschine etabliert, die im Westen Wirkung zeigen soll. Und doch ist es für Journalisten ein Vorteil, dass es diesen Sender gibt: Man kann sich über die offiziellen Standpunkte informieren und wie ein guter Schachspieler den nächsten Zug vorausahnen.

Doch dies geschieht nicht: Stattdessen hat die »Deutsche Welle« beschlossen, sich als Anti-Putin-Sender neu zu positionieren.[120] Die Zeitung »Die Welt«, deren Mutterkonzern alle Journalisten per Unternehmensverfassung zur »Unterstützung des transatlantischen Bündnisses und die Solidarität in der freiheitlichen Wertegemeinschaft mit den Vereinigten Staaten von Amerika verpflichtet«[121], liefert in ihrem Bericht zum Thema mit der Über-schrift eine vielsagende Nuance: »Deutsche Welle wird Stimme der Freiheit«, heißt es hier.[122] Die »Deutsche Welle« gehört nicht zu den öffentlich-rechtlichen Sendern, sondern ist direkt dem Kanz-leramt unterstellt. Sie erhält jährlich 280 Millionen Euro aus dem Bundeshaushalt.[123]

Der Propagandakrieg ist so real geworden, dass wir unsere eigenen Werte ohne zu zögern verraten, wenn es gegen den »Feind« geht. Dies hat mehrere Konsequenzen: Zum einen werden die autoritären Ten-denzen in diesen Ländern gestärkt. Denn die Folgen der Propaganda als einer feinen, aber wirksamen Form der Gehirnwäsche, tragen die einfachen Leute – überall auf der Welt: Sie sind die »Bauernopfer«, die am Ende zu Zielen von Söldnern, Finanzkriegern oder Cyber-Angriffen werden. Im Grunde wird dieser Krieg nicht nur zwischen Machtblöcken geführt. Er ist auch ein Krieg der Mächtigen gegen die Ohnmächtigen.

Leider haben sich auch viele private Medien diesem Sog erge-ben. Der Sündenfall erfolgte mit einer der einprägsamsten Schlag-zeilen, die die »Bild-Zeitung« jemals erfand. Als der Kardinal Jo-seph Ratzinger zum Papst gewählt wurde, prangte auf der Zeitung die Headline: »Wir sind Papst!« Was originell gemeint war, näm-lich eine Anspielung auf den Fußball, symbolisiert in Wahrheit die Selbstaufgabe der Medien: Die Zeitung hatte sich mit einer Per-son gemein gemacht, mit einem Amt, ohne zu bedenken, dass es in Deutschland Millionen Muslime, Atheisten, Agnostiker, Bud-dhisten, Juden und Protestanten gibt, die weder mit der katholi-schen Kirche noch mit dem Papst in Verbindung gebracht werden wollen. Doch diese Schlagzeile scheint mir symptomatisch für die Selbstachtung des Journalismus zu sein: Man betrachtet die ganze Welt als Fußballspiel. Die Kanzlerin ist der Mannschaftskapitän, und wir singen vor jedem Artikel die Nationalhymne. Dieser sim-ple Reflex fand seinen Niederschlag in der Berichterstattung über Griechenland, wo deutsche Medien, ohne mit der Wimper zu zu-cken, über die »faulen Griechen«, die »reichen griechischen Rent-ner« oder die »irren griechischen Politiker« herzogen.

Es ist in diesem Zusammenhang bemerkenswert, dass in Deutschland ein Phänomen besonders ausgeprägt zu sein scheint:

Kritik an einem Bundeskanzler äußert man am liebsten, wenn dieser schon möglichst lange aus dem Amt ausgeschieden ist. Die Medien möchten gern am Tisch der Mächtigen tafeln. Sie sind glücklich, wenn ihnen wenigstens der Katzentisch zugewiesen wird. Politiker ohne Macht und Amt werden von den Medien als irrelevant angesehen, auch wenn diese vielleicht noch so kluge Sachen zu sagen haben. Bei einigen Medien ist die Schere im Kopf sogar institutionell verankert, wie wir bei den »Leitlinien« des Axel-Springer-Konzerns gesehen haben.[124] Das ist nicht nur unethisch, sondern sogar unsinnig: Viele Konflikte auf der Welt rühren von Richtungskämpfen im US-Establishment her. Man wird viele einander widersprechende Positionen finden. Diese werden auch durch die zahlreichen interessanten amerikanischen Publikationen im Internet reflektiert und wären leicht zu finden. Parteilichkeit ist hier in jeder Hinsicht falsch: Weder die Verteufelung »der Amerikaner« hilft bei der Aufklärung, noch die transatlantische Ergebenheit.

Den öffentlich-rechtlichen Sendern schadet in diesem Zusammenhang die enge Verbundenheit mit der Politik. So erklärte der damalige EU-Kommissar Karel de Gucht in einem Interview mit der »Zeit«, dass die öffentlich-rechtlichen Sender nichts vom Freihandelsabkommen TTIP zu befürchten hätten.[125] De Gucht sagte wörtlich: »Ich würde niemals ein Abkommen aushandeln oder einem solchen zustimmen, das unser System der Filmförderung infrage stellen würde. Und das trifft auch auf andere Kultur- und Medienbereiche zu, ob es sich um die Buchpreisbindung oder die besondere Struktur des öffentlich-rechtlichen Rundfunks in Deutschland handelt.« Mit anderen Worten: Die EU wird dafür sorgen, dass die Monopole und Marktverzerrungen, von denen die Sender leben, unangetastet bleiben. Um die Jahrtausendwende war dieses Problem einmal kurz aufgetaucht: Die EU hatte messerscharf erkannt, dass die Marktbeherrschung der Sender beim besten Willen nicht mit den Grundsätzen einer freien Marktwirtschaft vereinbar seien. Unter anderem hatte der Verband Privater Rundfunk und Telemedien (VPRT) Beschwerde eingereicht. Die EU-Kommission erkundigte sich in Deutschland über den Tatbestand: Sie fragte originellerweise bei der Bundesregierung nach.

Diese reichte die Anfrage an die Ministerpräsidenten der Länder weiter – also an jene, die von diesem System am meisten profitieren. Das wäre ungefähr so, als würde man das Präsidium des Deutschen Jagdverbandes fragen, ob es Jagd für ein Unrecht hält. Nach mehreren Hinterzimmer-Runden einigte man sich auf »Maßnahmen«, die die »Bedenken der Kommission beseitigen« sollten. Doch die EU-Kommission war schwächer als die medienpolitischen Interessen der deutschen Politik. Im ARD Jahrbuch 08/2008 lesen wir: »Die Frage, ob die Rundfunkgebührenfinanzierung in Deutschland überhaupt den Tatbestand der Beihilfe gemäß den Bestimmungen des EG-Beihilferechts erfüllt, bejaht die Kommission zwar, sie weist aber auf die divergierende Ansicht der Bundesregierung hin.« Mit anderen Worten: Die Bundesregierung, die, wenn es gegen Griechenland oder Ungarn geht, gerne auf die Notwendigkeit der Beachtung des Rechts hinweist, einigte sich mit der EU-Kommission auf einen faulen Deal.[126]

Muss man sich wundern, dass seit vielen Jahren auch nur die leiseste Kritik an der EU von den Sendern unterblieb und alle, die sich kritisch zur EU äußern, reflexartig als »Europagegner« diffamiert wurden?

Für die privaten Medien spielt auch die Erosion ihres Geschäftsmodells eine große Rolle, wenn es um die Bereitschaft geht, sich zu exponieren. Entgegen der landläufigen Meinung, die Zeitungen befänden sich auf dem absteigenden Ast, weil ihnen die Leser davonlaufen, bin ich der Meinung, dass die Leser davonlaufen, weil sie der vielen versteckten PR überdrüssig sind. Man kann ja mit gutem Grund einmal fragen: Warum hat eigentlich die gesamte deutsche Presselandschaft von den VW-Manipulationen nichts mitbekommen? Viele Zeitungen bringen seit Jahren Videos, die ihnen von den Herstellern zur Verfügung gestellt werden. Luxusreisen zur Präsentation des neuen Audi Q7 sind gewissermaßen der Ritterschlag für jeden Auto-Journalisten. Fragen nach den Abgaswerten habe ich bei den vielen Gefälligkeitsinterviews mit den tollen Bossen der Konzerne nicht gefunden. Warum haben die deutschen Medien erst auf die US-Strafverfolgungsbehörden gewartet, ehe sie mit einer kritischen Berichterstattung über die FIFA begonnen haben? Einzig der Einzelkämpfer Jens Weinreich hat sich über die Jahre die Finger wundgeschrieben – mit der Folge, dass er aus allen Redaktionen vertrieben wurde, als freier Journalist und Blogger immer ums Überleben kämpfen musste. Die mit einer Zwangsgebühr ausgestatteten Sender dagegen erwerben unermüdlich die TV-Rechte für die FIFA-Veranstaltungen und sind daher befangen: Sollen sie über einen korrupten Verein kritisch berichten, dem sie selbst im Lauf der Jahrzehnte Milliarden überwiesen haben?

Der Hintergrund dieser Ängstlichkeit und Angepasstheit liegt in der Tatsache, dass die Anzeigenkunden selbstverständlich massiven Druck auf die Redaktionen ausüben. Das habe ich bei allen Medien erlebt, für die ich gearbeitet habe. Ich habe als Chefredakteur versucht, so gut wie möglich gegenzuhalten. Das ist nicht immer einfach, weil es zum Teil um große Summen geht, bei denen man schnell vor der Alternative steht, mitzuspielen oder aber Leute entlassen zu müssen. Mit einer Portion Mut ist es jedoch meist möglich, das Schlimmste zu verhindern: So wollte uns einmal ein Kunde die Werbung streichen, weil auf unseren Kommentar-Spalten zu viele »Putin-Trolle« beobachtet worden seien: Im Zug der Propaganda-Schlacht war von einigen Medien berichtet worden, dass der Kreml angeblich aus St. Petersburg gezielte Postings auf Webseiten lanciere, die den Westen attackieren sollen. Ich halte das für durchaus denkbar, aber es ist sicher nur ein kleiner Teil der Kommentare. Wir konnten den Kunden überzeugen, dass es auch in Deutschland ganz reale Menschen gäbe, die andere Ansichten als die Bundesregierung haben. Die Sache wurde, nach durchaus heftiger Auseinandersetzung und der Drohung meinerseits, den Vorfall öffentlich zu machen, rasch und vernünftig beendet.

Besonders dreist agieren in diesem Bereich übrigens Unternehmen, die auf irgendeine Art mit dem Staat verflochten sind. Man hat den Eindruck, dass diese Unternehmen glauben, sie können sich alles erlauben. In der Privatwirtschaft ist man konfliktfähiger. Kaum kommt jedoch der obrigkeitliche Aspekt ins Spiel, erlebt man Arroganz, Brutalität und eine unverhohlene Erpresser-Mentalität. Leute, die es in der freien Welt schwer haben würden, sich durchzusetzen, ziehen unter dem vermeintlichen Schutz des Staates besonders vom Leder.

Als wir bei den »DWN« über die hohen Bonus-Zahlungen bei der Commerzbank berichtet hatten, sind wir in diese Falle gelaufen. Zusätzlich zu den Regierungsaussagen haben wir auch die Stellungnahme des finanzpolitischen Sprechers der Grünen Gerhard Schick gebracht. Schick sagte damals in einer Presseaussendung: »Die Kontrolle durch die Eigentümer versagt bei der Commerzbank, wenn mit 300 Millionen Euro etwa das Zehnfache an Boni ausgeschüttet wird im Vergleich zum erwarteten Jahresüberschuss von 31 Millionen Euro. Wenn sich private Aktionäre das gefallen lassen, muss das die Politik nicht interessieren. Doch bei der Commerzbank geht uns das alle etwas an, denn der Staat ist größter Einzelaktionär. So bereichern sich die Manager der Bank mit ihren Ansprüchen hier indirekt auf Kosten der Steuerzahlerinnen und Steuerzahler, für die das Engagement bei der Commerzbank seit Jahren ein riesiges Verlustgeschäft ist. Die Bundesregierung muss hier ihre Eigentümerinteressen im Sinne der Steuerzahler vertreten und für eine Korrektur sorgen.«[127]

Am nächsten Tag erhielten wir einen Anruf von der Mediaagentur, die bei uns nach monatelangem Test eine Werbekampagne eingebucht hatte: Der Kunde Commerzbank habe die Werbung mit sofortiger Wirkung gestoppt. Als Begründung sagte uns der ehrliche Mann aus der Agentur: »Wegen kritischer Berichterstattung.« Vor allem das Wort »bereichern« hat wohl den Zorn des Vorstandsvorsitzenden und seiner dienstfertigen Kommunikationsleute erregt.

Ich erkundigte mich beim Commerzbank-Kommunikationschef über diesen sehr ungewöhnlichen Vorgang. Es folgte eine kafkaeske Wendung nach der anderen, man ließ uns ins Leere laufen. Niemand habe das je gesagt, man habe unendlich nachgeforscht, nein, also so etwas würde die Commerzbank nie sagen, die Commerzbank trenne streng zwischen Redaktion und Werbung und all die einschlägigen Beteuerungen. Obwohl wir das Gespräch dokumentiert hatten und damit die Ausreden der Bank entlarven konnten, hatten wir keine Chance: Die Urheber der »Abstrafungsaktion« blieben unerkannt. Wie bei den verdeckten Aktionen im Zug der modernen Kriege haben wir unmittelbar erlebt, dass hinter einer anonymen Bürokratie faktisch alles machbar ist.

Die Folgen waren einschneidend: Die Commerzbank hat uns bis zum heutigen Tage als Kunde gesperrt – obwohl wir von der Leserschaft und der Reichweite genau in das Profil der meisten Kampagnen passten. Wir haben mehrfach freundlich versucht, wieder in den Mediaplan zu kommen. Doch stets wurde uns beschieden, dass wir leider ausgerechnet dieses Mal nicht in den Plan passen. Mehr noch: Die Mediaagentur sperrte uns ebenfalls – und zwar für alle Kunden, nicht bloß für die Commerzbank. Der finanzielle Schaden war enorm. Und natürlich hat man nach solch einem Ereignis immer Bedenken, wie man berichten soll.

Besonders überrascht war ich von der Reaktion des Abgeordneten Schick: Ich hatte ihn angerufen und fragte ihn, ob er nicht die Sache im Bundestag thematisieren wolle. Immerhin bedeutet der Vorfall, dass ein Medium, das eine kritische Aussage eines Oppositionspolitikers zitiert, mit wirtschaftlichem Schaden rechnen muss, hier also eine Einschränkung der Pressefreiheit vorliegt. Doch der Heldenmut des Abgeordneten Schick war nicht besonders ausgeprägt. Er sagte mir, dass seine Aussage von der Bereicherung vielleicht doch etwas stark gewesen sei und er das heute nicht mehr sagen würde. Anderthalb Jahre später, im November 2015, stand die Pressemitteilung immer noch auf seiner Website.[128]

Der kleine Vorfall zeigt, dass es schon in normalen Zeiten gar nicht so einfach ist, unabhängigen Journalismus zu praktizieren. In Zeiten allerdings, in denen die Gesellschaft gleich an mehreren Fronten unter Druck gerät, dürften sich diese Bedingungen noch verschärfen. Medien wären gut beraten, sich rechtzeitig zu überlegen, ob sie genug Leser finden, um ihren Journalismus zu finanzieren. Ich bin davon überzeugt, dass es dafür einen Markt gibt: Denn die technologisch-industrielle Revolution ist zugleich so spannend, dass die Leser informiert werden wollen. Außerdem bietet die Revolution Journalisten und Medien so viele neue Möglichkeiten, dass junge Medien tatsächlich Reichweite gewinnen, ohne viel Kapital einsetzen zu müssen. Gerade die modernen Kriege, die wir in den vorangegangen Abschnitten erläutert haben, erfordern ein besonderes Maß an Wachsamkeit. Die Nachfrage nach Journalismus dürfte angesichts der gravierenden Veränderungen in der Welt in den kommenden Jahren ganz gewiss groß sein.

KAPITEL 5: DIE URSACHEN DER KRIEGE

Wenn alles in einer Gesellschaft zum Besten bestellt ist, gibt es keinen Krieg. Auch die modernen Kriege werden nicht grundlos geführt: Alle Probleme haben heute jedoch eine globale Dimension. Die Welt ist tief gespalten. Die Spaltung verläuft zwischen den Nationen und Machtblöcken. Sie existiert aber auch innerhalb der einzelnen Gesellschaften. So sind die Kriege heute denn auch nicht mehr Kriege zwischen Völkern, sondern zwischen Interessengruppen. Die »Frontlinien« laufen quer durch die einzelnen Gesellschaften. Oft verschwimmen diese Grenzen. Wir können jedoch einige Bruchlinien der widerstreitenden Interessen und Möglichkeiten erkennen: Es geht um den Kampf Arm gegen Reich; es geht um den globalen Konflikt der Generationen; es geht um den Streit der Moderne gegen die Bewahrer des Status Quo. Und letztlich geht es auch um ein Ringen zwischen den Staaten und dem Privaten Sektor.

Arm gegen Reich

Die Einkommensungleichheit ist in den vergangenen Jahrzehnten drastisch gestiegen. Ich habe mich mit dieser Problematik und ihrem inneren Zusammenhang mit den Finanzkriegen in meinem Buch »Die Plünderung der Welt. Wie die Finanz-Eliten unsere Enteignung planen« ausführlich beschäftigt.[129] In dem Buch zeige ich, wie die durch die technologische Revolution entstandenen Netzwerk-Effekte die ungleiche Verteilung des Reichtums auf der Welt beschleunigen.

Statistiken für das Jahr 2014 bestätigen dies: Ein Prozent der Weltbevölkerung war im Besitz von 48 Prozent aller Reichtümer, während sich die restlichen 99 Prozent die verbleibende Hälfte teilten.[130] Die wohlhabendsten 20 Prozent der Welt verfügen über 94,5 Prozent der Reichtümer und die restlichen 80 Prozent der Bevölkerung teilen sich einen Anteil von 5,5 Prozent am globalen Reichtum. Setzt sich dieser Trend fort, so wird schon im Jahr 2016 das reichste eine Prozent der Menschheit mehr als die Hälfte aller Reichtümer in ihren Händen halten.[131]

Diese ungerechte Verteilung des Wohlstands ist ein zentraler Kriegsgrund in einer Welt, in der jeder Neunte nicht einmal genug zu essen hat. Mehr als eine Milliarde Menschen müssen von weniger als 1,25 US-Dollar pro Tag leben. Einige wenige leben dagegen im totalen Überfluss und profitieren stärker vom Wachstum als die Armen. Denn einerseits erhalten diese 80 Prozent der Weltbevölkerung einen kleineren Anteil am weltweiten Wohlstandszuwachs. Weil aber diese Ungleichheit das Gesamtwachstum hemmt, werden die Armen ärmer und müssen ums Überleben kämpfen.[132]

Von 2010 bis 2014 war ein rapider Anstieg der Anhäufung von Wohlstand unter dem reichsten Prozent der Weltbevölkerung zu beobachten. Von 2010 bis 2014 haben die führenden 80 Individuen der Forbes-Liste ihren Reichtum um 600 Milliarden US-Dollar erhöht. Heute besitzen diese 80 Reichsten der Welt genauso viel wie die ärmsten 50 Prozent der Welt. Waren es im Jahr 2010 noch 388 Milliardäre, die auf sich genauso viel Besitz vereinten wie 3,5 Milliarden der Ärmsten dieser Welt, so konzentriert sich der Reichtum im Jahr 2014 auf nur mehr 80 Milliardäre.[133]

Der Wohlstand dieser Milliardäre wird durch Renditen und Aktivitäten in einigen wenigen wirtschaftlichen Sektoren, wie dem internationalen Finanz- und Versicherungssektor, sowie den Bereichen Pharmazie und Gesundheit erwirtschaftet. Der größte Anstieg des kollektiven Reichtums der Milliardäre war zwischen 2013 und 2014 im Pharmazie- und Gesundheitssektor zu verzeichnen.[134]

Die großen Unternehmen aus den Sektoren Finanzen und Versicherungswesen sowie Pharmazie und Gesundheit generieren extrem hohe Profite, die an die Aktionäre und Investoren ausgeschüttet werden und somit zu deren persönlichem Wohlstand beitragen. Ein Teil dieser Ressourcen wird aber auch dazu verwendet, wirtschaftlichen und politischen Einfluss auszuüben. Unternehmen aus diesen Sektoren geben jedes Jahr Unsummen für Lobbying-Aktivitäten aus, um ein die Regierung zu beeinflussen, ihre wirtschaftlichen Interessen schützt und begünstigt.[135]

Die größten Lobbying-Aktivitäten in den USA zielen auf die Bereiche des öffentlichen Budgets und Steuerfragen ab. Steuergelder, die dazu eingesetzt werden sollten, um der gesamten Bevölkerung Vorteile zu bringen, werden mehr und mehr dazu verwendet, die Interessen der Lobbyisten der Reichen zu schützen.[136]

Dieser Trend hin zu mehr globaler Ungerechtigkeit spiegelt sich auch in den einzelnen Ländern und Regionen wider.

Die USA gehören im OECD-Vergleich zu den Industrieländern mit den größten Unterschieden in der Verteilung der Einkommen. Übertroffen werden die USA nur noch von der Türkei und Mexiko.[137] Die USA rangieren auf den ersten Plätzen der reichsten Länder der Welt mit einem BIP pro Kopf in Höhe von 55.200 US-Dollar,[138] einem Anteil von 41 Prozent der globalen Millionäre[139] und der mit Abstand größten Anzahl an superreichen Individuen.[140] Gleichzeitig liegt die Armutsquote aber bei 19,4 Prozent.[141]

In China hat zwar der wirtschaftliche Aufschwung dazu beigetragen, Millionen aus der absoluten Armut zu holen. Doch die Gewinne aus dem Wachstum wurden nicht gleichmäßig verteilt, wodurch die Einkommensungleichheit weiter gestiegen ist.[142] China verzeichnete zwischen 2000 und 2014 einen signifikanten Anstieg an Millionären im asiatischen Raum. Innerhalb von 14 Jahren stieg dieser Anteil um das Zehnfache auf 18 Prozent.[143] Weltweit liegt der Anteil Chinas an Millionären bei drei Prozent.[144] China zählt neben den USA und Deutschland zu den drei Ländern mit der höchsten Anzahl an Individuen mit einem Privatvermögen zwischen 50 Millionen und einer Milliarde US-Dollar.[145]

Russland verzeichnete zwischen 2000 und 2007 einen rapiden Anstieg an Wohlstand, der vor allem einer Hausse bei den natürlichen Ressourcen zu verdanken war. Seit 2007 wächst der Wohlstand jedoch langsam und unregelmäßig. Die obersten 10 Prozent der Vermögenshalter besitzen rund 85 Prozent des gesamten Vermögens. Dieser Anteil ist in Russland weitaus höher als in jedem anderen großen Wirtschaftsraum. In den USA beläuft sich der entsprechende Anteil auf 75 Prozent und in China auf 64 Prozent.[146]

Kriege wurden in der Geschichte immer dann besonders erbittert geführt, wenn die Kluft zwischen Arm und Reich zu groß geworden war. Diejenigen, die nichts zu verlieren haben, sind bereit, zum Äußersten zu gehen. Die Reichen dagegen sind oft nur in der Lage, sich mit Söldnern zu verteidigen. Heute würde man von Security-Leute und Bodyguards sprechen. Viele Anwesen von Wohlhabenden verstecken sich heute hinter Mauern und Überwachungskameras. Aus gutem Grund: Organisierte Banden aus aller Welt ziehen systematisch durch Europa. Die sozialen Verhältnisse sind global auf der Balance geraten: Europa gehört zu den reichsten Wirtschaftsräumen der Welt. Und dennoch leben auch hier 80 Millionen Menschen unter der Armutsgrenze. Das sind fast 17 Prozent der gesamten EU-Bevölkerung.[148]

Alt gegen Jung

Der Reichtum verteilt sich auch zwischen Alt und Jung unterschiedlich: 85 Prozent der Milliardäre sind über 50 Jahre alt. 34 Prozent dieser Milliardäre erwarben ihren Reichtum durch Erbschaft.[149] Dieses Ungleichgewicht ist bemerkenswert, weil die Bevölkerung in einigen Teilen der Welt dauerhaft altert und sich ganze Völker auf dem Weg des Aussterbens befinden, während in anderen Teilen ein enormes Wachstum der Bevölkerung festzustellen ist.

Innerhalb der vergangenen zwölf Jahre ist die Weltbevölkerung um eine Milliarde Menschen gewachsen. Laut UN gab es Mitte 2015 rund 7,3 Milliarden Menschen auf der Erde. Die bevölkerungsreichsten Länder sind China mit 1,4 Milliarden und Indien mit 1,3 Milliarden. Sieht man sich die Verteilung der Weltbevölkerung nach Kontinenten an, so ergibt sich folgende Aufstellung: 60 Prozent leben in Asien, 16 Prozent in Afrika, 10 Prozent in Europa, neun Prozent in Lateinamerika und der Karibik und fünf Prozent in Nordamerika und Ozeanien. Der Großteil, nämlich 62 Prozent, befinden sich in einem Alter zwischen 15 und 59. Kinder unter 15 machen 26 Prozent der Weltbevölkerung aus. Zwölf Prozent der Menschheit sind Senioren, also über 60 Jahre alt.[150]

Das Bevölkerungswachstum hat sich zwar in den vergangenen Jahren verlangsamt[151] und liegt nun bei einem jährlichen Zuwachs von 83 Millionen Menschen, dennoch wird die Weltbevölkerung bis 2030 auf 8,5 Milliarden und bis 2050 auf 9,7 Milliarden steigen.[152]

Die wichtigste Erkenntnis lautet jedoch, dass im Jahr 2047 zum ersten Mal mehr alte Menschen auf dieser Welt leben werden als Kinder.[153] Bis 2050 wird sich der Anteil der Bevölkerung über 60 verdoppeln und der Anteil der über 80-Jährigen verdreifachen. Im Jahr 2050 werden 2,5 Milliarden Menschen das sechzigste Lebensjahr überschritten haben.[154] Heute leben ungefähr zwei Drittel der älteren Bevölkerung in den Industrieländern. Aufgrund des starken Bevölkerungszuwachses der vergangenen Jahrzehnte in den Entwicklungsländern wird sich diese Verteilung aber bis 2050 verschieben. Acht von zehn älteren Menschen werden in den heutigen Entwicklungsländern leben.[155]

Die Veränderungen und Probleme, die sich aus diesem demographischen Wandel ergeben, machen sich bereits in den einzelnen Regionen der Welt bemerkbar.

Die Geburtenrate in Europa ist unter dem erforderlichen Niveau, um die Bevölkerungszahl langfristig stabil zu halten. Obwohl die Prognosen für Europa einen leichten Anstieg der Geburtenrate[156] zwischen 2045 und 2050 voraussagen, wird dieser nicht ausreichen. Die Bevölkerung wird schrumpfen.[157] 24 Prozent der europäischen Bevölkerung sind schon über 60 Jahre alt und bis 2050 wird ein Anstieg auf 34 Prozent erwartet.[158]

Deutschland liegt hier voll im Trend. Die Bevölkerung würde – ohne Zuwanderung von außen – von 82 Millionen in den kommenden fünfzig Jahren auf 65 Millionen sinken. Die höhere Lebenserwartung von zwei Generationen wird zu signifikanten Veränderungen in der Bevölkerungsstruktur führen. Im Jahr 2008 machten Kinder und Jugendliche unter 20 Jahren immerhin noch 19 Prozent der Gesamtbevölkerung aus. Die große Masse der deutschen Bevölkerung mit 61 Prozent ist zwischen 20 und 65. Die über 65-jährigen haben einen Anteil von 20 Prozent an der Gesamtbevölkerung. Prognosen für 2060 sagen voraus, dass 34 Prozent aller Deutschen über 60 Jahre alt sein werden. Es wird also doppelt so viele über 70-Jährige geben wie neugeborene Kinder.[159]

Auch China befindet sich auf dem Weg, zum großen Seniorenheim zu werden. Zwischen 2000 und 2010 lag die jährliche Wachstumsrate nur noch bei 0,57 Prozent, also weitaus niedriger als die 1,07 Prozent der davor liegenden Jahrzehnte. Auch die Bevölkerungsstruktur hat sich verändert. Die Anzahl der Kinder zwischen null und vierzehn fiel von 33,6 Prozent auf 16,6 Prozent seit 1982. Gleichzeit stieg aber die Anzahl der über 60-Jährigen von 7,6 Prozent auf 13,3 Prozent. Es wird sich erst zeigen, ob die im Jahr 2015 beschlossene Abkehr von der Ein-Kind-Politik die Lage verbessert.[160]

Russland und die ehemals sowjetischen Länder mussten nach der Nachwendezeit starke Einwohnerverluste hinnehmen. Die einsetzende Abwanderung in den Westen sowie weitaus mehr Sterbefälle als Geburten beschleunigten den demographischen Wandel noch weiter. Da 42 Prozent der Bevölkerung jünger als 14 und älter als 64 sind,[161] sieht sich Russland mit einer schwindenden Erwerbsbevölkerung konfrontiert und versucht, dies durch gezielte Maßnahmen zur Steigerung der Geburtenrate sowie durch Zuwanderung auszugleichen.[162]

Der Konflikt der Generationen birgt enorme Sprengkraft. Denn die Alten haben das Geld, die Jungen dagegen die technologische Kompetenz, sich in der neuen Welt zurechtzufinden. Beide sind eigentlich aufeinander angewiesen. Doch die Jungen müssen Arbeit finden, damit sie den Alten auf Augenhöhe begegnen können und nicht als Almosen-Empfänger auf Lebenszeit. Die Alten wiederum müssen sich fragen lassen, ob die höhere Lebenserwartung wirklich nur dazu genützt werden kann, die nächste Kreuzfahrtreise und den Ankauf des finalen SUV zu planen.[163]

Rückständig gegen Modern

Die Kluft zwischen Alt und Jung hat auch Auswirkungen auf die Struktur der Wirtschaft der einzelnen Länder. Vor allem aber steht sie in unmittelbarem Zusammenhang mit der technisch-industriellen

Revolution. Unter dem Stichwort »Internet 4.0« oder »Internet der Dinge« erleben wir die fundamentale Veränderung der Arbeitswelt. Auch in der Vergangenheit haben technologische Neuerungen dazu geführt, dass die alten Unternehmen, die sich nicht rechtzeitig angepasst oder aber der Anpassung bewusst verweigert hatten, verschwanden. Wir haben solche Umbrüche bei der ersten industriellen Revolution gesehen, die Ende des 19. Jahrhunderts zur Entstehung der Arbeiterbewegung und zu einer ersten Konsolidierung des globalen Kapitals geführt haben.

Ganz ähnlich verläuft die technologische Revolution, an deren Anfang die »New Economy« stand. Auch heute erleben wir den Aufstieg neuer Unternehmen, die die Wirtschaft, wie wir sie heute kennen, radikal verändern. Die Unterschiede zwischen den Generationen werden hier in mehrfacher Hinsicht zum Tragen kommen: So werden die Jungen naturgemäß stärker in den neuen Technologien tätig sein. Dies ist, wie wir später noch sehen werden, auch eine echte Chance für die Einwanderer, die derzeit zu hunderttausenden nach Europa kommen. Wenn es gelingt, ihnen eine Perspektive in der Modernisierung Europas zu geben, dann haben wir gewonnen. Zugleich wird die technologische Revolution auch die Gesellschaft der Alten verändern. Schon heute spielt diese Revolution im Bereich der Medizintechnik und Biotechnologie eine große Rolle. Die Ergebnisse werden vor allem in den älteren Gesellschaften Anwendung finden, weshalb hier für eine alternde Bevölkerung wie etwa in Europa erhebliche Märkte entstehen werden.

Die Wirtschaftsstruktur in den Industrieländern hat sich seit 1991 erheblich verändert. Waren 1991 noch 6,9 Prozent im Agrarsektor beschäftigt, so waren es 2012 nur mehr 3,6 Prozent. Auch im Industriesektor war ein Rückgang von 8,5 Prozent zu beobachten. Der Dienstleistungssektor hingegen verzeichnete Zugewinne in Höhe von 12,6 Prozent.[164] Auch dieser Bereich wird den Alten zugutekommen, und für die Jungen neue Arbeitsplätze schaffen.

Zu Beginn der neunziger Jahre waren es noch die sechs großen Industrienationen USA, Japan, Deutschland, Italien, Großbritannien und Frankreich, die für über 60 Prozent der globalen Wertschöpfung in der Fertigung verantwortlich waren. Seitdem haben die aufstrebenden Volkswirtschaften ihren Anteil daran auf 40 Prozent verdoppelt, während Europa als traditioneller Industrie-Standort im selben Zeitraum über zehn Prozent der Produktionswertschöpfung verloren hat.[165]

In China sind die Arbeitsplätze in der Fertigungsindustrie um 39 Prozent gestiegen. In Deutschland hingegen wurde ein Rückgang in Höhe von acht Prozent, in Frankreich ein Rückgang in Höhe von 20 Prozent und in Großbritannien ein Rückgang in Höhe von 29 Prozent verzeichnet. Der Rückgang der Beschäftigungszahlen in den alten Industrienationen hat zwei Gründe: Erstens ist die Produktivität in den reifen Volkswirtschaften durch den Einsatz von Technologien deutlich gestiegen. Zweitens hat die steigende Globalisierung und die damit verbundene Suche nach billigeren Produktionsstandorten zu einer Auslagerung dieser Aktivitäten in die Schwellenländer geführt.[166]

Die westlichen Zivilisationen haben bereits drei große industrielle Revolutionen miterlebt, die alle zu einer gesteigerten Produktivität führten. Die erste Revolution verbesserte die Effizienz durch die Verwendung von Wasserkraft, den erhöhten Einsatz von Dampfkraft und die Entwicklung von Maschinen. Die zweite Revolution brachte Elektrizität und Massenproduktion und die dritte und neueste eine zunehmende Automatisierung durch den Einsatz von Elektronik und Informationstechnologie. Die vierte Revolution ist die technologisch-industrielle, deren Entfaltung wir erleben und die in den modernen Kriegen ihre ersten Anwendungen erlebt. Das Internet wird mit intelligenten Maschinen, Produktionssystemen und -prozessen kombiniert, ein anspruchsvolles Netzwerk entsteht. Industrie 4.0 ist die Antwort auf die vierte industrielle Revolution: eine kontinuierliche Digitalisierung und Vernetzung aller Produktionseinheiten der Volkswirtschaft.[167]

Die neue Industrie ist geprägt von virtuell-physischen Systemen und Marktplätzen. IT-Systeme sind heute schon der Kern der Produktion. In der Industrie 4.0 werden diese System noch stärker mit allen Subsystemen, Prozessen, internen und externen Objekten, Zulieferern und Kunden vernetzt, wodurch die Komplexität noch steigen wird. Gleichzeitig ermöglicht die kurzfristige und flexible Anpassung der Produktionsprozesse aber eine weitere Effizienzsteigerung.

Intelligente Maschinen und Roboter prägen die neue Industrie. Diese Revolution beobachten wir seit langem, und erstaunlicherweise hat sich nie eine Gewerkschaft zu einem echten Kampf gegen die schleichende Abschaffung der menschlichen Arbeitskraft aufraffen können. Bereits in der ersten Welle der Revolution wurden Menschen durch Roboter ersetzt. Zurzeit sind etwa 1,5 Millionen Roboter weltweit im Einsatz, davon 230.000 allein in den USA. Die Bestellungen neuer Roboter lagen 2013 bei 180.000 und erreichten 200.000 im Jahr 2014. Die Automobilindustrie und ihre Zulieferer sind dabei die größten Abnehmer mit einem Anteil von 56 Prozent im Jahr 2013.[168]

Der Vormarsch der Roboter wird die Spannungen in den Gesellschaften über kurz oder lang anheizen: Voraussetzung für einen friedlichen Austausch der Interessen wäre nämlich angesichts des Generationenkonflikts, dass die Jungen Arbeit in einer Zukunftsbranche haben. Doch auch die Armen, die etwa als Wirtschaftsmigranten nach Europa kommen, werden keine Arbeit finden – sofern es nur noch Bereiche gibt, in denen die Maschine dem Menschen überlegen ist.[169]

Die steigende Komplexität spiegelt sich auch in den zu verarbeitenden Datenmengen wieder. Diese werden sich in Zukunft alle 1,2 Jahre verdoppeln. Für 63 Prozent der französischen Manager ist Cyber-Sicherheit bereits heute die Voraussetzung für die Wettbewerbsfähigkeit.[170] Wir haben im vorigen Teil gesehen, dass Cyber-Angriffe zum Arsenal der modernen Kriegsführung gehören. Für die Unternehmen stellt die globale Vernetzung also auch ein hohes Risiko dar. Doch das Risiko schafft auch Chancen: Noch intelligentere Technologien zu erschaffen, liegt in der Natur dieser Revolution.

Während im 21. Jahrhundert Vernetzung noch ein Konzept der virtuellen Welt war, werden sich durch die Industrie 4.0 die virtuelle und die reale Welt miteinander verbinden. Maschinen, Systeme und Menschen werden kontinuierlich Information über Internetprotokolle miteinander austauschen. Dadurch entsteht eine Vernetzung von physischen Dingen mit einem »Daten-Fußabdruck«, die ermöglicht, dass sich Maschinen während des Produktionsprozesses miteinander koordinieren und die Produktion aufeinander abstimmen.

Virtuelle Fabriken und Produkte werden dazu eingesetzt, jeden Prozess zuerst digital zu simulieren. Erst nach einem fehlerfreien virtuellen Test beginnt die Produktion. Eine Produktionseinheit zur Herstellung von Autoteilen konnte mit dieser Methode bereits in drei Tagen aufgebaut werden und nicht wie bisher in drei Monaten.[171]

Auch die New Economy ist im vergangenen Jahrzehnt rapide gewachsen und steigert jährlich ihre Umsätze. Unternehmen wie Apple[172], Amazon[173], Google[174], Yandex[175] und Alibaba[176] erwirtschafteten zusammen im Jahr 2014 einen Umsatz von 350,98 Milliarden US-Dollar – 9,1 Prozent des BIPs von Deutschland im selben Jahr.[177]

Die deutschen und europäischen Unternehmen sind erst langsam dabei, sich dieser Entwicklung mehr oder weniger widerwillig zu stellen. Das liegt auch daran, dass die US-Unternehmen von der US-Notenbank mit billigen Krediten versorgt und mit einer dynamischen und entschlossenen Venture-Capital-Szene in der Lage sind, Innovationen schneller voranzutreiben und sie in den Märkten einzuführen. In Europa dagegen erleben wir eher eine defensive Finanzpolitik: Die Staaten kämpfen gegen die hohen Schulden, die Menschen werden von einem Austeritätsprogramm ins nächste gejagt. Geholfen hat es wenig: Die Jugendarbeitslosigkeit verharrt auf einem extrem hohen Niveau.[178] Der Grund für den allgemeinen Defätismus: Die europäische Schulden-Krise ist zwar vorübergehend aus den Schlagzeilen verschwunden. Doch die Schulden-Bombe tickt immer noch – und zwar weltweit.

Schuldner gegen Gläubiger

Die weltweite Verschuldung ist nach der jüngsten Finanzkrise auf neue Rekordhöhen gestiegen. Die globalen Schulden erreichen eine Höhe von 199 Billionen US-Dollar[179] und sind somit 57 Billionen US-Dollar höher als zum Beginn der Finanzkrise 2007, das ist ein Anstieg von 17 Prozent gemessen an der weltweiten Wirtschaftsleistung.[180] Die Verschuldung der Regierungen ist mit 58 Prozent gemessen am BIP am höchsten. Die Verschuldung der Unternehmen ist fast genauso hoch und liegt bei 56 Prozent. Die privaten Haushalte sind mit 40 Prozent, der Finanzsektor ist mit 45 Prozent verschuldet.[181]

In den USA liegt die Gesamtverschuldung bei 233 Prozent gemessen am BIP, wobei die US-Regierung mit 89 Prozent am höchsten verschuldet ist. Die Verschuldung der privaten Haushalte mit 77 Prozent ist im weltweiten Vergleich sehr hoch. Die Unternehmen sind mit 67 Prozent und der Finanzsektor mit 36 Prozent an der Verschuldung beteiligt.[182]

Chinas Gesamtverschuldung erreichte 2014 eine Höhe von 217 Prozent gemessen am BIP, mit einer Staatsverschuldung von 55 Prozent, einer Unternehmensverschuldung von 125 Prozent und einer Verschuldung der privaten Haushalte von 38 Prozent. Der Finanzsektor hat Schulden in Höhe von 65 Prozent des chinesischen BIPs.[183]

In Russland beträgt die Gesamtverschuldung gemessen am BIP 65 Prozent, wovon der Staat mit 9 Prozent, die Unternehmen mit 40 Prozent, die privaten Haushalte mit 16 Prozent und der Finanzsektor mit 23 Prozent verschuldet sind.[184]

Die europäische Schuldenkrise zeigt, dass das Ungleichgewicht zwischen Gläubigern und Schuldnern innerhalb kürzester Zeit zu kriegsähnlichen Zuständen führt.[185] Die Verwerfungen zwischen den Euro-Staaten aus Anlass der Griechenland-„Rettung" haben zu einer tiefen Spaltung geführt, die durch jeden neuen Konflikt verschärft wird. Dies hat sich deutlich in der Flüchtlingskrise im Herbst 2015 gezeigt.[186]

Auch Deutschland steht mit einer Gesamtverschuldung von 188 Prozent des BIP bei weitem nicht so gut da, wie das vor allem der Bundesfinanzminister gerne glauben machen möchte. Denn tatsächlich profitiert Deutschland von einem schwachen Euro und den niedrigen Zinsen. Das sind allerdings externe Faktoren, die sich ganz rasch wieder ändern können.[187]

Weil alle Ebenen massiv verschuldet sind, ist es nur natürlich, dass jeder seine eigene Haut retten will. In extremen Schuldensituationen sind Gesellschaften für Spaltungen besonders anfällig. Die Solidarität schwindet, der Druck steigt, von Behaglichkeit ist in den meisten Schuldenhaushalten nichts mehr zu spüren. Zwar hat die EZB versucht, durch niedrige Zinsen die Staatsverschuldung zu drücken. Doch dies geht, wie wir sehen werden, auf Kosten der Sparer. Ein Konflikt der Privaten gegen den Staat ist unvermeidlich, weil die Interessen der beiden Gruppen gegenläufig geworden sind.

Staat gegen Privat-Sektor

Die Verteilungskämpfe führen zwangsläufig zu Verwerfungen und haben Folgen für die Gesellschaftsordnung. Hier treffen zwei Weltanschauungen aufeinander, die, statt in vernünftiger Ergänzung oder gar Symbiose für Wohlstand und Sicherheit zu sorgen, einander feindselig gegenüber stehen: Die einen behaupten, nur »der Staat« könne die aus der Balance geratene Welt wieder ins Gleichgewicht bringen. Die anderen sagen, die staatlichen Strukturen hätten versagt und fordern die Rückkehr zu einer »Marktwirtschaft«, in der der Staat sich auf die wesentlichsten Aufgaben konzentriert, den Rest jedoch dem freien Spiel der Kräfte überlässt. Dieser Konflikt prägt alle Diskurse um Lösungen. Und, wie in Kriegszeiten üblich, werden diese notwendigen Diskurse nicht offen und ehrlich geführt. Die Atmosphäre ist vergiftet und an vielen Stellen werden Dinge vermischt oder andere Meinungen diskreditiert, so dass eine vernünftige Diskussion kaum möglich ist. So spricht die deutsche Bundeskanzlerin von der »marktkonformen Demokratie«. Oft wird das Argument, man solle ein gewisses Problem nicht vom Staat lösen lassen, sondern der Weisheit der Bürger vertrauen, mit dem Kampfbegriff des »Neoliberalismus« beiseite gewischt.

Diese Auseinandersetzung wird deswegen mit solcher Schärfe geführt, weil es hier für viele um die Existenzgrundlagen geht: Viele Menschen leben von staatlichen Transferleistungen oder sind wirtschaftlich direkt vom Staat abhängig. Die sogenannte »Staatsquote«, also das Verhältnis von Menschen, die ihr Geld über die Umverteilung von Steuergeldern erhalten, und jenen, die ihr Geld in der Privatwirtschaft verdienen, hat sich in den vergangenen Jahren immer mehr verschoben.

Im Jahr 2014 stellten die OECD-Länder mehr als ein Fünftel ihrer wirtschaftlichen Ressourcen für die öffentlichen Sozialhilfesysteme zur Verfügung. Der Anteil für Sozialausgaben ist in Dänemark, Belgien, Finnland und Frankreich mit jeweils mehr als 30 Prozent am höchsten. Auch Italien, Österreich, Schweden, Spanien und Deutschland befinden sich im vorderen Teil der Aufstellung mit Sozialausgaben von über 25 Prozent gemessen am BIP.[188]

In Zeiten wirtschaftlicher Krisen steigt die Notwendigkeit von staatlichen Sozialleistungen. Viele Menschen können ohne soziale Hilfe nicht überleben. Zugleich sinkt das BIP, das Loch wird größer. Der OECD-Durchschnitt stieg von 18,9 Prozent im Jahr 2007 auf 21,9 Prozent im Jahr 2009. Während in vielen Ländern die Ausgaben für Sozialleistungen durch die Krise stiegen, gingen sie in einigen Ländern wie Deutschland, Ungarn, Island und Großbritannien im Durchschnitt um zwei Prozent zurück.[189]

In China wurden im Jahr 2009 ungefähr sieben Prozent der wirtschaftlichen Ressourcen den öffentlichen Sozialhilfesystemen zur Verfügung gestellt, was sich dem Durchschnitt im asiatischen Raum anpasst. Barleistungen an ältere Menschen machten 2,5 Prozent und Sozialhilfezahlungen 0,5 Prozent gemessen am BIP aus. Im Vergleich dazu sind die Ausgaben für Sozialleistungen in Indien (Arbeitsmarktprogramme 0,6 Prozent) und Indonesien weitaus geringer.[190]

Die Staatsquote der USA beläuft sich auf 38,2 Prozent für das Jahr 2014. Während der Krisenjahre von 2009 bis 2012 lag diese Quote zwischen 42,7 und 40,4 Prozent.[191] Russland bewegt sich etwa auf dem Niveau der USA.[192]

In der EU wurden 2014 Staatsausgaben in Höhe von 6,701 Milliarden US-Dollar getätigt, fast die Hälfte des BIPs der EU.[193] Unter den EU-Mitgliedsstaaten rangierten die Staatsquoten zwischen 35 Prozent wie in Litauen oder Rumänien und 57 Prozent wie in Finnland, Frankreich und Dänemark. Die höchsten Kosten verursacht der Posten »sozialer Schutz« mit 40,2 Prozent der gesamten Staatsausgaben. Andere Ausgabenposten mit jeweils über 10 Prozent waren Gesundheit, generelle öffentliche Dienste wie

Außenangelegenheiten und Transaktionen der öffentlichen Verschuldung sowie Bildung.[194]

Das Verhältnis zwischen dem Staat und dem privaten Sektor sollte eigentlich so gestaltet sein, dass der Staat jede Eigeninitiative wohlwollend unterstützt und dafür sorgt, dass Unternehmen Geld verdienen und die Bürger bessere Services bekommen.[195] In der Praxis der EU-Politik sieht das leider ganz anders aus: Die Regierungen beschränken sich auf die Verteilung von Steuergeldern, mit dem Ergebnis, dass sich die Spielräume in ihren zentralen Bereichen nehmen, etwa bei den Rente und Sozialversicherungen. Dadurch werden soziale Konflikte langfristig angeheizt.[196]

Fazit

Wir sehen also: Die technologisch-industrielle Revolution, die sich in Form der modernen Kriege Bahn bricht, hat das Potenzial, bestehende Probleme dramatisch zu verschärfen – oder aber, sie zu lösen. Wie immer in der Geschichte wird sie vermutlich beide Wirkungen entfalten: Die allzu Behaglichen werden unter Umständen sogar mit Gewalt aus ihren Lehnstühlen gekippt werden, weil sie auf ein Beharren um jeden Preis setzen. Zugleich werden Probleme, die uns heute unlösbar erscheinen, durch die technologische Revolution tatsächlich gelöst werden können. Wer sagt denn, dass der Konflikt Arm gegen Reich nicht durch eine gerechtere Verteilung der Arbeit auf der Welt gelöst werden kann? Warum soll es denn nicht möglich sein, die Bedürfnisse, die der Markt einer alternden Gesellschaft erzeugt, genau mit jenen Produkten zu befriedigen, die die neuen Technologien ja gerade erfolgreich produzieren? Dazu ist es nicht einmal nötig, dass alle Arbeitskräfte von Afrika nach Europa einwandern: Medizintechnik kann auch in Ghana oder in Nigeria hergestellt werden. Das Management kann in Asien, Skandinavien oder den USA bleiben: Über virtuelle Realitäten ist eine globale Kollaboration heute schon längst die Praxis in vielen Unternehmen. Wenn der Staat durch die Revolution gezwungen wird, sich an der Realität zu orientieren, dann wird sich auch die Herangehensweise an das Flüchtlings- und

Einwanderungsproblem ändern: Es kann zu echten Partnerschaften zwischen staatlichen Einrichtungen und Unternehmen kommen, die nicht so unsauber sind wie die heute üblichen Public Private Partnerships (PPPs). Der Staat könnte mit Unternehmen und Universitäten gemeinsame Perspektiven für die technologischen Beschäftigungsbereiche definieren. Dann übernimmt der Staat die Ausbildung, die Privaten schaffen die Jobs – und erst dann ermuntert man die heute Arbeitslosen, die orientierungslosen Akademiker und die Flüchtlinge, sich zu überlegen, wo sie arbeiten wollen und können.

Man könnte die Konflikte, die sich auftun und die förmlich nach Lösungen im Geist der technologisch-industriellen Revolution schreien, noch beliebig erweitern. So haben auch die strukturellen Veränderungen, die sich durch die Umweltzerstörung und den Klimawandel ergeben, nachhaltige und, so steht zu befürchten, irreversible Bedeutung für das globale Zusammenleben. Der »Club of Rome« weist schon seit Jahrzehnten auf die Gefahren hin – geändert hat sich wenig, wenngleich die Zusammenhänge immer öfter aufblitzen: So warnte der Gouverneur der britischen Notenbank, Mark Carney, im September 2015 davor, dass die beschleunigten Veränderungen des Weltklimas schon sehr bald Auswirkungen auf die Finanzmärkte haben könnten. Für diesen Fall drohen den Anlegern Verluste, weil die Regulatoren gezwungen sein könnten, die Notbremse in der globalen Energiepolitik zu ziehen.[197]

Auch die zunehmende Konzentration der Menschen auf Städte und die damit einhergehende Entvölkerung ganzer Landstriche wird die Gesellschaften vor enorme Probleme stellen. Die Veränderungen, die sich durch die weltweite Migration ergeben, werden wir später noch gesondert behandeln. Ihre Auswirkungen auf das Zusammenleben in der Gemeinschaft sind erheblich. Die Kulturen werden sich verändern. Auch solche Verschiebungen sind in der Regel konfliktbeladen, weil sie direkte Auswirkungen auf die Identität der Menschen haben. Sie werden von den Betroffenen unterschiedlich interpretiert: Viele Menschen finden Veränderungen gut und sind in der Lage, sich anzupassen. Doch die große Mehrheit der Menschen möchte so leben, wie sie immer gelebt hat. Der Konflikt der Progressiven gegen die Konservativen findet seinen Ausdruck heute schon im politischen Leben: Neue Parteien entstehen, die sich für alte Werte einsetzen – eigentlich ein Widerspruch. Ihr Bestreben, das demokratische Kräftespiel zu verändern, stößt auf den Widerstand jener, die schon an der Macht sind. Nicht selten sind die Konservativsten jene, die eigentlich als »Reformer« groß geworden sind, wenn man etwa an die Grünen denkt. Auch das ist ein typischer Widerspruch in Zeiten des revolutionären Umbruchs.

Wir haben gesehen, dass wir uns in einer Art Übergangsphase der technologisch-industriellen Revolution befinden. Das Alte will noch nicht weichen, die Revolutionäre haben ihre Pamphlete fertiggeschrieben, ihre Truppen gesammelt und marschieren auf die Paläste zu. In den ersten Vororten sind bereits Schüsse zu hören. Die Revolutionäre testen ihr Material, proben neue Taktiken, ändern fortlaufend die Schlachtordnung.

Reale Kriege, Finanzkriege, Cyber-Kriege und ein veritabler Propagandakrieg zerstören Recht und Gesetz, Wohlstand, Freiheit und Demokratie. Dies geschieht mit modernsten Mitteln und wirft uns doch in vielen Bereichen in die Barbarei zurück. Viele der alten Werte bestehen in den westlichen Gesellschaften nur noch als Fassaden. Sie sind die potemkinschen Dörfer der Eliten, die die Schreie der Revolution bereits hören. Sie sind aufgeschreckt vom Donnergrollen am Horizont und wollen sich wappnen. Doch mehr als Kulissen haben sie nicht mehr zu bieten. Wie Acemoglu in seinem Buch über gescheiterte Staaten so überzeugend erklärt: Staaten kollabieren, wenn sich die Regierenden hinter ihren persönlichen Interessen verschanzen und das Wohl der Bevölkerung aus den Augen verlieren.

Wir werden im Folgenden sehen, dass gerade die Werte, die Europa, Deutschland und den Westen stark gemacht haben, erodieren. Der Befund gibt durchaus Anlass zur Sorge, vielleicht sogar zu Pessimismus. Ich bin jedoch der Meinung, dass Pessimismus ein guter Ratgeber ist. Die Geschichte zeigt, dass Pessimisten etwa in der Wirtschaftsgeschichte, oft erfolgreicher sind als Optimisten: Sie wappnen sich gegen mögliche Gefahren und verlieren etwa bei ihren Investments weniger als diejenigen, die auf eine glückliche

Wendung vertrauen. Die Aktiven behalten in der Regel Recht, die Passiven werden zum Reagieren gezwungen und müssen Verluste realisieren.

Bisher ist der Weltuntergang nicht eingetreten, obwohl die Apokalypse seit jeher zum Menschen genauso gehört wie die naive Erwartung, dass nach jedem Winter wieder ein Frühling kommt. Doch anders als bei den Jahreszeiten haben wir es bei gesellschaftlichen Veränderungen nicht mit einem gütigen Weltenschöpfer zu tun, der die Weltgeschichte von ihrem Anfang und Ende her denkt. Irrationale Überhöhungen sind eher kontraproduktiv: Angela Merkel erklärte sich auf dem Höhepunkt der Flüchtlingskrise mit dem katholischen Bischof Reinhard Marx solidarisch. Dieser hatte gesagt, dass uns das Problem »vom Herrgott auf den Tisch gelegt wurde« und wir uns daher nun danach zu richten hätten. Eine derart theokratische Sicht einer Physikerin ist schon erstaunlich. Sie ist falsch: Die meisten Probleme hat sich der Mensch selbst bereitet. Warum der »Herrgott« den Menschen nicht perfekter gebaut hat, ist eine Frage, die unter dem Begriff der »Theodizee« in theologischen Seminaren seit Hunderten von Jahren diskutiert wird. Die Theologen haben keine Antwort gefunden.

Für das praktische Zusammenleben ist diese Überlegung irrelevant: Gerade der in diesem Buch schon kurz besprochene Aufstieg eines politischen Islam sollte die Regierungen dazu veranlassen, die Trennung von Kirche und Staat mit äußerster Konsequenz herzustellen und zu sichern. In allen, auch den religiös motivierten Konflikten dieser Revolution muss der Staat als Institution ein Gegenüber zu den Religionen sein: Theokratien gehören ersatzlos gestrichen. Am Ende der technologischen Revolution muss ein radikal laizistischer Staat stehen, weil die technologischen Möglichkeiten jedes ideologische oder religiös gefärbte Regime in die Lage versetzen, ihre Gesinnung totalitär durchzusetzen.

Die Kombination der staatlichen Monopole – Geldmonopol und Gewaltmonopol – kann im technologischen Zeitalter nur in der Diktatur enden, wenn sie sich nicht auf strikte Wertneutralität verpflichtet. Angela Merkels Berufung auf den »Herrgott« ist in diesem Zusammenhang äußerst raffiniert: Denn Merkel begründet eine politische Aufgabe, die von anderen zu leisten ist, nicht mit dem Grundgesetz, sondern mit Gott. Mit Joachim Gauck hat Deutschland einen Pastor als Staatsoberhaupt – auch das ist vor dem Hintergrund der Notwendigkeit der strikten Äquidistanz des Staates gegenüber den Religionen nicht vertretbar: Denn ein Pastor ist in Islam-Fragen von Amts wegen befangen: Er ist entweder ein Islam-Liebhaber, dann fehlt ihm die kritische Distanz. Oder er ist ein Islam-Feind, dann kann er nicht objektiv urteilen.

Der Versuch, religiöse oder parareligiöse Werte durch die Hintertür in das staatliche Handeln einzuschleusen, kommt nicht von ungefähr: Die Regierenden befinden sich, gerade weil sie sich hinter ihren Kulissen verschanzen, in einer tiefen Sinnkrise. Diese ist durch eine nachhaltige Aushöhlung von Recht und Gesetz in den vergangenen Jahren dramatisch beschleunigt worden. Vor dem Hintergrund des anschwellenden Revolutionslärms versuchen die Regierungen, ihre Bürger mit einer neuen Irrationalität zu packen. Moralisch können sie es kaum noch, weil sie selbst moralisch zu schwach sind. Und inhaltlich können sie es auch nicht, weil die Herrschaftsform, in der wir leben, mehr eine Art Technokratenherrschaft als eine Volksherrschaft ist. Wir werden uns im Folgenden ausführlich mit den Elementen der inneren Auflösung der Demokratie beschäftigen, die der britische Politologe Colin Crouch unter dem Begriff »Postdemokratie« zusammenfasst. Für Crouch läuft sie auf die Installation einer »zentralistischen Demokratie nach jakobinischem Modell« hinaus, »in dem es im Verhältnis von Regierung und Bürgern keine vermittelnden Ebenen des politischen Handelns gibt«.[198] Genau diesen Wettstreit erleben wir heute: In der französischen Revolution versuchten die Jakobiner, im Trubel der Ereignisse eine Gewaltherrschaft zu errichten. Ihr Anführer, Robespierre, wurde gestürzt und hingerichtet. Die modernen Jakobiner finden wir in den politischen Eliten, die zwar wittern, dass wir in einer Umbruchszeit leben – jedoch mit den falschen Rezepten den Lauf der Dinge aufhalten möchten. Es ist ein aussichtsloses Unterfangen.

KAPITEL 6: WAS WIRD AUS RECHT UND GESETZ?

Im Deutschen Bundestag sitzen 149 Beamte und 80 Juristen als Abgeordnete. Sie stellen die mit Abstand größten Gruppen dar, die das Volk vertreten. Diese beiden Gruppen müssten ihrem beruflichen Selbstverständnis nach eine überdurchschnittliche Verpflichtung gegenüber Recht und Gesetz empfinden.[199] Doch sind ausgerechnet unter ihrer »Herrschaft« der organisierte Rechtsbruch, die Ignoranz gegenüber Gesetzen und die Aushöhlung des im Grundgesetz verankerten »freien Mandats« gewissermaßen zur Routine geworden. Dieser Zustand der Anarchie von oben hängt auch damit zusammen, dass die Abgeordneten von Parteien, Verbänden, Gewerkschaften und parteinahen Gruppen entsandt werden. Sie verdanken ihre Wahl zwar dem Wähler, doch ihre Nominierung verdanken sie den Parteien.

Die Missachtung von Recht und Gesetz ist Ursache und Folge des revolutionären Umbruchs, den wir erleben. Die technologischen Veränderungen lassen Probleme oft komplex und Lösungen oft einfach erscheinen. Wie wir bei den modernen Kriegen gesehen haben, verändern nicht Armeen die Landkarte. Bilder in den Köpfen der Menschen sind viel leichter zu erzeugen. Die Politik hat die Methoden »platonischer Kriegsführung übernommen«. Die Bilder zu ändern ist leichter, als ein Gesetz durch den Gesetzgebungsprozess zu bringen. Das gilt auch für Freund- und Feindbilder.

Die Bundesrepublik ist in den vergangenen Jahren aus Bequemlichkeit dazu übergegangen, die Pflege der »transatlantischen« Partnerschaft den Lobbyisten und den Militärs zu überlassen. Die NATO, die eigentlich als Verteidigungsbündnis gegen den Warschauer Pakt zu Zeiten des Kalten Krieges gegründet wurde, hat ihre Sinnkrise bravourös beendet: Es ist den Militärs gelungen, die Russen wieder zum Feind zu erklären. Damit musste sich die NATO nicht umstellen, die Koordinaten bleiben, wie sie ein halbes Jahrhundert waren. Es erschließt sich mir nicht, warum Deutschland mehr als jedes andere Land sein Verhältnis zu den USA über den militärisch-industriellen Komplex definiert. Die Skandinavier sehen vor allem den Technologie-Sektor, die Briten den Finanzsektor und die Italiener die Mafia als wichtigstes Bindeglied zu den USA. Aus deutscher Sicht ist die Verengung auf das Militärische ein schwerer Fehler: Deutschland wäre wegen der Wiedervereinigung eigentlich der perfekte Brückenkopf zu Osteuropa – nicht jedoch in einem kriegerischen Sinn, wie die NATO das sieht, sondern im Sinne von »Brückenbauer«. Denn die Wiedervereinigung war ein Geschenk, das die damalige Sowjetunion den Deutschen gemacht hatte. Und die NATO hat die Russen auf schäbige Weise hinters Licht geführt: Der damalige US-Präsident George W. Bush und Bundeskanzler Helmut Kohl hatten dem letzten KPdSU-Generalsekretär Michail Gorbatschow versprochen, dass sich die NATO niemals auf das Gebiet des ehemaligen Gegners ausdehnen werde. Das Gegenteil ist eingetreten. Der Samen für neues Misstrauen ist ausgesät. Militärs können keinen Frieden garantieren. Sie wollen Kriege führen. Und so hat sich die europäische Politik mit einem Wortbruch ins Unrecht gesetzt, dessen Folgen bis heute nachwirken.

Ich habe Michail Gorbatschow im Jahr 2006 in Dresden getroffen. Wir führten ein langes Interview für die Netzeitung und den Radiosender 100,6 MotorFM. Mich interessierte, wie der Mann, der die Geschichte wie kaum ein anderer verändert hat, die Welt nach so vielen Jahren sah. Er war für uns im Westen ja so etwas wie der politische Erlöser, der den Kalten Krieg beendet hatte. In Moskau haben ihn die meisten, mit denen ich gesprochen habe, als Schwächling oder Verräter gesehen. Er trage die Schuld am Ende der Weltmacht Sowjetunion.

In Deutschland hatte Gorbatschow eine ungeheure Wirkung. Während sich in Ost-Berlin 1989 beim Fackelzug zum 40. und letzten Jahrestag der DDR die Unbelehrbaren noch die Tränen vor lauter Rührung über die Größe des Sozialismus aus den Augen wischten, stand Gorbatschow auf der Tribüne und hörte die »Gorbi, Gorbi«-Rufe all jener, die das zusammenbrechende Polit-Büro am liebsten geschlossen in die BRD abgeschoben hätte. Gorbatschow machte auf mich einen sehr speziellen Eindruck: Er war gewiss mit allen politischen Wassern gewaschen und sicherlich kein Samariter. Doch schien er, auch noch Jahre später, davon überzeugt, dass es in der Politik trotz aller Unterschiede für alle Beteiligten ein paar gemeinsame Grundlagen geben muss. Ohne sie führe Politik zwangsläufig zum Krieg. Das Wichtigste sei, was man im Geschäftsleben »Treu und Glauben« nennt. Gorbatschow hatte im Zuge der Wiedervereinigung einige Erpressungsmittel gegen den Westen in der Hand gehabt – trotz des wirtschaftlichen Desasters, in das der ganze Ostblock geschlittert war. Doch Gorbatschow sagte, er habe dem vertraut, was ihm Kohl und Genscher gesagt hätten. Gorbatschow hätte sich die Versicherung, dass die NATO nicht weiter nach Osten expandieren werde, besser von den Amerikanern direkt geben lassen. So habe er den Deutschen vertraut und sich verpflichtet gefühlt, die Partner seinerseits nicht zu hintergehen. 2006 stellt er, sichtlich verbittert, fest: »Unsere amerikanischen Freunde leiden heutzutage an einer Krankheit, die schlimmer ist als Aids. Ich würde diese Krankheit als den Siegerkomplex bezeichnen.« Gorbatschow hat die Zusage des Westens, die NATO zu belassen, wo sie war, nie schriftlich oder gar in Vertragsform erhalten. Er hat sich auf das »Ehrenwort« von Helmut Kohl verlassen – jenes Helmut Kohl, der sich im Zuge der Parteispendenaffäre weigerte, die Namen der Spender zu nennen, weil er auch diesen sein Ehrenwort gegeben habe.[200]

Es ist ein großer Unterschied zwischen diesen beiden Ehrenwörtern – und doch zeigen die Folgen, dass Kohl in beiden Fällen unmoralisch gehandelt hat: Im Fall der Parteispenden setzte sich Kohl wie ein Pascha aus der arabischen Welt über geltende Gesetze hinweg. Im Fall Gorbatschows kann man annehmen, dass Kohl nicht im Schlaf daran dachte, sich an sein Versprechen zu halten. Ich hatte bei einigen Begegnungen mit Kohl immer den Eindruck, dass dieser Mann ganz bewusst alle Mittel eingesetzt hat, die die Politik bietet: Triefendes Pathos, wenn ihm die Sachargumente ausgingen, und das war meist recht schnell; und äußerste Brutalität, wenn es um die Vernichtung des politischen Gegners oder den Kampf gegen Parteifreunde ging. Dem Volk misstraute Kohl grundsätzlich: Unvergessen ist seine Schlägerei mit einem Eierwerfer in Erfurt. In politischen Entscheidungen handelte Kohl skrupellos: Er selbst sagte später, dass er bei der Einführung des

Euro den Willen der Deutschen bewusst ignoriert und die Abschaffung der D-Mark wie ein »Diktator« durchgesetzt habe.[201]

Angela Merkel hat als Bundeskanzlerin diese Tradition fortgesetzt. Sie hat sie jedoch um eine Facette erweitert, die sie vielleicht in der DDR gelernt und schließlich im Zeitalter der Massenkommunikation perfektioniert hat: Der Rechtsbruch wird, solange es geht, formal gültig beschlossen. Das begann bei der ersten Euro-Rettung, ging weiter bei den Sanktionen gegen Russland und reichte bis hin zur neuen Stationierung von Atomwaffen in Deutschland. Die Euro-Rettung wurde als »alternativlos« erklärt.

Wir haben für die Deutschen Mittelstands Nachrichten bei der Einführung des »Europäischen Stabilitätsmechanismus« (ESM) eine Umfrage durchgeführt und jeden einzelnen Abgeordneten über seine Motive befragt. Mit diesem Vehikel werden 700 Milliarden Euro der europäischen Steuerzahler in einen völlig demokratiefreien Raum verlagert.[202] Die von Ahnungslosigkeit geprägten Antworten der Abgeordneten haben mich schockiert. Ich gestehe, damals zum ersten Mal in meinem Leben an der Demokratie als der besten Staatsform gezweifelt zu haben. Die Abgeordneten zeigten sich völlig uninformiert, wiederholten wie Marionetten die Sprechblasen der Fraktionsführung und lieferten sogar kuriose Fehlleistungen ab: Einige Abgeordnete dachten, sie hätten bereits über den ESM abgestimmt – obwohl die Abstimmung erst Monate später angesetzt war![203] Die SPD verpasste ihren Abgeordneten einen Maulkorb und erließ ein Auskunftsverbot: Für die Abgeordneten durfte nur die Fraktionsführung sprechen.[204] Bis diese sich sortiert hatte, war ein Spickzettel verteilt, dessen Inhalt die Abgeordneten schließlich wortgleich zum Besten geben durften.[205]

Die ganz wenigen Kritiker in den Parteien wurden behandelt wie Aussätzige: Als der FDP-Abgeordnete Frank Schäffler ein Jahr später im Plenum des Bundestags zur Übertragung der Bankenaufsicht an die EZB sprach, herrschte eisige Stille. Die Verachtung war mit Händen zu greifen: Dieser Mann ist nicht »einer von uns«.[206] Niemand setzte sich auch nur ansatzweise mit den Argumenten Schäfflers auseinander. Er spielte nicht nach dem Drehbuch und wurde geächtet – im Übrigen auch von seiner eigenen Partei, die wenig später das gerechte Schicksal ereilte: Sie flog aus dem Bundestag. Der CDU-Mann Klaus-Peter Willsch war der zweite ESM-Gegner. Er wurde nach der Bundestagswahl eiskalt entmachtet und von der CDU nicht mehr in den Haushaltsausschuss entsandt. Dort hatte er nämlich die wichtigen Informationen erhalten, nach denen er sich seine Meinung bildete.[207]

Im Fall der Russland-Sanktionen sind zwar keine Gesetze gebrochen worden. Doch hat die Bundesregierung hier auf Druck der USA die deutsche Wirtschaft mutwillig geschädigt. Wir haben weiter oben gesehen, dass die »Annexion« der Krim keine völkerrechtswidrige Aktion war. Doch der »Spin« war stark genug: Aus dem Wunsch wurde Realität. Die Folge sind massive Einbrüche bei den deutschen Exporten, die sich mittelfristig auf die Beschäftigten auswirken werden.

Im Fall der Stationierung der amerikanischen Atomraketen hat sich Merkel über einen mehrheitlichen Beschluss des Deutschen Bundestags hinweggesetzt. Dieser hatte 2009 mit den Stimmen von SPD, den Linken, den Grünen und FDP die Bundesregierung aufgefordert, die Amerikaner zum Abzug zu bewegen. Die Bundesregierung hat dafür gesorgt, dass sich der Auftrag des Parlaments im Sand der Geschichte verliert.

Diese Fälle zeigen, dass sich das Parlament und die Regierung im Grunde selbst nicht achten. Einziges Ziel scheint der Selbsterhalt zu sein. Die Abgeordneten machen sich nicht sachkundig, weil ihnen die Materie zu komplex erscheint. Beim ESM-Vorläufer EFSF hatte sogar Merkel selbst immer wieder Sprachstörungen, wenn sie von der »Europäischen Finanzstabilisierungsfazilität« sprechen musste. Die vielen Rechtsbrüche, die die Kritiker der europäischen Rettungspolitik im Lauf der Jahre zermürbt haben, haben ihre Grundlage in zwei Verstößen gegen Buchstaben und Geist des Grundgesetzes: Zum einen ist das sogenannte »freie Mandat« faktisch abgeschafft worden. Das Grundgesetz sieht vor, dass jeder Abgeordnete frei in der Ausübung seines Mandats ist. Um gesellschaftliche Strömungen zu kanalisieren, sollten Parteien gebildet werden, damit das Parlament nicht wie zu Weimarer Zeiten zersplittert und damit am Ende handlungsunfähig wird. Doch die Idee, dass die Abgeordneten nur noch abnicken, was ihnen vorgegeben wird, widerspricht dem Grundgedanken der repräsentativen

Demokratie. All jene, die eine andere Form wollen, eine plebiszi-
täre Demokratie – also eine mit Volksabstimmungen auf Bundes-
ebene – bekommen zu hören, dass dies das Ende der Demokratie
bedeuten würde. Tatsächlich gibt es viele ausgezeichnete Beispiele von Mitbestimmung, wo die Bürger mehr Weitsicht zeigen als
ihre Regierungen: So lehnte die Mehrheit der Österreicher die Eröffnung des bereits fertiggebauten Atomkraftwerks Zwentendorf
in einer historischen Entscheidung im Jahr 1978 ab – lange vor
Tschernobyl, Fukushima oder der Atomwende in Deutschland.

Die zweite Verletzung der staatlichen Integrität und damit der Souveränität Deutschlands rührt aus den niemals dem Volk zur Abstimmung vorgelegten Mitgliedschaften in EU und NATO: Warum fragt
man die Bürger bei wichtigen Entscheidungen nicht um ihre Meinung? Eine überzeugende Kampagne für die EU könnte in Deutschland die Parteien dazu zwingen, die Missstände in der EU selbst zu
beheben und gleichzeitig dem Volk zuzuhören, um zu verstehen, wo
berechtigte Kritik und sinnvolle Verbesserung möglich ist.

Stattdessen wurde die EU als antidemokratisches Vehikel auch
in anderen Staaten missbraucht: Als der griechische Ministerpräsident Giorgos Papandreou im November 2011 der EU anbot, im
Zug der bevorstehenden harten Austeritätsmaßnahmen ein Referendum abzuhalten, verfielen Angela Merkel und der damalige
französische Präsident Nicholas Sarkozy beim Gipfel in Nizza in
Panik und untersagten Papandreou das Referendum. Um wie vieles leichter wären die folgenden Jahre gewesen, wenn die Griechen
rechtzeitig die Möglichkeit gehabt hätten, ja oder nein zu sagen.
Stattdessen wurde das Land in eine mörderische Krise gejagt. Papandreou verschwand wenige Tage nach dem Vorschlag von der
politischen Bühne.[208]

Während die meisten Bürger diesen Zustand beklagen und
den Parteien die Quittung in Form von immer niedrigeren Wahl-
beteiligungen überreichen, sind viele Politiker in den EU-Staaten
klammheimlich sehr froh über diesen Zustand: Sie haben mit der
EU eine veritable Ausweitung ihres Geschäftsmodells erlebt.

Ich habe in Österreich, Slowenien, Polen oder in Griechenland
oft gehört, dass viele Bürger die EU eigentlich für eine sehr gute

Sache halten, ja, sie gerade als die Rettung der Demokratie willkommen heißen: Immer wieder wurde, meist unmittelbar nach dem Beitritt dieser Länder, betont, wie froh man sei, dass nun nicht mehr die korrupten Netzwerke und Seilschaften in Warschau, Ljubljana, Wien oder Athen das Sagen hätten, sondern eine wirklich »europäisch« denkende, sachliche und unbestechliche Elite. Was alle diese EU-Fans – einschließlich mir selbst – nicht bedacht hatten: Die Seilschaften aus den Nationalstaaten haben die EU gekapert, um ihre eigenen, abgehalfterten Politiker aufs Abstellgleis zu schieben. Und so kam es, dass Politiker wie Manuel Barroso, der schon in seinem Heimatland Portugal eine Spur der Skandale hinterlassen hatte, nun auf einmal die Verantwortung für Milliarden an europäischen Steuergeldern übertragen bekamen. Man braucht sich nicht zu wundern, dass einer der Profiteure der ersten Griechenland-»Rettung« der Reeder Spiros Latsis war, dessen Bank mit europäischen Steuergeldern gerettet wurde. Der Tagesanzeiger aus Zürich berichtete: »2004 verbrachte der heutige EU-Kommissionspräsident José Manuel Barroso samt Familie eine Woche auf dem Traumschiff – gratis und franko. Barroso und Spiros Latsis kannten sich schon lange, sie haben in London gemeinsam studiert. Peinlich war, dass kurz nach den Yachtferien in Brüssel strengere Umweltvorschriften für griechische Schiffe verhindert wurden. Entscheide, in die Barroso teilweise persönlich involviert war. Barroso überstand später einen Misstrauensantrag im EU-Parlament mit dem Argument, er sei zur Zeit des Urlaubs noch nicht EU-Präsident gewesen.«[209]

Die EU selbst ist nur ein Rädchen im großen Getriebe eines globalen politischen Systems, das sich immer stärker von dem Gedanken gelöst hat, dass politische Entscheidungen erst dann das Prädikat »demokratisch« verdienen, wenn es ein Mindestmaß an nachvollziehbarer Verantwortlichkeit der politischen Mandatsträger gibt. Alle wichtigen Entscheidungen in der Welt werden heute in einem undurchschaubaren Geflecht von Gremien und Organisationen getroffen, die kaum jemand kennt und gegen die folgerichtig niemand etwas unternehmen kann: Dazu zählen im Besonderen die großen Finanzinstitutionen wie der Internationale Währungsfonds (IWF), die Zentralbanken, die G20, G7 und viele um diese Flaggschiffe gruppierte Beiboote wie Think Tanks, Stiftungen und Parteiorganisationen. Ich habe die Rolle der Finanzinstitutionen in meinem Buch »Die Plünderung der Welt«[210] im Jahr 2014 ausführlich beschrieben, und bin heute der Überzeugung, dass viele meiner damaligen Warnungen sogar durch eine noch wesentlich negativere Entwicklung übertroffen worden sind. Denn die meisten Organisationen arbeiten, wie etwa die EZB oder der erwähnte ESM, unter unglaublich privilegierten Bedingungen: Ihre Organe sind immun, unterliegen keiner nationalen Jurisdiktion und können im Grunde machen, was sie wollen. Der CSU-Politiker Peter Gauweiler hat diesen Missstand pointiert beschrieben: »Die lebenslange Immunität der Gouverneursrats- und Direktoriumsmitglieder ist ein Skandal. Aufgrund dieser vordemokratischen Privilegien können die ESM-Lenker ohne jede Sanktion Milliardenbeträge veruntreuen und können nicht einmal für Schadensersatz in Anspruch genommen werden. Die unbegrenzten Überziehungskredite im Rahmen des Target-Systems, die die Problemstaaten in Anspruch nehmen können, führen dazu, dass wir zum Gefangenen des Eurosystems werden. Wenn sich Hunderte von Milliarden Forderungen in der Bundesbankbilanz anhäufen, die im Falle der Insolvenz eines Problemstaates und seines Ausscheidens aus der Eurozone großenteils uneinbringlich sind, kann der Bundestag über die Gewährung von Finanzhilfen nicht mehr frei entscheiden.«[211]

Gauweiler konnte sich mit seiner Haltung nicht durchsetzen, sondern wurde aus der eigenen Partei, der CSU, hinausgemobbt.

Gauweilers Unbehagen rührt an einen Punkt, der ursächlich mit den revolutionären Umbrüchen zu tun hat: Die klassischen »Nationalstaaten« durchlaufen einen dramatischen Zerfallsprozess. Sie werden von einer Finanz-Elite unterlaufen, die die technologischen Werkzeuge perfekt beherrschen und skrupellos einsetzen. Wie wichtig die Technologie bei dieser globalen Plünderung ist, hat der isländische Präsident Olafur Ragnar Grimson erklärt: Man habe in Island die Banken auch deshalb in die Pleite geschickt, weil sie mit überhöhten Gehältern alle guten Software-Programmierer vom Markt abgesaugt und damit der realen Wirtschaft einen schweren Schaden zugefügt hätten.[212]

Bei Ländern, die von realen Kriegen unmittelbar betroffen sind, kann man den Zerfall anhand der sich ständig verändernden Landkarten beobachten: Syrien, Libyen, der Irak, Afghanistan, die Ukraine. Bei Staaten, die von den Finanzkriegen betroffen sind, sind die Auswirkungen innenpolitischer Natur: Griechenland, das Mutterland der Demokratie, ist hier ein besonders prägnantes Beispiel. Weder die Griechen noch ihre Regierung sind in der Lage, über ihr Schicksal zu bestimmen. Das haben der IWF, die EZB und die NATO übernommen. Es ist nur eine Frage der Zeit, bis die ersten Staaten durch Cyber-Attacken zu Fall gebracht werden. Die Propaganda-Kriege begleiten diese Zerfallserscheinungen durch manipulierte Berichte und durch eine entsprechende ideologische Unterfütterung: Angela Merkel sagte bei einem Auftritt vor dem EU-Parlament im Oktober 2015: »Abschottung und Abriegelung im Zeitalter des Internets sind eine Illusion. Denn die Bindung an unsere Werte und damit unsere Identität gingen verloren. Wir dürfen in der Flüchtlingskrise nicht der Versuchung erliegen, in nationalstaatliches Handeln zurückzufallen – ganz im Gegenteil.«[213]

Damit wird unterstellt, dass die Anliegen der Menschen besser aufgehoben sind, wenn anderes als »nationalstaatliches Handeln« über das Schicksal der Menschen bestimmt. Die Diskreditierung des Nationalstaats war in den vergangenen Jahren ein dynamischer Faktor im öffentlichen Diskurs. Er wurde in Deutschland von den öffentlich-rechtlichen Sendern befeuert, die ihre schiere Existenz ironischerweise einem nationalstaatlichen Privileg verdanken. Jedem, der auf den Nationalstaat als gewachsene Ordnungsgröße hinzuweisen wagte, wurde sofort dumpfer Nationalismus unterstellt. In Deutschland klingt in diesem Zusammenhang sofort die Assoziation mit dem Nationalsozialismus an, was nicht nur übel, sondern auch falsch ist: Das Lebensraum-Konzept des Dritten Reichs war auf Supranationalität ausgelegt, die mit militärischer Unterwerfung erzwungen werden sollte. Die Rechtlosigkeit, die die Schwächung der Nationalstaaten zur Folge hat, wurde für alle Europäer im Zuge der Flüchtlingskrise sichtbar: Die Flüchtlinge sind Vertriebene, weil ihre Nationalstaaten in Schutt und Asche gelegt werden. Sie haben alles verloren, gerade weil sich ihre Heimat-Staaten in Auflösung befinden. Und sie treffen in Europa auf dysfunktionale Staaten. Die Grenzen werden nicht mehr geschützt, es gibt keine Personenkontrolle mehr. Die Rechtlosigkeit ist eine Gefahr für Flüchtlinge und Einheimische. Die ersatzlose Abschaffung nationalstaatlicher Strukturen könnte sich noch bitter rächen. Als im Zuge der Krise im Oktober Tausende Flüchtlinge von Slowenien nach Österreich wanderten, beklagte der Landeshauptmann der Steiermark, Hermann Schützenhöfer, dass die Republik Österreich die Landesgrenzen nicht mehr schütze, das Bundesland aber die Folgen zu tragen habe. Die Folge dieser Entwicklung könnte zu einer neuen Kleinstaaterei führen, weil sogar die alten Nationalstaaten nicht mehr als Autorität anerkannt werden.[214]

Gerade der Blick in den Nahen Osten zeigt, wie absurd es ist, die Nationalstaaten durch Willkür zu zerstören: So versuchten die Amerikaner, den syrischen Präsidenten Baschar al-Assad zu stürzen, um Syrien neu zu erfinden. Die Folge war, wie zuvor in Libyen, ein mörderischer Bürgerkrieg, der zwischen Milizen, Terror-Banden, Sekten und von fremden Mächten entsandten Söldnern ausgefochten wird. Afghanistan ist nach Jahrzehnten der Missachtung der nationalstaatlichen Integrität – zuerst durch die Sowjetunion, dann durch die NATO – zu einem unbewohnbaren Land geworden. Wir werden uns mit diesem Zusammenhang später noch bei einem kleinen Exkurs über die Flüchtlinge beschäftigen.

Das Schicksal des Einzelnen ist nämlich vor allem dann gefährdet, wenn Staaten die zwei Grundaufgaben nicht mehr wahrnehmen können, für die man sie gegründet hatte. Der Gesellschaftsvertrag, der zwischen den Bürgern und einer Regierung geschlossen wurde, ist zweiseitig: Die Bürger zahlen Steuern, und dafür garantiert der Staat das Recht auf körperliche Unversehrtheit, das Recht auf Eigentum und stellt, im modernen Staat, über bestimmte Mechanismen eine Art wirtschaftlicher und sozialer Gerechtigkeit und Solidarität her. Die Begriffe der territorialen Integrität und des Selbstbestimmungsrechts der Völker sind von den Vereinten Nationen genau definiert. Innerhalb dieses ganz leicht verständlichen Korridors ist es denkbar, ein Staatswesen so zu führen, dass Wohlstand, Freiheit und Demokratie möglich sind.

Wir wollen im Folgenden sehen, wie es um den Wohlstand bestellt ist in dieser von versteckten Kriegen und zerfallenden Staaten geprägten Welt.

KAPITEL 7: WOHLSTAND FÜR ALLE?

Im Frühjahr 2015 war ich zu einer Tagung von Regionalbanken in einem wirtschaftlich alles in allem sehr erfolgreichen EU-Land eingeladen. Diese Banken, die in ganz Europa seit Jahrzehnten das Rückgrat der regionalen Wirtschaft sind, und deren Aufgabe darin besteht, die Unternehmen mit Krediten zu versorgen, haben auch noch eine andere Funktion: Sie sind oft schon seit Generationen die Vermögensverwalter all jener, die mit ihrer Arbeit die Wirtschaft und damit die Gesellschaft am Laufen halten. Deren »Vermögen« ist durch harte Arbeit zustande gekommen. Es sind Anwälte, Bauern, Gewerbetreibende, Handwerker, Ärzte. Sie wirtschaften auf eigenes Risiko und haften meist persönlich für ihre Kredite. Der »Bail-out«, also die Rettung vor der Pleite durch den Steuerzahler, ist für diese Gruppe nicht vorgesehen. Sie sind daher umso mehr darauf angewiesen, Rücklagen zu bilden – um für wirtschaftliche Engpässe vorzubauen und um für ihre Alterssicherung zu sparen. Die Kunden der Regionalbanken sind die Träger des lokalen Wohlstandes. Sie sind in den Kommunen persönlich bekannt, ihr Geschäft lebt vom Vertrauen.

Bei der Tagung kam eine sehr engagierte Filialleiterin auf mich zu und klagte mir ihr Leid. Sie war empört und auf eine sehr sympathische Art zornig: Die Regionalbanken ihres Landes sollten in einem Verbund zusammengefasst werden. In diesem Verbund würden die großen »Schwestern« dieser Banken dominieren. Diese Platzhirsche hatten sich fast überall verspekuliert: In Polen, in Italien, in Österreich. Der Grund für den Zusammenschluss brachte die Bankerin auf die Palme: Die großen Schwestern brauchten Geld – und die einzelnen Regionalbanken sollten in den Verbund gezwungen werden, damit die Ersparnisse von deren Kunden als Sicherheiten verwendet werden konnten. Die Bankerin fragte erregt: »Ich kann doch nicht das Vermögen meiner Kunden – Bauern, Gewerbetreibende, kleine Unternehmer – aufs Spiel setzen. Das ist ja ein Verbrechen!« Denn die lokalen Banken würden durch den Zusammenschluss entmachtet. Betrieben wurde der Zusammenschluss von der Aufsicht: Sie argumentierte, dass kleine Banken nicht wirtschaftlich sind. Einige Banken widersetzten sich. Sie wurden mit ärgsten Schikanen belegt: Als sie drohten, bei dem geplanten Verbund nicht mitzumachen, wurde ihnen offen gedroht, dass sie dann am nächsten Tag von den Computersystemen abgeschnitten würden. Zugleich wurden ihnen die Prüfer ins Haus geschickt. Bei Sitzungen wurden die Anwälte der Banken ausgeschlossen. Es ging zu wie in einem schlechten Mafia-Film. Doch der Druck kam nicht von unten von irgendwelchen Kleinkriminellen außerhalb des staatlichen Konsenses. Die Mafia kam von oben: Mit dem Rückenwind staatlicher Gewalt wurde massiver Druck aufgebaut. Es war daher wenig verwunderlich, dass der Widerstand bald in sich zusammenbrach: Nur wenige Banken waren bereit, um ihre Unabhängigkeit zu kämpfen. Die meisten gaben nach und taten dies in der Hoffnung, dass es schon nicht zum Schlimmsten kommen werde.

Woher kommt dieser Druck? Im Zuge der Finanzkrise von 2008 ist in der europäischen Bankenlandschaft kein Stein auf dem anderen geblieben. Viele Banken sind in Bedrängnis gekommen, weil sie mit riskanten Wetten schwere Verluste eingefahren haben. Dadurch ist die Bankenaufsicht verschärft worden. Doch die Bankenaufsicht in Europa ist kein unabhängiges Gremium. In den meisten Staaten arbeiten die Bankenaufsichten im Auftrag der Regierungen. Die Bankenaufsicht für die großen, internationalen Banken ist bei der Europäischen Zentralbank angesiedelt. Die EZB wiederum besteht, sehr vereinfacht gesprochen, aus zwei Flügeln. Diese Flügel sind in einer Art Schizophrenie in den Köpfen der Zentralbanker verankert: Sie müssen die Finanzierung der Staaten sicherstellen und wirken zugleich als eine Art »letzte Hoffnung« (lender of the last resort) für die Banken: Im Grunde ist die EZB Diener zweier Herren. Über die Staatsverschuldung sind Banken, EZB und Regierungen in einer gefährlichen Schicksalsgemeinschaft miteinander verwoben.

Wie wir weiter oben gesehen haben, laufen die Staatsschulden – ebenso wie die Schulden der Unternehmen und die der privaten Haushalte – auch nach der Krise immer weiter aus dem Ruder.

Die EZB hat nun, wie alle anderen Zentralbanken der Welt, die undankbare Aufgabe, die Dinge wieder ins Lot zu bringen. Sie tut dies, indem sie versucht, die Banken zu stabilisieren und gleichzeitig den Staaten das Schuldenmachen zu erleichtern. Es braucht nicht viel Insider-Wissen um sich vorzustellen, dass dies mit rechten Dingen nicht zugehen kann.

Daher haben die Zentralbanken und die mit ihnen in dieser Frage eng verbundenen Staaten im Grund zu entscheiden, wen sie über die Klinge springen lassen – die Staaten oder die Banken. Die Antwort ist einfach: Sie versuchen beide zu retten, indem sie sich das Geld anderswo holen. Am einfachsten ist es, das Geld bei den Sparern und den Inhabern mittlerer Vermögen zu holen. Denn diese sind in der Regel nicht gemeinschaftlich organisiert. Sie haben auch keine Lobby. Daher haben sich die Staaten und die Zentralbanken entschlossen, zum Mittel der »finanziellen Repression« zu greifen.

Das Deutsche Institut für Wirtschaftsforschung (DIW) hat aufgelistet, worum es bei einer finanziellen Repression geht: »Die Politik der finanziellen Repression ist eine verdeckte Art des Schuldenabbaus ohne die Notwendigkeit von Hyperinflation oder Staateninsolvenzen.« Das DIW teilt die Möglichkeiten der finanziellen Repression in vier Gruppen:

> ➤ Direkte oder indirekte Zinsdeckelungen auf Staatsschuldtitel und andere Schuldverschreibungen

> ➤ Kapitalverkehrskontrollen oder andere Maßnahmen, die Investitionsentscheidungen zugunsten des heimischen Kapitalmarkts beeinflussen (»home bias«) und Investitionen im Ausland erschweren oder verhindern

> ➤ Steuern, die Anlageinstrumente verteuern, die als Alternative zur Investition in Schuldverschreibungen staatlicher Emittenten dienen können (dazu zählen Maßnahmen wie eine Transaktionssteuer auf Aktien)

➤ Maßnahmen, die den (direkten oder indirekten) staatlichen Einfluss auf den Finanzsektor erhöhen, vor allem im Rahmen makroprudenzieller Regulierung

Das DIW weiter: »Im Verbund mit einer stetigen, aber nicht zu hohen Inflationsrate können diese Maßnahmen eine lautlose reale Entschuldung erleichtern. Dabei sind die Maßnahmen auf die inländische Verschuldung gerichtet, während ein entsprechendes Vorgehen für die Verschuldung im Ausland aufgrund des begrenzten Wirkungsbereiches nationaler Politiken beschränkt ist.«[215]

Doch genau der letzte Punkt des DIW hat sich in den vergangenen Jahren entscheidend geändert: Weil in der Zeit der Globalisierung Wirtschaftsprozesse, Kapitalflüsse und Geldbewegungen nicht mehr auf nationale Grenzen beschränkt werden können, haben sich auch die großen Finanzinstitutionen zusammengeschlossen. Sie sprechen ihre Handlungen ab. Getragen werden diese Entscheidungen von den internationalen Treffen der Regierungschefs wie etwa den G20. Diese Veranstaltungen werden in der Öffentlichkeit stets mit einem gewissen weltpolitischen Pathos abgefeiert. Man hört dann, dass sich die G20 geeinigt hätten, den Klimaschutz voranzubringen oder diese oder jene Krise gemeinsam lösen zu wollen. Tatsächlich geht es bei diesen Treffen immer auch um die Schaffung der Grundlagen, um in einem einheitlichen Weltfinanzsystem die finanzielle Repression auch wirkungsvoll exekutieren zu können. Dazu haben die Staaten in den vergangenen Jahren sehr beharrlich die Voraussetzungen geschaffen. Sie haben sich dabei die Werkzeuge der technologisch-industriellen Revolution angeeignet, um den Bürger zu kontrollieren. So heißt es im Punkt 51 des Dokuments zum G20-Gipfel im September 2013:

»Wir rufen alle anderen Staaten auf, sich uns zum frühestmöglichen Zeitpunkt anzuschließen. Wir sind entschlossen, einen automatischen Austausch von Informationen zu einem globalen Standard zu erheben. Wir müssen die Vertraulichkeit und den richtigen Gebrauch der ausgetauschten Informationen sicherstellen. Wir unterstützen vollständig die Zusammenarbeit der OECD mit den G20-Staaten, die darauf abzielt, einen solchen Standard für den automatischen Austausch der Information bis spätestens

Februar 2014 zu präsentieren. Die technischen Modalitäten eines effektiven, automatischen Austauschs sollen bis spätestens Mitte 2014 parallel finalisiert werden. Wir erwarten, dass wir Ende 2015 mit dem automatischen Austausch der Informationen über Steuer-Angelegenheiten zum Ende des Jahres 2015 beginnen werden. Wir ersuchen das Globale Forum (der OECD, Anm. d. Red.), einen Mechanismus zur Überprüfung und Kontrolle der Implementierung des neuen globalen Standards zum automatischen Austausch von Informationen zu errichten.«[216]

So konkret geht es also bereits um weitreichende Eingriffe in die individuellen Vermögensbestände der Bürger: Denn die besagten »Steuer-Informationen« sind nichts anderes als alle Finanztransaktionen und Vermögensangelegenheiten eines jeden einzelnen Bürgers. Das beginnt beim Sparbuch, dessen Vermögen dem Finanzamt über die Kapitalertragssteuer bekannt ist. Es geht über Versicherungen, Aktiengeschäfte, Unterhaltszahlungen, Reisekosten, Anschaffung von Büchern, Größe der privaten Wohnung, die Fahrzeuge, die ein Bürger besitzt, Leasing-Verträge, Telefon-Rechnungen, Kredite, Darlehen, Schenkungen, Erbschaftsangelegenheiten.

Auf diesem Weg wird sichergestellt, dass die finanzielle Repression auch zu Ergebnissen führt. Die Kenntnis der Daten ist die Voraussetzung für die Staaten, auf die Vermögen zuzugreifen, wenn die finanzielle Repression ausgerufen wird. Man kann sich des Eindrucks nicht erwehren, dass die wichtigste Errungenschaft der technologisch-industriellen Revolution – das Sammeln, Auswerten und Verstehen von Daten – von den Staaten zur Eintreibung der Steuern besonders vorangetrieben wird.

Wie wir bei allen modernen Kriegen gesehen haben, erfolgen Zwangsmaßnahmen oder aggressive Akte heute nicht mehr mit einer vorherigen Ankündigung im Amtsblatt oder einer formellen Kriegserklärung: Sie werden schleichend eingeführt, so dass der Bürger von der totalen Überwachung nichts mitbekommt. Sie läuft rund um die Uhr im Hintergrund. Niemand kann sagen, ob er schon ins Visier der Behörden geraten ist.

Das vom DIW beschriebene Kampfgerät für die umfassende finanzielle Repression ist längst im Einsatz. Begonnen hat es mit den immer niedrigen Zinsen. Konnte man vor wenigen Jahren noch versuchen, allen Risiken aus dem Weg zu gehen und sein Geld auf ein Sparbuch legen, ist diese Möglichkeit aktuell bereits Geschichte. Jeder, der sein Geld heute auf der Bank liegen lässt, verliert jährlich Geld. Der Deutsche Sparkassen- und Giroverband hat ermittelt, dass bis zum Jahr 2014 die deutschen Sparer bereits um 15 Milliarden erleichtert wurden.[217] Es wird erwartet, dass auch Negativ-Zinsen bald flächendeckend umgesetzt werden – also die Notwendigkeit, eine Strafgebühr zu bezahlen, wenn man sein Geld auf der Bank liegen lässt.

In diesem Zusammenhang ist zu beobachten, dass in den vergangenen Jahren ein anschwellender Strom an Meinungen die Abschaffung des Bargelds zu fordern begonnen hat. Denn wenn die Bürger das Geld von der Bank holen können, dann funktioniert die Zwangsmaßnahme der Negativzinsen nicht mehr. Schweizer Pensionsfonds haben bereits begonnen, ihr Geld nicht mehr in der Bank zu deponieren, sondern in Schließfächern.[218] Es ist zwar nicht zu erwarten, dass es schon in naher Zukunft zu einer vollständigen Abschaffung des Bargelds kommen wird – das ist praktisch kaum durchführbar. Doch darum geht es auch gar nicht: Es geht um die schleichende Enteignung, um einen Abbau des Wohlstands, damit die Staaten nicht sparen müssen, sondern weiter ausreichend Mittel für all die Kriege zur Verfügung haben, die sie führen. Die finanzielle Repression ist den berüchtigten Kriegsanleihen nicht unähnlich, die es bei den klassischen Kriegen immer gab: Die Bürger wurden gezwungen, ihr Geld dem Staat zu leihen, um einen Krieg zu finanzieren. Ihr Geld haben sie meist nicht wiedergesehen, weil am Ende eines Krieges in der Regel die Zerstörung auch der Währungs- und Wirtschaftssysteme steht. Außerdem werden die Sparer durch die Abschaffung der Zinsen gezielt in immer riskantere Anlageformen gezwungen. Die Chancen, das Risiko wirklich abzuschätzen, sind gering. Groß ist dagegen die Wahrscheinlichkeit, dass irgendwo manipuliert wird und die Sparer daher auch indirekt in die Kriegsfinanzierung gedrängt werden.

Als Griechenland im Sommer 2015 vor dem Ende stand, wurden die Banken geschlossen und Kapitalverkehrskontrollen eingeführt. Dies traf vor allem jene, die über mäßigen Wohlstand verfügt haben. In einer von Neid geprägten Debatte wurde immer davon gesprochen, dass dies nur die reichen Reeder betraf. Das ist natürlich Unsinn: Es betraf vor allem die kleinen Unternehmen, die ihre Mitarbeiter nicht mehr bezahlen konnten oder aber ihre Rechnungen im Ausland nicht begleichen konnten. Es traf auch die Familien: In Griechenland herrscht trotz Milliarden-Summen für die Rettung der Banken und der korrupten Netzwerke und Regierungen eine Arbeitslosigkeit von 26,5 Prozent.[219] Viele Rentner müssen ihre Kinder und Enkel über Wasser halten. Sie konnten mit einem Schlag nur noch wenig Geld abheben, und die ganze Familie geriet ins Trudeln. Die Reeder hatten ihre Milliarden-Vermögen längst im Ausland in Sicherheit gebracht. Im Übrigen ist sogar die Verteufelung der Reeder unangebracht: Die griechische Handelsflotte gehört zu den wichtigsten Industrien des Landes, die durch die radikale Austeritätspolitik schwer beschädigt wurde. Dadurch gingen tausende Arbeitsplätze in Griechenland verloren.

Die größte Unsicherheit für die Griechen im Zug der Banken-Schließungen bestand darin, dass keiner wusste, ob er seine Ersparnisse jemals wieder sehen würde: Zwar gibt es nach EU-Recht heute bestimmte Regeln (»Bail-in«), die festlegen, wenn Banken pleitegehen. Demnach müssen zuerst bestimmte Anleihebesitzer Verluste realisieren, danach kommen nachrangige Gläubiger und am Ende eben auch die Sparer. Niemals zur Kasse gebeten wird der IWF, der in Griechenland mit äußerster Härte versucht, die europäischen Steuerzahler in die Pflicht zu nehmen, indem über einen Schuldenschnitt auch die Kredite der EZB »rasiert« werden sollen.[220]

Die Spareinlagen sind zwar formal bis zu einer Höhe von 100.000 Euro geschützt – aber wer weiß schon, ob dies auch wirklich funktioniert? Denn tatsächlich können die Staaten nicht alle Sparguthaben auszahlen, wenn es zu einem wirklich großen Banken-Crash kommt. Das wirkliche Problem ist auch nicht so sehr die Frage, ob die Sparguthaben wirklich sicher sind. An einen Kriegszustand erinnert das Gefühl der ständigen Angst und Ohnmacht. Sie können über ihr Vermögen nicht mehr frei verfügen. Der Grundsatz des Rechts auf Eigentum, zu dem auch die freie Verfügungsgewalt gehört, ist nicht mehr gewahrt. Die Bankkunden müssen sich mit dem Gedanken vertraut machen, dass das Geld, das sie der Bank gegeben haben, ihnen nicht mehr gehört. Sie sind formal Gläubiger – aber eben ohne jede Sicherheit. Wie schon in der Politik, käme es hier auf das Vertrauen an. Doch dieses ist gestört. Und mit jedem Schritt in Richtung einer weiteren finanziellen Repression wird Vertrauen weiter zerstört – in die Bank, in den Staat, in die Gesellschaft. Derartige Auflösungserscheinungen sind typisch in Zeiten des Krieges.

Die finanzielle Repression hat viele Gesichter – wir wollen an dieser Stelle nicht ausführlicher darauf eingehen. Sehr gut beschrieben sind die Szenarien im Buch von Philipp Bagus, der zu dem Schluss kommt, dass am Ende alle Waffen der finanziellen Kriegsführung zum Einsatz kommen werden, damit sich Staaten aus der Schulden-Falle befreien können: »Wahrscheinlich ist eine Kombination mehrerer Szenarien. In jedem Fall werden sie die bereits entstandenen Verluste aufdecken und die Wohlstandsillusion beenden. Im Wesentlichen werden es Steuerzahler, Sparer und Geldhalter sein, die zwecks Reduzierung der Überschuldung und zur Stabilisierung der Währung ausgebeutet werden. Eine einmalige Vermögensabgabe, eine Währungsreform oder ein Bail-in sind nicht gerade populäre Maßnahmen, weil dadurch die Verluste sofort und offen zu Tage treten. Die der Politik liebste Option ist die Inflation. Sie ermöglicht es den Regierungen, die Kosten der Rettung überschuldeter Akteure zu verstecken. Jedoch besteht die Gefahr, dass die Inflation außer Kontrolle gerät. Das Ende der Sackgasse rückt näher. Und der Monopolist der Geldproduktion will sich sein Privileg nicht durch einen Zusammenbruch des Geldsystems zerstören. Bevor es zu einer galoppierenden Inflation kommt, werden sich Regierungen zunehmend auf die anderen Optionen besinnen und somit versuchen, die Reset-Taste des Systems zu bedienen.«[221]

Wichtig ist die Frage, welche Auswirkungen die modernen Kriege auf den Wohlstand haben. Die entscheidende Auswirkung besteht darin, dass die Sparer nicht mehr autonom oder rational agieren können. Im Zuge der Finanzkriege werden, wie wir gesehen haben, auch andere Geldanlage-Möglichkeiten manipuliert: Zinsanlagen, Edelmetalle, Staatsanleihen, Währungen. Egal, wohin der Sparer blickt, er kann nicht mehr vernünftig entscheiden.

Die Staaten können sich über die niedrigen Zinsen billig entschulden. Hier tobt die wichtigste Schlacht der Staaten gegen die Privatwirtschaft und gegen die Individuen. Denn Kriege sind teuer und müssen finanziert werden.

Doch Kriege werden auch dazu genutzt, um die technologisch-industrielle Revolution voranzutreiben. Auch wenn man sich überwinden muss, diesen Gedanken nüchtern zu sehen, weil die Gräuel von Kriegen mit nichts zu rechtfertigen sind: Es ist eine Tatsache, dass Kriege immer auch verwendet werden, um neue Technologien auszuprobieren und zu verbessern. Denn Kriege sind auch Symptome: Sie signalisieren, dass sich eine alte Gesellschaft in einem Zerfallsprozess befindet und von neuen Gruppen herausgefordert wird. Kriege werden losgetreten, wenn Staaten einer krisenhaften Situation im Inland mit einer Aggression nach außen entkommen oder die eigenen Bürger durch die Errichtung eines Feindbilds von der Idee abbringen wollen, das Versagen der eigenen Regierung zu entdecken.

Kriege werden natürlich auch aus einer gewissen Einfallslosigkeit der Regierungen geführt, weil das Geschäft mit dem Tod zu einer Konjunkturbelebung in der Rüstungsindustrie führt. Wie wir am Beispiel Google sehen können, sind die US-Regierung, der militärisch-industrielle Komplex und die Technologieunternehmen in Silicon Valley auf das Engste miteinander vernetzt. Sie treiben gemeinsam die Innovationen voran, um in den modernen Kriegen erfolgreich zu sein. In China, Russland, Israel und Indien ist es genauso. Die Rüstungsindustrie hat immer eine Hand auf den neuesten technologischen Entwicklungen. Heute hat diese Symbiose wegen der Größe der Technologie-Unternehmen und wegen der globalen Ausbreitung von Kriegen eine neue Dimension. Doch in der Sache ist es zu allen Zeiten so gewesen. Helmut Trischler vom Deutschen Museum schreibt über »Wissenschaft und Technik am Vorabend des Ersten Weltkriegs«: »Krieg als der Vater aller Dinge – diese vielzitierte Denkfigur des griechischen Philosophen Heraklit hat für die Entwicklung von Wissenschaft und Technik zweifelsohne ihre Berechtigung. Von Archimedes über Leonardo da Vinci bis Fritz Haber und Frank Oppenheimer zieht sich eine lange Reihe herausragender Wissenschaftler und Ingenieure, deren weichenstellende Entdeckungen und Erfindungen wir vor allem einem Umstand verdanken: der Förderung ihrer Arbeiten durch die jeweiligen Herrscher und das Interesse der Staaten, Kriege durch militärische Nutzung technischer Neuerungen gewinnen zu können.«[222]

Der amerikanische Ökonom Tyler Cowen von der George Mason University erklärt in der New York Times, dass ein Krieg auch gemäß der ökokomischen Theorie von Keynes funktioniert, weil die Vorbereitung eines Kriegs nur mit einer expansiven Fiskalpolitik möglich ist.[223] Cowen vertritt die Auffassung, dass Krieg die technologische Innovation besonders befördert, weil es um Leben und Tod gehe. Die Dringlichkeit der technologischen Perfektion treibe eine industrielle Revolution stärker voran als ein noch so engagiertes Bemühen in Friedenszeiten. Cowen ist Vorsitzender des Mercatus-Zentrums an der George Mason University. Das Zentrum wird von der Koch Family Foundation finanziert. Koch Industries ist das zweitgrößte nicht börsennotierte Unternehmen der USA.[224]

Ob reale Kriege, Finanzkriege, Cyber-Kriege oder Propagandakriege: Alles im Dienste des Fortschritts? Der Preis ist in jedem Fall hoch. Obwohl die modernen Kriege scheinbar nebeneinander ablaufen, so haben sie doch, wie Erhard Busek gesagt hat, die Wirkung eines »schleichenden Weltkriegs«. Hunderttausende von Toten und Millionen von Vertriebenen sind die Folge. Wir nehmen sie nicht wahr, weil wir glauben, dass sie mit uns nichts zu tun haben. Doch die Folgen erreichen nun auch Deutschland und Europa, wie wir gesehen haben. Die weltweite Zerstörung von Kulturen, Staaten, Gesellschaften, der Abbau von Recht und Gesetz; Enteignung und Bereicherung – all diese globalen Folgen bringen die Kriege mit sich, so »fortschrittlich« sie auch geführt werden mögen.

In diesem sich allmählich vollziehenden Weltkrieg, mit dem die industrielle Revolution über den Erdball züngelt, bleibt auch ein universaler Wert auf der Strecke: die Freiheit. Auch dies geschieht schleichend, wie eine lange Krankheit, die man erst erkennt, wenn es zu spät ist, um sich wieder zu erholen.

KAPITEL 8: DAS ENDE DER FREIHEIT

Das Internet ist für mich der Inbegriff der Freiheit geworden – und zwar in jeder Hinsicht. Vor dreißig Jahren war es für einen Journalisten unvorstellbar, eine eigene Zeitung zu gründen. Ich erinnere mich an die letzte große Gründung in Österreich, jene der Tageszeitung »Der Standard« in Wien. In einem schönen Büro neben der Kirche Maria am Gestade wurde die Zeitung von Oscar Bronner im Jahr 1988 ins Leben gerufen. Hunderte Mitarbeiter eilten durch die Gänge, Agenturmeldungen wurden ausgedruckt, irgendwo standen Fernschreiber, surrten Faxe. Wenn es im Haus besonders schnell gehen musste, hatten manche Zeitungen noch die sogenannte Rohrpost: Ausdrucke wurden in einen Plastikbehälter gesteckt und über ein Leitungssystem von einem Stockwerk ins andere geschickt. Ich habe neulich einer jungen Kollegin von der damals noch üblichen Technik des »Fotosatzes« erzählt. Es schien ihr völlig unvorstellbar, wie umständlich das alles war.

Bronner hat die Zeitung mit heldenhaftem Kampfesmut durch alle Untiefen und Klippen gesteuert – zum Glück mit Erfolg, es gibt die Zeitung heute noch. Doch einen großen Teil seiner Arbeitszeit musste Bronner damit zubringen, die Finanzen zu sichern. Es war immer schwer, Geld zu verdienen – und der riesige Apparat erforderte Geldgeber, Kredite und Kompromisse. In Österreich gibt es zusätzlich das Problem, dass es dort eine staatliche »Presseförderung« gab. Über viele Jahre war diese so angelegt, dass der Staat den Zeitungen die Verluste finanzierte. Hinzu kommt die Unsitte, dass die staatlichen Stellen Anzeigen in den Zeitungen schalten. Der Standard berichtet dazu: »Wien bucht laut Medientransparenzdaten mit Abstand die meiste Werbung, zuletzt von April bis Juni 2015 8,8 Millionen Euro, mit städtischen Firmen 13 Millionen. Und Wien wirbt stets mit großem Abstand am meisten in den drei großen Boulevardtiteln Krone, Heute und Österreich.« Aufgedeckt wurde dieser eigentlich allgemein bekannte Missstand von der jungen Partei Neos. Die Spitzenkandidatin der Partei machte sich damit keine Freunde bei den Zeitungen, wie Beate Meinl-Reisinger dem Standard sagte:

»Ich kriege einen Anruf von einem Journalisten, der ins Telefon brüllt und mir sagt, wenn ich noch einmal sage, dass die Werbeausgaben, die Inseratenausgaben zu hoch sind, dann schreibt er die Neos nieder.«[225]

Als in Deutschland am 10. Oktober 2015 über 250.000 Menschen in Berlin auf die Straße gingen, um gegen das Freihandelsabkommen TTIP zu demonstrieren, war kein Politiker anwesend. Bundeswirtschaftsminister Sigmar Gabriel hatte der Bevölkerung seine Meinung über eine Werbekampagne mitteilen lassen – geschaltet in ausgewählten Tages- und Regionalzeitungen. Ganz sicher gab es hier keinen Zusammenhang mit der Berichterstattung – die meisten Zeitungen bemühten sich um eine einigermaßen ausgewogene Berichterstattung, auch, weil das Ereignis schlicht zu groß war, um übersehen zu werden. Doch berichteten die Zeitungen mit merkwürdig angezogener Handbremse. Der »Spiegel« verstieg sich sogar zu der Behauptung, dass die Strippenzieher der Demo Rechtsextreme seien – angesichts der Beteiligung von Grünen, Linkspartei, Gewerkschaften und Kirchen eine doch etwas gewagte Diagnose.

Zeitungen sind teuer in der Herstellung. Die Gründe sind einfach: Zum einen wird der Markt durch die öffentlich-rechtlichen Sender verzerrt. Zum anderen sind die Herstellungskosten hoch: Produktion, Druck und Vertrieb verschlingen gewaltige Summen – und je geringer die Auflage wird, desto mehr bricht der Gewinn ein. Daher versuchen die Zeitungen und ihre Lobbyisten, Kompromisse einzugehen. In der Regel ist der einfachste Kompromiss der der Kostensenkungen: Der Niedergang der US-amerikanischen Zeitungen setzte in den 1990er-Jahren in dem Moment ein, indem die Verleger die Redaktionen ausdünnten, um weiter Gewinn machen zu können. Die Qualität wurde immer schlechter, weil die Zeitungen immer weniger über politische Themen berichteten, sondern sich in sogenannte »Anzeigenumfelder« begaben: Kosmetik, Essen und Trinken oder Autos wurden zu den lukrativsten Ressorts. Die Veränderung hat zu einem erheblichen Qualitätsverlust geführt – und damit zu einem Verlust der Freiheit: Die Leser wurden schlechter informiert, die Journalisten haben rasch die berüchtigte »Schere im Kopf«.

Eigentlich müsste die technologisch-industrielle Revolution uns Journalisten geschlossen auf der Seite der Erneuerer sehen: Die neuen technologischen Möglichkeiten haben uns nie dagewesene Freiheiten gegeben. Wir können mit viel geringeren Kosten viel bessere Nachrichten produzieren. Produktion, Druck und Vertrieb fallen weg – alle Mittel können in die Redaktion gesteckt werden.

Und doch ist die Freiheit im Internet zunehmend bedroht. Zahlreiche neue Gesetze in verschiedenen Ländern führen zu Einschränkungen, mindestens aber Bedrohungen der Meinungsfreiheit und damit auch der Pressefreiheit. In Spanien und Frankreich gibt es bereits deutliche Beschränkungen, in Großbritannien können die Telekommunikationsunternehmen Websites sperren, die »obszöne« Inhalte verbreiten.[226]

Obwohl sich die westlichen Demokratien gerne rühmen, dass sie im Vergleich etwa mit Russland Leuchttürme der Demokratie seien – was auch absolut zutreffend ist, so erinnern die Mechanismen doch sehr an die Eingriffe, die Russland unter dem in dieser Hinsicht zu Recht gescholtenen Präsidenten Wladimir Putin vorgenommen hat: In Russland gibt es ein Gesetz, das »Propaganda« für Homosexualität verbietet. Abgesehen von der menschenrechtswidrigen Diskriminierung einer ganzen Gruppe wegen ihrer sexuellen Ausrichtung ist eine solche Regelung immer auch die Vorstufe zu weitergehenden Verboten. Das Verbot ist ein klassischer Fall von echter staatlicher Zensur, die, gesellschaftspolitisch motiviert, sich auch der Werkzeuge der technologisch-industriellen Revolution bedient, um zu verhindern, dass Andersdenkende diese Mittel selbst verwenden. Wie technisch ausgefeilt die Russen zu arbeiten imstande sind, belegen die Pläne, bei der »Winterspielen von Sotschi sämtliche Kommunikation per Telefon, Smartphone und Internet überwachen« zu wollen.[227] Der Guardian vermutete damals, dass mit der totalen Überwachung durch das System »Sorm« mit Hilfe von Filtern unter anderem die Einhaltung der diskriminierenden Gesetze gegen »homosexuelle Propaganda« kontrolliert werden sollte.[228]

Die Regelung in Großbritannien, »obszöne« Inhalte zu verbieten, trägt ebenfalls den Todeskeim für die Freiheit in sich: Was ist obszön? Wann wird ein politischer Inhalt als obszön bezeichnet?

Was ist Pornografie? Wo endet die Meinungsfreiheit, und wo beginnt die »Hetze«?

Die Diskussion über die Meinungs- und Pressefreiheit mag angesichts der existentiellen Tragödien, die die modernen Kriege für Millionen Menschen auf der Welt bedeuten, ein Nebenkriegsschauplatz sein. Wir können an der Diskussion jedoch ablesen, wie es um die gesamte Gesellschaft bestellt ist: Wird die technologisch-industrielle Revolution genutzt, um die Gesellschaft insgesamt freier, demokratischer und damit auch wohlhabender zu machen – oder aber sehen wir Vorboten für repressive Entwicklungen?

Das Internet ist ein guter Indikator – denn es ist ein neuer Raum des gesellschaftlichen Diskurses. Vor wenigen Jahren noch waren alle Gesellschaften auf irgendwelche Vermittler angewiesen. Der Bedeutungsverlust der Medien ist auch auf den Zugewinn von Freiheit für den Einzelnen durch das Internet angewiesen: Der sogenannte »arabische Frühling« war nur möglich, weil eine ganze Generation von Menschen in Nordafrika miteinander kommunizieren, sich zusammenschließen und gegen ihre Regime kämpfen konnte. Zugleich öffnete sich für diese Menschen die große, weite Welt durch Twitter, Facebook und Youtube: Sie sahen, dass Gesellschaften nicht zwangsläufig nur durch Unterdrückung, Unrecht und Bevormundung zusammengehalten werden müssen. Auch die Einladung Angela Merkels an die Flüchtlinge, nach Deutschland zu kommen, verbreitet sich rasend schnell über das Internet. Angela Merkel mag diese Wirkung unterschätzt haben. Das mag auch daran liegen, dass sich viele politische Entscheidungsträger der Tragweite ihrer Entscheidungen im Zeitalter der technologisch-industriellen Revolution gar nicht bewusst sind: Die »Tragweite« ist in der Tat global und geht zugleich in die Tiefe. Veränderungen, die mit technologischen Mitteln herbeigeführt werden, können, wenn sie einmal in bürokratische Apparate implementiert sind, ein Eigenleben entwickeln.

Im Jahr 2013, als die technisch-industrielle Revolution bereits in ihrer zweiten Welle zu rollen begonnen hatte, hatte Merkel das Internet noch als »Neuland« bezeichnet. Doch die Kanzlerin sprach hier nicht als die neugierige Entdeckerin. Sie hatte das Internet bereits als Kriegsschauplatz identifiziert. Merkel sagte, das Internet

»ermöglicht auch unseren Feinden, mit seinen neuen Möglichkeiten und Herangehensweisen, unsere Art zu leben in Gefahr zu bringen«.[229] Ein Jahr später forderte die Kanzlerin die bevorzugte Behandlung bestimmter Angebote im Internet. Diese Forderung läuft auf das Ende der sogenannten Netzneutralität hinaus. Würde sie von den Regierungen erfüllt, würden vor allem große Konzerne bevorzugt. Merkel sagte, dass das Internet nur dann »innovationsfreundlich« sein könne, wenn einigen Unternehmen »berechenbare Qualitätsstandards zur Verfügung stehen«.[230] Diese von der Netzgemeinde vehement bekämpfte Tendenz zur Schleifung der »Netzneutralität« zeigt, wie die Regierungen und die mit ihnen kooperierenden Konzerne die technologisch-industrielle Revolution kapern wollen: Ausgewählte Unternehmen sollen in der technologischen Infrastruktur bevorzugt werden. Dadurch wächst die Abhängigkeit zwischen Unternehmen und Regierungen. Man braucht nicht viel Fantasie, um sich vorzustellen, dass die Herausgabe von Daten an die Regierungen in einem solchen Geflecht nicht auf allzu großen Widerstand stoßen wird.

Die Warnungen des Whistleblowers Edward Snowden haben deutlich gemacht, dass jede Bewegung heute überwacht wird, weil sie überwacht werden kann. Die Möglichkeit der Überwachung wird jedoch, da sollten wir uns keiner Illusion hingeben, auch genutzt: Die Überwachung hat für die Staaten den unschätzbaren Vorteil, dass sie im Verborgenen geschieht. Der Nutzer weiß nichts, er merkt nichts. Er kann einen Verdacht nicht belegen. Das bringt ihn gegenüber dem staatlichen Zugriff in eine gefährliche Lage. Denn der Staat hat seinerseits die Möglichkeiten geschaffen, die Bürger bereits aufgrund eines Verdachts zu kriminalisieren. In einem Beitrag für Telepolis und die Deutschen Wirtschafts Nachrichten schrieben die Juristen Peter Vonname und Alexander Unzicker nach der Verhaftung eines »mutmaßlichen Islamisten« im Oktober 2015: »Objektiv steht nur fest, dass ein Mann nach Syrien ausreisen wollte. Alles andere sind im Grunde Spekulationen... Durch eine solche Praxis würde strafprozessuales Neuland betreten. Künftig würde nicht mehr ein an objektiv überprüfbare Tatsachen anknüpfendes Gesetz bestimmen was strafbar ist. Vielmehr wäre es Aufgabe einer überforderten Strafjustiz, auf der Grundlage einer spärlichen Tatsachenbasis mit gewagten Hypothesen die verborgene Gedankenwelt eines Angeklagten zu ergründen. Der Willkür von persönlichen Bewertungen wäre Tür und Tor geöffnet, wahrlich keine gute Basis für staatliche Strafsanktionen. Fehlurteile wären unvermeidlich.«[231]

Die digitalen Spuren, die wir mittlerweile unablässig hinterlassen, machen uns für eine solche »Verdachtsgesetzgebung« besonders anfällig: Jeder Buchkauf, jede Online-Überweisung, jede Reise kann zu unserem Nachteil ausgelegt werden. Jede private Äußerung kann als konspirativ gewertet werden. Genau dieser Zustand machte vielen Oppositionellen das Leben in den Diktaturen des kommunistischen Ostblocks zur Hölle: Sie mussten bei jeder Konversation darauf achten, was sie sagten, zu wem sie sprachen und in welchem Raum sie das taten. An der Schwelle zu dieser Entwicklung stehen wir heute – weil in Zeiten des Krieges immer »andere Gesetze« gelten. Die Abschaffung der Bürgerrechte wird mit der Notwendigkeit der Abwehr eines meist unsichtbaren Feindes begründet. Damit kann jedoch jeder kriminalisiert werden, weil staatliche Repressionen nicht mehr auf Tatsachen und gesetzlich festgelegten Straftatbeständen beruhen müssen, sondern die Freiheit des Individuums mit Mutmaßungen und Unterstellungen beschnitten wird.

Ich erinnere mich gut an einen Besuch beim damaligen katholischen Kardinal von Prag, František Tomášek, im Jahr 1982. Es war der Höhepunkt des Kalten Krieges. Wir fuhren als Journalisten nach Prag, natürlich ohne unsere Identität zu verraten. Wir waren »Studenten«. Vor der Wohnung des Kardinals am Prager Hradschin standen drei schwarze Fahrzeuge. Wir ließen unser Auto in der Stadt stehen, damit der Geheimdienst unsere Nummer nicht notieren konnte.

In seiner Wohnung empfing uns der Kardinal auffallend laut sprechend. Er war eine imposante Gestalt, ein unbeugsamer Kämpfer gegen das Regime, der sich für jeden der ihm Anvertrauten wie ein Löwe in die Schlacht warf. Zunächst war uns nicht klar, warum der Kardinal so lospolterte – wir waren zu dritt und keiner von uns schwerhörig. Doch Tomášek gab die größten Plattitüden – das Wetter, die Universität, den öffentlichen Verkehr, die

Gastwirtschaften – so laut zum Besten, als wolle er uns die Berg-predigt verkünden. Doch als er sich an einen kleinen Tisch setzte, um mit uns Tee zu trinken, zog er plötzlich eine kleine Schultafel aus einer Schreibtischlade. Auf diese Tafel schrieb er alles, was er uns wirklich sagen wollte: Welche Oppositionellen wir wo finden würden, ihre Telefonnummern und andere wichtige Informatio-nen. Wir begriffen schnell, dass wir die Informationen ganz schnell notieren, oder noch besser, auswendig lernen mussten. Denn der Kardinal löschte nach nur wenigen Sekunden seine Tafel wieder. Er brauchte nicht auf die Wände und Lampen hinzuweisen – wir hatten auch so begriffen, dass alles verwanzt und die Schultafel das einzige Medium war, das sich den Zugriffen des Geheimdienstes entzog. Der tschechoslowakische Widerstand gegen die Kommu-nisten war vom Regime gefürchtet, weil er zu immer neuen krea-tiven Lösungen fand, um sich der Verfolgung zu entziehen. Doch Spaß an dieser Kommunikation, an diesem eminenten Verlust der Freiheit, hatte kein einziger der Oppositionellen. Die meisten, die wir trafen, wie etwa den Theologen Ota Mádr, hatten alles verlo-ren – sie durften weder lehren noch publizieren, und gingen meist irgendwelchen einfachen Arbeiten nach, um über die Runden zu kommen. Sie machten uns klar, dass die materiellen Entbehrun-gen zwar lästig seien, aber das Gefühl, nicht frei denken und re-den zu können, für sie die größte Last bedeuteten. Sie erzählten uns, dass noch etwas anderes sie bedrückte: Sie wussten nie, wer eigentlich ihre Feinde waren, wer sie verraten oder ins Gefängnis gebracht hatte. Ich muss an diese ohnmächtige Wut der Prager In-tellektuellen denken, wenn ich über die Ansätze zur Überwachung durch den modernen Staat schreibe. Es scheint so zu sein, dass es in der Natur des Menschen liegt, sich hinter einer undurchdring-lichen Bürokratie zu verschanzen, um den anderen zu schaden.[232]

Wir haben im Westen noch längst nicht die Zustände erreicht, wie sie in der Zeit des Kalten Krieges in Osteuropa herrschten. Jeder, der das behauptet und etwa die EU mit der UdSSR vergleicht, hat keine Ahnung von der realen Grausamkeit einer echten Diktatur.

Doch müssen wir heute Entwicklungen beobachten, in der Ele-mente der Unterdrückung der Freiheit auftauchen, wie wir sie aus dieser Zeit kennen. Snowdens Warnungen erfüllen in diesem Zusammenhang noch einen anderen, vermutlich nicht beabsichtigten Zweck: Sie erzeugen beim unbefangenen Internet-Nutzer ein Gefühl des Misstrauens und der Angst. Verstärkt wird dieses Gefühl durch die ständige Propaganda, mit denen die PR-Maschinen, Einflüsterer und Propagandisten die Kommunikationskanäle des Internet verstopfen: Sie verunsichern uns, indem sie uns subtil einzutrichtern versuchen, dass alles ganz anders gemeint sei: »Krieg ist Frieden, Freiheit ist Sklaverei, Unwissenheit ist Stärke«, war der Slogan der umfassenden Gehirnwäsche in George Orwells »1984«. Wenn man sich beispielsweise die ideologischen Trommelfeuer auf Twitter ansieht, wenn es darum geht, den anderen die eigene Position einzuhämmern, fällt es einem wirklich schwer, zu unterscheiden, was jetzt Information ist und was aus purer Manipulationsabsicht gepostet wurde.

In diesem Klima der Manipulation, wo Realität und Ideologie verschwimmen, verlieren wir neben der Urteilskraft auch unsere Fähigkeit zur Freiheit. Damit aber wird die Widerstandskraft gebrochen. So können die Profiteure der Kriege ihren Zielen weiter nachgehen und die Schlachtfelder immer aufs Neue erweitern. Die globalen Kriege werden in den Köpfen der Menschen gewonnen. Schweigen ist Zustimmung, Knechtschaft ist Entlastung, Tod ist Überleben.

Die modernen Bestrebungen zur Überwachung sind eng verzahnt mit der Aushöhlung des Rechtsstaats. Dies lässt sich am deutlichsten mit dem Terror-Begriff illustrieren. Im Grund kann im Zeitalter der Anonymität jeder als »Terrorist« oder »Terrorverdächtiger« eingestuft werden. Diese Klassifizierung entspricht dem mittelalterlichen Begriff des »Vogelfreien«. Der Terrorverdächtige hat keine Rechte mehr, wie die Ereignisse in dem immer noch existierenden Gefangenenlager Guantanamo zeigen. Man möchte sich nicht ausmalen, was mit jemandem geschieht, der in Russland als »Terrorverdächtiger« verhaftet wird. Der Terror-Begriff ist in den modernen Kriegen ein wichtiges Attribut geworden: Staaten verwenden ihn, um dem Individuum den Rechtsweg abzuschneiden. Es ist bemerkenswert zu beobachten, wie unbeirrt die Regierungen diesen Zustand auch gesetzlich verankern wollen.

So plant die Bundesregierung ein Gesetz gegen Whistleblower, also gegen mutige Bürger, die Missstände in ihren Unternehmen oder Behörden aufdecken wollen. Für sie ist die Anonymität des Internet einmal gedacht gewesen: Sie sollen sich äußern können, ohne die Vernichtung ihrer Existenz befürchten zu müssen. Ihre »leaks« sollen dazu beitragen, dass die Gesellschaft besser wird. Der Berliner Vertrauensanwalt Christoph Partsch ist für solche Whistleblower in Berlin zuständig. Er sagte mir in einem Gespräch im Oktober 2015, dass eine ganz klare Tendenz zu erkennen sei: Je massiver die Korruption bei einer staatlichen Stelle wuchert, umso größer ist die Bereitschaft, die Rechte zu beschneiden, um unentdeckt zu bleiben. Den neuen Gesetzesentwurf, den Bundesjustizminister Jochen Maas in aller Stille vorbereitet hat, hält Partsch für besonders gefährlich. So soll – auch für Anwälte und Journalisten – das Herunterladen von Dateien von Whistleblowern strafbar werden. Damit würde der ganze Berufsstand der Journalisten, der Anwälte und die Arbeit von Menschrechtsorganisationen entscheidend geschwächt. Erstmals würden bestimmte Berufe ihre persönliche Freiheit verlieren, wenn sie sich zur Kontrolle der Mächtigen oder zum Schutz von Verfolgten einsetzen. Dergleichen ist mit einer Demokratie nicht vereinbar. Der Kontroll-Wahn ist jedoch Ausdruck des Abwehrkampfes der Regierungen, die wittern, dass die technologisch-industrielle Revolution für sie und ihre postdemokratischen Freunde gefährlich werden könnte.

Die Beschneidung der Freiheit der Gedanken und der Rede ist Teil einer umfassenderen Unfreiheit, in die wir sehenden Auges zu taumeln scheinen: Die Freiheit des Eigentums ist, wie wir bei den Finanzkriegen gesehen haben, nicht mehr gewährleistet – obwohl sie der Kern des demokratischen Rechtsstaats ist. Ich habe darüber im Zuge der Euro-Krise lange mit dem Verfassungsrechtler Christoph Degenhart gesprochen. Degenhart hat viele Jahre, unter anderem vor dem Bundesverfassungsgericht in Karlsruhe, gegen die schleichende Enteignung der Sparer durch die EZB gekämpft. Degenhart sagt, dass der Bürger bei der aktuellen Gemengelage von politischen Interessen und wirtschaftlichen Maßnahmen sein Recht auf Eigentum rechtlich nicht mehr wirksam einklagen kann.

Schon seit der Einführung des Euro sei es »zu ständigen Rechtsbrüchen und Vertragsverletzungen gekommen«. Daher sei er, Degenhart, »pessimistisch«, dass sich an dieser Linie etwas ändern werde. Degenhart: »Der Zug in diese Richtung ist abgefahren.«[233]

Auch die grundlegendsten Freiheiten wie das »Recht auf Leben, Freiheit und Sicherheit der Person«, wie sie der Artikel 3 der Allgemeinen Erklärung der Menschenrechte der Vereinten Nationen garantiert, sind in einem Zustand der echten oder latenten Kriege in vielen Teilen der Erde für viele Menschen nur fromme Wünsche. Ähnlich wie beim Recht auf Eigentum fehlt dem Einzelnen die Möglichkeit zur Durchsetzung seiner Menschenrechte. Dieser Befund ist beschämend für das 21. Jahrhundert, das doch aufgrund der technologischen Fortschritte eigentliche eine Epoche der Freiheit sein müsste.

Doch statt einer Renaissance von Gleichheit und Gerechtigkeit erleben wir ein Auseinanderklaffen der Lebensstile: Die Unfreiheit der Vielen ist immer auch mit einem Zugewinn an Maßlosigkeit für einige wenige verbunden. Es ist bemerkenswert, dass zwar alle das Problem erkannt haben. Doch die vertiefte Erkenntnis führt zu keiner Verbesserung. Einen neuen Anlauf haben die Vereinten Nationen im Jahr 2015 unternommen. Sie haben einen Katalog der notwendigen Maßnahmen aufgestellt, damit die Welt endlich besser wird – und zwar für alle.

Hier lesen wir, was die UN wollen:

1. Armut in aller ihren Formen überall beenden
2. Hunger beenden, Lebensmittelsicherheit und verbesserte Ernährungsweise erreichen und nachhaltige Landwirtschaft fördern
3. Gesundes Leben gewährleisten und Wohlergehen für alle in allen Altersgruppen fördern
4. Integrative, gleichberechtigte und qualitative Bildung gewährleisten und Möglichkeiten des lebenslangen Lernens für alle fördern
5. Geschlechtergleichheit erreichen und Frauen und Mädchen mehr Macht geben

6. Verfügbarkeit und nachhaltiges Management von Wasser und sanitären Einrichtungen gewährleisten
7. Zugang zu bezahlbarer, zuverlässiger, nachhaltiger und moderner Energie für alle
8. Andauerndes, integratives und nachhaltiges Wirtschaftswachstum fördern sowie volle und produktive Beschäftigung und Arbeit für alle erreichen
9. Widerstandsfähige Infrastruktur errichten, integrative und nachhaltige Industrialisierung und Innovation fördern
10. Ungleichheiten in und zwischen Ländern reduzieren
11. Städte und menschliche Siedlungen integrativ, sicher, widerstandsfähig und nachhaltig machen
12. Nachhaltige Konsum- und Produktions-Strukturen gewährleisten
13. Zwingende Maßnahmen ergreifen, um den Klimawandel und seine Auswirkungen zu bekämpfen
14. Ozeane, Meere und Meeresressourcen erhalten und schonend für eine nachhaltige Entwicklung nutzen
15. Nachhaltige Verwendung terrestrischer Ökosysteme schützen, wiederherstellen und fördern, Wälder nachhaltig bewirtschaften, Desertifikation bekämpfen, Devastierung stoppen und rückgängig machen und den Verlust der Artenvielfalt stoppen
16. Friedliche und integrative Gesellschaften für nachhaltige Entwicklung fördern, Zugang zum Rechtssystem für alle herstellen und effektive, verantwortliche und integrative Institutionen auf allen Ebenen aufbauen
17. Mittel zur Umsetzung stärken und die globale Partnerschaft für nachhaltige Entwicklung wiederbeleben

Ja, das ist alles wünschenswert. Doch lässt es sich in einer kriegerischen Zeit wie der Gegenwart auch durchsetzen?

Immerhin hatten die UN in ihrer Erklärung der Menschrechte bereits 1948 alles aufgeschrieben, was notwendig wäre, um die Lebensumstände der Menschheit zu verbessern. In der immer noch lesenswerten Präambel steht da:

»Da die Anerkennung der angeborenen Würde und der gleichen und unveräußerlichen Rechte aller Mitglieder der Gemeinschaft der Menschen die Grundlage von Freiheit, Gerechtigkeit und Frieden in der Welt bildet,

da die Nichtanerkennung und Verachtung der Menschenrechte zu Akten der Barbarei geführt haben, die das Gewissen der Menschheit mit Empörung erfüllen, und da verkündet worden ist, daß einer Welt, in der die Menschen Rede- und Glaubensfreiheit und Freiheit von Furcht und Not genießen, das höchste Streben des Menschen gilt,

da es notwendig ist, die Menschenrechte durch die Herrschaft des Rechtes zu schützen, damit der Mensch nicht gezwungen wird, als letztes Mittel zum Aufstand gegen Tyrannei und Unterdrückung zu greifen,

da es notwendig ist, die Entwicklung freundschaftlicher Beziehungen zwischen den Nationen zu fördern,

da die Völker der Vereinten Nationen in der Charta ihren Glauben an die grundlegenden Menschenrechte, an die Würde und den Wert der menschlichen Person und an die Gleichberechtigung von Mann und Frau erneut bekräftigt und beschlossen haben, den sozialen Fortschritt und bessere Lebensbedingungen in größerer Freiheit zu fördern,

da die Mitgliedstaaten sich verpflichtet haben, in Zusammenarbeit mit den Vereinten Nationen auf die allgemeine Achtung und Einhaltung der Menschenrechte und Grundfreiheiten hinzuwirken,

da ein gemeinsames Verständnis dieser Rechte und Freiheiten von größter Wichtigkeit für die volle Erfüllung dieser Verpflichtung ist,

verkündet die Generalversammlung diese Allgemeine Erklärung der Menschenrechte als das von allen Völkern und Nationen zu erreichende gemeinsame Ideal, damit jeder einzelne und alle Organe der Gesellschaft sich diese Erklärung stets gegenwärtig halten und sich bemühen, durch Unterricht und Erziehung die Achtung vor diesen Rechten und Freiheiten zu fördern und durch fortschreitende nationale und internationale Maßnahmen ihre allgemeine und tatsächliche Anerkennung und Einhaltung durch die Bevölkerung der Mitgliedstaaten selbst wie auch durch die Bevölkerung der ihrer Hoheitsgewalt unterstehenden Gebiete zu gewährleisten.«[234]

Doch offenbar hilft die feierliche Verkündigung von Prinzipien der Menschheit nicht weiter. Mehr noch: Es scheint so, als würde sich über der realen Welt eine Art beschwichtigender Überbau etablieren. Immer neue supranationale Organisationen, Think Tanks oder NGOs halten immer pathetischere Reden. Man hat den Eindruck, dass die morschen Systeme, die bisher die Welt beherrscht haben, zusammenstehen, um zu verhindern, dass die Werkzeuge der technologisch-industriellen Revolution in die »falschen« Hände geraten könnten. Vom IWF bis zum Wirtschaftsforum in Davos, von der Weltbank bis zum Vatikan, versuchen Repräsentanten – von was eigentlich? – die Welt von oben zu verbessern. Im Ergebnis sehen wir dann allerdings, dass die Beschwörungen und die realen Zustände immer weiter auseinanderklaffen.

Der Grund liegt darin, dass die Institutionen die Wirren der technologisch-industriellen Revolution nutzen wollen, um Brandmauern gegen die Revoltierenden zu errichten. Zu diesem Zweck wird das wichtigste Fundament für eine gerechte Gesellschaft ausgehöhlt: die Demokratie.

Wir wollen im Folgenden überlegen, warum es um die Demokratie aktuell so schlecht bestellt ist.[235]

Kapitel 9: Die neue Unordnung – das Ende der Demokratie

Ich folge immer wieder gerne der Einladung der sympathischen Veranstalter des polnischen Economic Forum, zur jährlichen Konferenz in das kleine Krynica zu kommen. Der Ort hat den Charme der stehengebliebenen Zeit: Im 17. Jahrhundert wurden in dem kleinen Ort in der Nähe von Krakau Heilquellen entdeckt. Die österreichische Monarchie ließ die Badequellen ausbauen und noch heute rufen viele schöne Villen, Pensionen und sogar ein eigenes Theater nostalgische Gefühle hervor. In einer weniger schönen, riesigen Veranstaltungshalle treffen sich in Krynica Politiker, Wirtschaftsleute und Akademiker aus ganz Europa, vornehmlich jedoch aus Osteuropa. Sie diskutieren die wichtigen Zukunftsthemen, ähnlich wie auf den Treffen von Alpbach oder Davos.

Die Diskussionen im September 2014 standen ganz im Zeichen des neuen Kalten Kriegs zwischen der EU und Russland: Die wechselseitig verhängten Sanktionen wegen des Ukraine-Konflikts hatten die Zuversicht aus den früheren Jahren in eine eigentümliche Befangenheit verwandelt: Wie aus dem Nichts war ein neuer, riesiger Feind am Horizont aufgetaucht – Russland. Vor allem die Balten und Polen waren wie verwandelt: Bis vor kurzem noch Vorreiter in Sachen Technologie oder Marktliberalismus, forderten sie nun ziemlich einhellig vor allem Waffen und militärische Aufrüstung. Bis zu einem gewissen Grad ist das verständlich: Diese Länder hatten unter dem totalitären System des Kommunismus im Ostblock besonders gelitten und schienen zu befürchten, dass die schlechten alten Zeiten zurückkehren könnten. Was mir jedoch auffiel: Die Scharfmacher waren oft gerade 30 Jahre alt – hatten den Kommunismus also kaum noch erlebt. Andere wiederum sprachen kaum Englisch, konnten also den Diskussionen nur in der Übersetzung folgen – für Diskussionen zwischen den Teilnehmern bestand kaum eine Chance. Ein Panel trug den Titel »Europas Traum von der Macht: Welche Zukunft hat die gemeinsame Sicherheits- und Verteidigungspolitik?« Schon dieser Titel zeigte,

dass wir nicht mehr in »normalen« Zeiten leben: In den Anfangs-
jahren der EU war immer von der »gemeinsamen Sicherheits- und
Außenpolitik« die Rede, mit der markanten Abkürzung »GASP«.
Wenn die Regierungen im Übrigen von »Verteidigung« sprechen,
meinen sie immer »Militär« – denn die Grenzen zwischen Angriff
und Verteidigung, zwischen Provokation und Reaktion, zwischen
Sanktionen und Gegensanktionen verschwimmen in der Anonymität der modernen Kriege.

Auf dem Panel saßen der Präsident des französischen »Institut Pro-
spective et Sécurité en Europe (IPSE), der stellvertretende Direktor des
in Brüssel ansässigen »Centre for European Studies«, der ehemalige
stellvertretende Verteidigungsminister Großbritanniens und heutige
Direktor von »International Business AugustaWestland«, ein »Research Advisor« des »NATO Defense College« aus Rom, ein EU-Parlamentarier aus Italien und einer aus Litauen sowie die »Ehrensprache-
rin des belgischen Senats«. Der russische Teilnehmer war von den
Veranstaltern mit der Funktion »Head of Department of Strategic As-
sessment, Center for Situation Analysis RAS« vorgestellt worden.

Bei einer anderen Konferenz in Karpacz staunte ich als Leiter
eines Panels über den Akzent eines der Referenten vom »International Center for Defence and Security« (ICDS) in Tallinn: Englisch
war unzweifelhaft seine Muttersprache. Er stellte sich jedoch als
Este vor, sprach über die Bedeutung von »Energie als Integrations-
faktor« in seinem Land, und schimpfte kräftig über die Russen,
obwohl das mit seinem Thema nichts zu tun hatte. Später stellte
sich heraus, dass er Ire war. Er erzählte mir, lange Jahre für mehrere Think Tanks in Washington gearbeitet zu haben. Bereits im
Jahr 2006 hatte er einen ausführlichen Text für einen dieser Think
Tanks publiziert, in denen die Energieabhängigkeit der Ukraine
von Russland als »existentielle Herausforderung« beschrieben
wurde. In einem anderen Think Tank hatte er sich von Washington aus mit den Entwicklungen unter anderem in der Ukraine,
Moldawien und Georgien beschäftigt. Zuvor hatte er für Kiew ein
US-Stipendium erhalten. Er war stolz darauf, dass unter anderem
die NATO der offizielle Partner seines jetzigen Arbeitgebers ist.
Laut Selbstdefinition verfolgt das auch von den estnischen und

europäischen Steuerzahlern finanzierte Institut das Ziel, »das strategische Denken der transatlantischen Gemeinschaft über einige der Herausforderungen der Sicherheit in der Baltisch-Nordischen Region voranzutreiben, welche von bewaffneten bis zu Cyber-Attacken bedroht werden, die die soziale Kohäsion und die Energiesicherheit bedrohen«. Die Biografie dieses Mannes zeigt viele Identitäten: In wessen Interesse er wirklich tätig wird, ist für den Außenstehenden kaum zu erkennen.

Ich erzähle über diesen Mann, ohne ihn namentlich zu nennen, weil er mir als kluger und abwägender Mensch erschien und ich daher keinen Grund habe, an seiner Integrität oder Kompetenz zu zweifeln. Doch seine Vita zeigt, ebenso wie die Liste der Redner aus Krynica, dass wir uns längst in einer ganz neuen Phase der Politik befinden: Der schon an früherer Stelle erwähnte Politologe Colin Crouch spricht von der »Postdemokratie«. Dies bedeutet, dass wir in einem System leben, in dem es zwar formal noch alle jene Strukturen und gesellschaftlichen Ausdrucksformen gibt, die auf den ersten Blick eine Demokratie konstituieren – Wahlen, Parteien und Parlamente. Doch Crouch hat in seinen Überlegungen aufgeschlüsselt, dass die Macht, auch die politische Macht, längst woanders liegt. Er schreibt über die Postdemokratie: »Der Begriff bezeichnet ein Gemeinwesen, in dem zwar nach wie vor Wahlen abgehalten werden, die sogar dazu führen, dass Regierungen ihren Abschied nehmen müssen, in dem allerdings konkurrierende Teams professioneller PR-Experten die öffentliche Debatte während der Wahlkämpfe so stark kontrollieren, dass sie zu einem reinen Spektakel verkommt, bei dem man nur über eine Reihe von Problemen diskutiert, die die Experten zuvor ausgewählt haben. Die Mehrheit der Bürger spielt dabei eine passive, schweigende, ja sogar apathische Rolle, sie reagieren nur auf die Signale, die man ihnen gibt. Im Schatten dieser politischen Inszenierung wird die reale Politik hinter verschlossenen Türen gemacht: von Regierungen und Eliten, die vor allem die Interessen der Wirtschaft vertreten.«[236] Entgegen den öffentlichen Beteuerungen ist es den postdemokratischen Regierungen durchaus recht, wenn sich die Wähler von der Politik fernhalten. Dies wird sogar in den von der Regierung finanzierten Netzwerken als positive

Entwicklung verkauft: So erklärt die Bundeszentrale für politische Bildung unter einer wirklich dramatischen Grafik, die einen dramatischen Rückgang der Wahlbeteiligung in allen Altersgruppen seit 1953 zeigt: »Das Sinken der Wahlbeteiligung wird unter anderem auch durch die Stabilität des politischen Systems in Deutschland erklärt – dabei wird davon ausgegangen, dass die Wählerinnen und Wähler ihre Stimme nicht abgeben, gerade weil sie mit der Politik weitgehend zufrieden sind. Andere Erklärungsansätze sehen eine wachsende Politikverdrossenheit als Ursache für die sinkende Wahlbeteiligung.«[237]

Für die Rolle der Demokratie in einer von Kriegen und kriegerischen Interessen geprägten Epoche ist der Begriffe der Postdemokratie von großer Bedeutung. Crouch erläutert nämlich sehr schlüssig, dass die Parlamente und damit auch die Regierungen in den Demokratien des Westens einen grundlegenden Wandlungsprozess durchlaufen. Der Wille des Volkes ist nicht mehr die Richtschnur, obwohl dieser Wille im Zeitalter des Internets eigentlich noch viel leichter zu ergründen sein müsste als im vortechnologischen Zeitalter. Doch das »Regieren« hat sich auf eine Gruppe verlagert, der es weniger um die Interessen des Volkes, sondern um die Durchsetzung der eigenen Interessen geht.

Crouch meint, dass das Wesen der Postdemokratie darin bestehe, dass sich PR-Firmen, Lobby-Gruppen und Politiker gemeinsam mit Teilen der Wirtschaft zusammengeschlossen haben, um die »Sachpolitik« quasi im Hinterzimmer abzuwickeln. Für die Wähler bleibt eine Art Marken-Spektakel: Wie kommerzielle Produkte präsentieren sich die Parteien als Marken, die nach einer professionell geführten Marken- und Marketingstrategie aufgebaut und geführt werden. Wenn der Bürger glaubt, er treffe weitreichende Entscheidungen, die Auswirkungen auf die Gestaltung des Gemeinwesens haben, so irrt er. Die wirklich wichtigen Entscheidungen fallen anderswo, der Bürger darf im Grund nur entscheiden, ob er Pepsi oder Cola trinken will. Die Getränke sind faktisch identisch, aber die Illusion der Marke gibt dem Konsumenten das Gefühl der Vielfalt und die Möglichkeit einer Entscheidung. In einem Interview mit der »Süddeutschen Zeitung« hat der damalige EU-Ratspräsident Herman Van Rompuy genau dieses Phänomen als Realität bestätigt. Er sagte: »Ja, Europa verändert unseren Alltag. Und natürlich spielt das Europäische Parlament eine wichtige Rolle, spätestens seitdem der Lissabon-Vertrag gilt. Aber die Bürger wissen auch, dass die großen Entscheidungen nicht nur im Parlament fallen, sondern auch woanders.«[238]

Van Rompuy meinte damals natürlich in erster Linie den Rat der EU, also das Gremium der Staats- und Regierungschefs, und die EU-Kommission. Doch wie die Entscheidungen in den nicht gewählten Gremien fallen, ist mittlerweile sattsam bekannt: Ganze Heerscharen von Lobbyisten beeinflussen die Entscheider, die ihrerseits niemandem verantwortlich sind.

Crouch meint, dass die Verflechtung zwischen kommerziellen Interessen und den Regierungen ihren Ausdruck vor allem in den Privatisierungen finden: Viele Felder, die früher nur staatlich vorstellbar waren, werden heute privatisiert – von der Gesundheit bis zur Bildung. Das ist aus meiner Sicht auch grundsätzlich nicht falsch – wenn es denn fair zuginge und der Öffentlichkeit eine wirksame Kontrolle über jene »Produkte« bliebe, die ihnen am Ende angeboten werden. Es ist auch bedenklich, wenn es über die Privatisierung zu einer Zwei-Klassen-Gesellschaft kommt, wie wir das heute schon im Gesundheits- oder im Bildungswesen beobachten. Doch diese Problematik wollen wir hier nicht vertiefen.

Interessant ist dagegen der Gedanke, wie die Unternehmen es schaffen, Partnerschaften mit den Regierungen anzubahnen und aufrechtzuerhalten. Es gibt heute regelrechte Netzwerke, die den Zugang zu Regierungen haben und die Vorteile nutzen können, die sich aus öffentlichen Aufträgen ergeben. Diese Vorteile liegen auf der Hand. Der Staat vergibt Aufträge fast immer langfristig. Die Vergaben sind meist kompliziert und intransparent. Wer einmal den Fuß in der Tür hat, hat gewonnen. Newcomer sind faktisch chancenlos. Der Preis ist für große Konzerne überschaubar: Man bietet Politikern lukrative Posten für die Zeit nach dem Ende ihrer offiziellen Karriere. Der frühere Bundeskanzler Gerhard Schröder wechselte direkt aus seinem Amt zum russischen Staatskonzern Gazprom. Sein Pressesprecher Béla Anda ging zum AWD-Konzern von Schröders Freund Carsten Maschmeyer. Danach wurde Anda stellvertretender Chefredakteur der Bild-Zeitung.

Für die Unternehmen hat die »Partnerschaft« mit der Regierung aber vor allem einen Vorteil: Die »Produkte«, die die Regierung ihren Kunden anbieten muss, sind lebensnotwendig: Gesundheit, Bildung, Infrastruktur. Die Zahlungen erfolgen über Steuergelder. Die Deals sind, genau wie wir es bei den Banken gesehen haben, eine Lizenz zum Gelddrucken. Die Unternehmen müssen keine Verantwortung übernehmen, weil die Regierung für den Service geradesteht. Crouch spricht in diesem Fall vom »Outsourcing« – welches überhaupt das Bequemste für einen findigen Unternehmer ist: Die Gewinne fließen in die Unternehmen, bei Beschwerden ist der Staat zuständig.

Die postdemokratische Bereicherungsgesellschaft sorgt dafür, dass die öffentliche Diskussion nicht ins Detail einsteigen kann. Zum einen sind die Verträge streng geheim. Bei sogenannten »Private Public Partnerships« dürfen Bundestagsabgeordnete die Verträge zwar in einem geschlossenen Raum lesen. Sie dürfen sich jedoch keine Notizen machen. Sie dürfen selbstverständlich mit niemandem darüber reden, erst recht nicht mit Journalisten. Ich habe mich immer gefragt, wie die Abgeordneten das eigentlich mit ihrem Gewissen vereinbaren können: Wenn der Abgeordnete einen solchen Vertrag liest und eine ausgemachte Schweinerei entdeckt – muss er dann einmal um den Reichstag marschieren, seine Wut abreagieren und das Gelesene vergessen, auch wenn es der Bevölkerung schadet?

Die postdemokratischen Eliten erleichtern den Politikern jedoch die Gewissensentscheidung: In der Regel sind die Verträge so kompliziert verfasst, dass der einfache Abgeordnete, selbst, wenn er Jurist ist, in der kurzen Zeit der bewachten Lektüre nicht erkennen kann, wo ein Fallstrick lauert. Den meisten Abgeordneten erscheint die Mühe daher vergebens, die Kontrolle unterbleibt.

Für jenen Bereich, der für unsere globalen Kriege relevant ist, gelten ohnehin andere Gesetze: Die Rüstungsindustrie hat in allen Staaten das Recht auf größte Geheimhaltung. In Deutschland ist diese Geheimhaltung auch durch die höchsten Gerichte bisher nicht in Frage gestellt worden.

So wie im Bereich der individuellen Freiheit der Begriff des »Terroristen« eingeführt wurde, um Menschen quasi für vogelfrei zu erklären und rechtlos zu machen, gilt für die Arbeit der Rüstungsindustrie der umfassende Schutz der »nationalen Sicherheit«. Diese steht auch über dem Gemeinwohl, wenn konkrete Menschen zu Tode gekommen sind: Auf eine parlamentarische Anfrage, ob »die Bundesregierung bzw. nachgeordnete Stellen [...] über eindeutige Belege für eine Zusammenarbeit bzw. Unterstützung der Aufständischen in der Ostukraine durch russische Stellen« verfüge, antwortete die Bundesregierung, nachdem sie der Linkspartei zunächst die aus den Medien bekannten Behauptungen auftischte: »Eine weitere offene Beantwortung dieser Frage ist nicht möglich. In der Beantwortung der Frage sind Auskünfte enthalten, die unter dem Aspekt des Schutzes der nachrichtendienstlichen Zusammenarbeit mit ausländischen Diensten besonders schutzbedürftig sind. Eine öffentliche Bekanntgabe von Informationen zu technischen Fähigkeiten von ausländischen Nachrichtendiensten und damit einhergehend die Kenntnisnahme durch Unbefugte würde erhebliche nachteilige Auswirkungen auf die vertrauensvolle Zusammenarbeit haben. Würden in der Konsequenz eines Vertrauensverlustes Informationen von ausländischen Diensten entfallen oder wesentlich zurückgehen, entstünden signifikante Informationslücken mit negativen Folgewirkungen für den Schutz deutscher Interessen im Ausland. Die künftige Aufgabenerfüllung der Nachrichtendienste des Bundes würde stark beeinträchtigt. Insofern könnte die Offenlegung der entsprechenden Informationen die Sicherheit der Bundesrepublik Deutschland gefährden oder ihren Interessen schweren Schaden zufügen. Deshalb ist die Antwort zu dieser Frage als Verschlusssache gemäß der Verschlusssachenanweisung (VSA) mit dem Geheimhaltungsgrad ›Geheim‹ eingestuft. Es wird insoweit auf die in der Geheimschutzstelle des Deutschen Bundestages hinterlegte Anlage verwiesen.«[239]

Ich zitiere diese Antwort in ihrer Ausführlichkeit, weil sie uns im Hinblick auf Krieg und kriegerische Tätigkeiten klarmacht: Die Bürger werden über die Kriege und ihre Hintergründe nichts erfahren. In Zeiten des Krieges herrscht in postdemokratischen Systemen immer eine Asymmetrie. Die technologisch-industrielle Revolution hat dieses Ungleichgewicht verstärkt: Der Staat nimmt für sich das umfassende Recht auf Geheimhaltung ins Anspruch. Für den Bürger reicht jedoch, wie wir gesehen haben, bereits der Verdacht, dass er in der Zukunft eine Straftat begehen könnte. Der Staat sichert sich mit Hilfe der großen Internet-Konzerne den Zugriff auf die Kommunikation des Bürgers. Transparenz gegenüber dem Bürger unterbleibt jedoch, obwohl diese technologisch leicht herzustellen wäre.

Die technologisch-industriellen Möglichkeiten haben die postdemokratischen Systeme somit in die Lage versetzt, zu tun und zu lassen, was sie wollen. So wie der Terror-Vorwurf im Grund auf jeden politischen Gegner angewendet werden kann, so führt der mögliche »Vertrauensverlust«, den ausländische Geheimdienste feststellen könnten, faktisch zu einer Informationssperre über alle wichtigen Belange. Dasselbe gilt für die Finanzkriege und die Cyber-Kriege: Auch hier werden die nationalen Interessen berührt – und damit die Information der Bürger im Keim erstickt. Um jedoch auch in Kriegszeiten den »Marken-Kern« der Parteien zu pflegen, werden die Propagandakriege geführt: Plötzlich gibt es wieder Schwarz und Weiß, Freund und Feind, Gute und Böse – in einer solch klaren Zuordnung, dass man sich fast über diese neue Einfachheit freuen könnte.

Nun könnte man ja sagen: Wir haben eine hochanständige, gewählte Regierung – die wird sich schon auf nichts Unrechtes einlassen. Doch gerade das System, wie Crouch es beschreibt, ist der perfekte Nährboden für Korruption, Misswirtschaft, Betrug und auch verbrecherische Handlungen. Denn die wechselseitige Manipulation und Abhängigkeit von staatlichen Stellen und kommerziellen Interessen höhlen auch den »Begriff der staatlichen Autorität« aus, wie Crouch das nennt.[240] Der Staat wird in der Tat zum Nachwächter, jedoch nicht, wie die großen liberalen Ökonomen sich das vorgestellt haben – als Hüter einer unbestechlichen Ordnungspolitik, sondern als Kumpan bei der Durchsetzung von Einzelinteressen auf Kosten der Bürger und Steuerzahler: Die die Regierung stützenden Netzwerke können sich bedienen, während der Staat Schmiere steht.

Naturgemäß ist die Korruption im Zusammenhang mit Kriegen besonders ausgeprägt. In Kriegszeiten herrscht immer eine gewisse Anarchie von oben. Wenn alles im »höheren Interesse« geschieht, dann heiligt der Zweck auch alle Mittel und die böse Tat bleibt garantiert ungesühnt – weil sie nämlich zum »nationalen Interesse« umdeklariert wurde. Das hat oft weitreichende Folgen und führt zu massiven Schäden.

Im Zuge der Griechenland-Krise haben sich vor allem deutsche Politiker darin überboten, den Griechen vorzuhalten, sie hätten »über ihre Verhältnisse gelebt«.[241] Nun müssten sie eben die Konsequenzen für ihre Exzesse tragen. Außerdem haben die deutschen Politiker den Griechen während der jüngsten Euro-Krise mehrfach ins Stammbuch geschrieben, dass Verträge einzuhalten seien und Deutschland daher eine harte Haltung einnehmen müsse.[242]

Diese Darstellung ist, was die einfache griechische Bevölkerung und die kleinen und mittleren Unternehmen betrifft, falsch. Tatsächlich liegt eine der Ursachen für den Niedergang der Wirtschaft, für die Aushöhlung der Demokratie und die Radikalisierung der Parteien in Griechenland in der skrupellosen Geschäftemacherei von deutschen und französischen Rüstungskonzernen. Möglich wurden die dubiosen und für das griechische Volk äußerst nachteiligen Geschäfte durch die griechischen Schwesterparteien von CDU und SPD.

In einem wichtigen Aufsatz liefert Gary Busch für Academia.edu die Hintergründe für diesen Wirtschaftskrimi.[243] Das Wall Street Journal hatte die Hintergründe erstmals im Jahr 2010 minutiös aufgearbeitet.[244] Kurz vor dem Euro-Beitritt Griechenlands bestellte die Regierung in Athen drei U-Boote bei der Howaldtswerke-Deutsche Werft (HDW). Eine vierte Bestellung erfolgte im Jahr 2002. Die Geschichte zeigt, dass die deutsche Rüstungsindustrie die griechischen Steuerzahler übers Ohr gehauen hat.

So lukrativ der U-Boot-Deal für Deutschland war: Die Griechen hätten mit ihm ihr Budget gesprengt. Als die sozialistische Pasok-Regierung die U-Boote kaufte, datierte sie in der Bilanz die Bezahlung zum Tag der Auslieferung, nicht zum Kauf-Zeitpunkt im Jahr 2000. Die Regierung kämpfte zu dieser Zeit mit den Budget-Kriterien um den Beitritt zur Eurozone. Diese faktische Rückbuchung der Ausgaben für den Militärhaushalt half auch der konservativen Nea Dimokratia, die im März 2004 an die Macht kam. Die neue Regierung verwendete dieselben Bilanztricks, änderte die Datierung als später anfallende Aufwendungen, so dass die Kosten im neuen Defizit wieder nicht zu Buche schlugen.

Im Jahr 2010 leiteten griechische und deutsche Behörden Ermittlungen wegen Korruption, Untreue und Vorteilsnahme ein. Es wurde gegen griechische Beamte und Politiker sowie gegen deutsche Unternehmen ermittelt. 2012 wurde der frühere griechische Verteidigungsminister Akis Tsochatzopoulos festgenommen. Mehrere Geschäftsführer der Ferrostaal GmbH traten zurück.

Obwohl der Fall längst nicht aufgeklärt ist – so viel kann man sagen: Der Anfang vom Ende der Demokratie, der in der Entmachtung der griechischen Regierung durch die Troika im Jahr 2015 gipfelte, ist nicht auf den unmäßigen Lebensstil der Griechen, sondern auf die maßlose Geschäftemacherei unter anderem von Deutschland zurückzuführen.

Im April 2010 kam die Wahrheit ans Licht: Das Boot »Papanikolis« hatte den Griechen schon lange Sorgen gemacht, weil sich die Auslieferung wegen technischer Probleme immer wieder verzögerte. Als die Griechen das Boot schließlich in Kiel abholten, stellte sich bei der Fahrt nach Athen heraus, dass das Boot eine Schlagseite hatte und als seeuntauglich eingestuft werden musste. Die deutschen Lieferanten bestanden dennoch auf der vollen Bezahlung des Kaufpreises. 70 Prozent der Gesamtsumme waren bereits ein Jahr zuvor bezahlt worden. Als die griechische Regierung die Bezahlung ablehnte, kündigen die deutschen Hersteller HDW und Ferrostaal den Vertrag. Damit war die Gewährleistung weg, und die Griechen blieben auf der defekten Ware sitzen.

Deutsche und französische Banken haben den Deal finanziert und also auch daran verdient.[245] Weniger später kam es zum ersten Schuldenschnitt in Griechenland. Auch die Banken mussten bluten. Doch den Großteil der griechischen Schulden verschob die Troika zu Lasten der europäischen Steuerzahler an die EZB.

Es gab noch zahlreiche andere Schmiergeld-Skandale zwischen Griechenland, Deutschland und Frankreich. Die Deals liefen immer nach demselben Muster ab: Die Griechen wurden politisch unter Druck gesetzt, deutsche und französische Rüstungsgüter zu kaufen. Auf der unteren Ebene flossen, so vermuten die Staatsanwaltschaften, Bestechungsgelder.

Während all der Jahre wurde immer wieder die Vermutung laut, Deutschland und Frankreich könnten als Preis für die Euro-Rettung in Griechenland den Ankauf von heimischen Rüstungsgütern verlangt haben. Die Bundesregierung bestritt diesen Zusammenhang im Wall Street Journal ausdrücklich.[246]

Griechenland ist ein wichtiger NATO-Partner an der Südostflanke des transatlantischen Bündnisses. Das Land hat einen Rüstungsetat von zehn Milliarden Euro jährlich.[247] Das ist mehr als jeder andere NATO-Staat im Verhältnis zur Größe des Landes. Mitten in der Diskussion um den Grexit, als die griechische Bevölkerung bereits mit dem Schlimmsten rechnen musste und die neue Syriza-Regierung immer neuen Austeriätsprogrammen zustimmte, verlangte NATO-General Jens Stoltenberg, Griechenland dürfe bei seinen Militär-Ausgaben keine Kürzungen vornehmen.[248]

Schon viele Jahre zuvor hatte die Investmentbank Goldman Sachs der griechischen Regierung geholfen, die EU mit einem berüchtigten Währungs-Swap über ihre Haushaltslage zu täuschen. Mario Draghi, damals Goldman-Sachs-Banker in London und heute EZB-Chef und damit einer der »Euro-Retter« bestreitet bis zum heutigen Tag, von den Deals gewusst zu haben, die der Manipulation der griechischen Defizite dienten.[249] Recherchen zu dem Thema, die der Nachrichtendienst Bloomberg angestellt hatte, wurden per EuGH-Urteil unterbunden. Die Tatsache, dass der ehemalige NATO-Generalsekretär Anders Fogh Rasmussen unmittelbar nach seinem Ausscheiden bei der NATO in die Dienste von Goldman Sachs[250] trat, wurde von der Öffentlichkeit kaum beachtet.[251]

Diese Beispiele zeigen, dass die Verflechtungen zwischen den relevanten Playern – Banken, Regierungen, Institutionen, Parteien, Technologie-Konzernen und Rüstungsindustrie – so stark sind, dass diese postdemokratischen Eliten über gewaltige Hebel verfügen. Sie können ihren Geschäften unter Ausbeutung ganzer Völker nachgehen und werden niemals für ihre Taten belangt. Schließlich geschieht angeblich alles aus »nationalem« oder »internationalem« Interesse oder im Dienst der »globalen Finanzstabilität«.

Ich möchte in diesem Zusammenhang noch einmal die rhetorische Frage aufwerfen, warum die Politik dieses Spiel eigentlich mitmacht? Jedem normalen Menschen steigt bei solchen Erkenntnissen die Zornesröte ins Gesicht. Man fragt sich, ob es denn nicht gewisse ethische Mindeststandards gibt, die Politiker als Vertreter ihres Volkes von gewissen Taten abhalten müssten?

Das Problem liegt darin, dass Politik selbst heute zu einem »Geschäftsmodell« geworden ist. Crouch hat festgestellt, dass die traditionellen Parteien, wie wir sie in Westeuropa kennen, eigentlich nicht mehr von breiten Bewegungen getragen werden. Das ist zum einen ein Problem für ihren Marken-Kern, weil die meisten Parteien ihre »Werte« daran aufziehen, welche Werte in Umfragen als erwünscht identifiziert werden. Ein typisches Beispiel war der Atomausstieg Deutschlands: Angela Merkel hatte in den Umfragen erkannt, dass nach der Atomkatastrophe von Fukushima – die übrigens bis heute nicht im Ansatz behoben ist – in der deutschen Bevölkerung eine starke Ablehnung der Kernenergie zu beobachten war. Zugleich haben Umfragen gezeigt, dass die Bevölkerung ein Faible für »erneuerbare Energien« hat. Zwar ist dieses Faible eher romantischer Natur und wird erst angezweifelt, seit sich in der deutschen Landschaft überall massive Industrie-Komplexe in Form von Windkraftanlagen auftun. Auch wissen die Deutschen bis heute nicht, wie viele Milliarden in die erneuerbaren Energien und ihre Profiteure fließen. Doch diese Umsetzung erfolgt nach Crouch: Schwarz wird Grün, die Sachfragen klären die von der Lösung profitierenden Eliten hinter verschlossenen Türen – und zwar von den Fördergeldern für die neuen Energien bis zur Entsorgung der Atomkraftwerke.

Doch diese Umfragen können ein fundamentales Problem der Parteien nicht beheben: Sie verlieren beständig an Mitgliedern, weil sie in dem postdemokratischen System, von dem sie profitieren, überflüssig werden.[252] In den USA ist dieses System von Anfang an feudalistischer angelegt: Der Marken-Kern der Politik wird durch den Präsidenten symbolisiert. Er ist jedoch im Grunde nur der Sprecher der reichsten Familien, Banken und Industriekonzerne. Eine Aufstellung der New York Times zeigt, dass 158 Familien in den Vorwahlen 2015 insgesamt 176 Millionen Dollar gespendet haben[253], um die diversen Kandidaten zu pushen. Interessant ist in diesem Zusammenhang, dass Google-Chef Eric Schmidt stets zu den eifrigsten Spendern gehört. Auch die anderen Technologie-Konzerne wie etwa Oracle sind ganz vorne dabei. Der einflussreiche Hollywood-Produzent Jeffrey Katzenberg (»Dreamworks«) spendet ebenfalls gerne. Wen die Amerikaner am Ende wählen, macht kaum einen Unterschied. Und wenn etwas wirklich schief läuft, wie im Jahr 2000, als im High-Tech-Land der Bundesstaat Florida nicht in der Lage war, die Stimmzettel richtig auszuzählen, dann wird eben so lange nachgezählt, wie es nötig ist. Über die eigentlich wichtigen Leute, die Senatoren und die Konzerne mit ihren Lobbyisten, erfährt man wenig. Dazu gehört vorrangig auch der sogenannte militärisch-industrielle Komplex, vor dem schon US-Präsident Dwight D. Eisenhower in seiner legendären Abschiedsrede eindringlich, aber erfolglos gewarnt hatte.[254]

In Europa hat sich das Geschäftsmodell Politik anders entwickelt. Die Parteien haben sich so positioniert, dass sie faktisch unbegrenzten Zugang zu Steuergeldern haben. Der Berliner Journalist Mathew D. Rose hat sich mit diesem Thema jahrelang beschäftigt, und ein ausgezeichnetes, leider vergriffenes Buch geschrieben (»Korrupt? Wie unsere Politiker und Parteien sich bereichern – und uns verkaufen«).[255]

Er hat beobachtet, dass die Parteien trotz der Finanzkrise immer reicher geworden sind: »Die Vermögen der deutschen Parteien haben sich trotz Sparkursen und Krisen in den vergangenen Jahren vervielfacht. Einen großen Anteil daran hat der Staat: Fraktionsgelder und Parteizuschüsse spülen jährlich Millionenbeträge in die Parteikassen und machen inzwischen über die Hälfte der Parteieinnahmen aus. Ein Grund für die Politiker, die Geldflüsse mit immer neuen Tricks zu verschleiern. Sie wissen auch, warum sie ihre Vermögen besser nicht an die große Glocke hängen. Denn während in ganz Europa Sparkurse verordnet werden, haben die Parteien Methoden gefunden, sich beim Steuerzahler zu bedienen.«

Rose schreibt weiter: »Schon zu Beginn der neuen Legislaturperiode erhöhten die Parlamentarier die unmittelbaren staatlichen Mittel, die ihre Parteien erhalten. Zu Beginn der vergangenen

Legislaturperiode lag die Summe bei 133 Millionen Euro. Jetzt steigt sie auf fast 157 Millionen. Doch damit nicht genug. Ihren eigenen Bundestagsfraktionen gegenüber waren sie auch großzügig. Im selben Zeitraum stockten sie deren Fraktionsgelder von 78,7 Millionen Euro auf rund 84,7 Millionen auf. Immer noch nicht genug. Gleichzeitig erhöhten sie den Etat für ›Leistungen, Zuschüsse und Unterstützungen an Mitglieder und ehemalige Mitglieder‹ des Bundestags von 287 Millionen Euro auf 332,5 Millionen. Dies könnte unaufhaltsam weitersteigen, da der gegenwärtige Bundestag kurz nach seiner Konstituierung nochmal aus dem Vollen schöpfte und die Diäten erneut um 830 auf 9.082 Euro monatlich anhob (Anfang 2010 waren es noch 7.668 Euro). In vielen Landtagen herrscht traditionell ebenfalls Großzügigkeit im Dienst der eigenen Partei und dem Privatkonto. Da ist es kein Wunder, dass die öffentliche Hand inzwischen dank einer ganzen Reihe von Tricks weit über die Hälfte der Einkünfte der Parteien beisteuert, direkt und indirekt. Während viele Parteien unter dramatischem Mitgliederschwund und sinkenden Spendeneinnahmen leiden, ist es der Staat, der die Parteien zunehmend alimentiert – und ausgerechnet die Politiker selber entscheiden darüber. Es geht den politischen Parteien hierzulande finanziell so gut wie nie. Wenn man das Reinvermögen der Parteien betrachtet, die in der vergangenen Legislaturperiode vertreten waren, gewinnt man erstaunliche Erkenntnisse: Laut den jüngsten Zahlen aus 2012 – die Finanzberichte der Parteien gibt es fast immer erst eineinhalb Jahre nach Jahresende – ist dieses Vermögen in den vergangenen zehn Jahren um über 60 Prozent auf 450 Millionen Euro angewachsen. Nicht schlecht, wenn man bedenkt, dass dazwischen eine schwere Wirtschaftskrise stattfand. Führend war die CDU, deren Reinvermögen sich in der Zeit von 74 auf 135 Millionen Euro fast verdoppelt hat. Die SPD konnte ihr Vermögen von 135 Millionen Euro auf 207 Millionen steigern.«[256]

Diese Entwicklungen sind in allen europäischen Staaten zu beobachten. Um jedoch weiter als Versorgungsinstanz wirken zu können, haben sich die nationalen Geschäftsstellen der Parteien zu einer Art Konzern zusammengeschlossen: der EU. Alle Strukturen, die wir auf nationaler Ebene kennen, gibt es auf EU-Ebene mindestens noch einmal. In Brüssel ist die postdemokratische Verflechtung mit wirtschaftlichen Interessen besonders stabil. Die Organisation Lobbycontrol schreibt über die Lobbyisten: »Etwa 70 Prozent davon arbeiten für Unternehmen und Wirtschaftsverbände – nicht immer mit sauberen Methoden. Die EU-Kommission gewährt ihnen häufig bevorzugten Zugang zu Entscheidungsprozessen oder Expertengruppen. Gesamtgesellschaftliche, weniger gut ausgestattete Anliegen wie Ökologie oder soziale Gerechtigkeit geraten dabei leicht unter die Räder. Es droht eine zunehmende Aushöhlung der Demokratie zugunsten eines primär an den Interessen der Wirtschaft orientierten Europas.«[257]

Eigentlich bräuchten sich die EU-Abgeordneten nicht an Dritte zu verdingen. Sven Kesch hat penibel aufgelistet, was die Abgeordneten verdienen:[258] »EU-Abgeordnete verdienen – unabhängig von fachlicher Kompetenz oder Leistung monatlich 7.956,87 Euro. Daneben erhalten sie eine sogenannte ›allgemeine Kostenvergütung‹. Diese beträgt 4.299 Euro monatlich und ist steuerfrei. Weiter stellt das Europäische Parlament jedem Abgeordneten monatlich 21.209 Euro zur Verfügung, um notwendige Mitarbeiter in Brüssel, Straßburg oder in seinem Heimatland zu beschäftigen. Aber das reicht noch nicht. Jedem Parlamentarier steht ein Tagegeld von 304 Euro (neben dem Grundgehalt) zu, für jeden Tag, an dem er sich in Brüssel oder Straßburg in die offizielle Anwesenheitsliste einträgt (und auch teilnehmen sollte). Zusätzlich gibt es eine Residenz-Zulage von 15 Prozent des Grundgehalts, eine monatliche Aufwandsentschädigung von 607 Euro (Vize 911 Euro, Präsident 1.418 Euro) und Kindergeld von 300 Euro pro Kind. Dann wäre da noch der Urlaubsanspruch von mehr als zehn Wochen der EU-Beamten im EAD. Ein Antrag der EDF-Fraktion (Unabhängige) Mitte Juni 2013, der vorsah, den Urlaubsanspruch zu begrenzen (keinesfalls mehr als zehn Wochen) wurde mit 508 Stimmen im Plenum zu Straßburg klar abgelehnt.«[259]

Nicht eingerechnet ist, dass auch die Parteien für jeden ihrer EU-Abgeordneten Geld bekommen. Doch sie bekommen nicht nur Geld pro Mandatsträger von der EU: Dasselbe Modell gilt in allen Mitgliedsstaaten. Das bedeutet, dass die EU für die Parteien eine Geldquelle ist, für die sie außer dem Wahlkampf nichts zu leisten haben. Und genauso ist es mit der nationalen Finanzierung. Die Parteien erhalten Geld vom Steuerzahler. Weil es schwer ist, die konkrete Leistung von Parteien zu bewerten, haben sich Parteien etwas besonders Originelles einfallen lassen: Die Höhe der Zahlungen, die der Staat an die Parteien zu leisten hat, wird auf Grundlage von Berechnungen des Statistischen Bundesamtes ermittelt. Dieses Amt hat dazu einen »Preisindex für parteitypische Ausgaben« entwickelt. Mit anderen Worten: Die Parteien haben eine andere, privilegierte Inflationsrate, die ganz leicht manipuliert werden kann. Die Grundlagen dafür geben nämlich die Parteien selbst vor. So kommt es, dass die Parteien es den Wählern einerseits als politischen Erfolg verkaufen, dass es offiziell keine Inflation mehr gäbe, faktisch jedoch selbst eine saftige Inflationsabgeltung einstreichen. Für das Jahr 2013 hatte das Statistische Bundesamt einen Anstieg dieses Preisindex von 2,2 Prozent ermittelt.[260] Die offizielle Inflation betrug im Jahr 2013 lediglich 1,5 Prozent.[261] Hinzu kommen Extra-Förderungen, deren detaillierte Aufzählung wir uns hier ersparen wollen. Sie würden ein eigenes Buch füllen.

Würde man alle Menschen zusammenrechnen, die direkt oder indirekt von Steuergeldern leben, weil sie direkt oder indirekt für Parteien arbeiten – der Konzern »Politik in Europa« wäre vermutlich einer der größten DAX-Konzerne. Doch anders als die echten DAX-Konzerne produziert die »Politik AG«, wie Rose sie nennt, kein greifbares Produkt. Sie hat sich ihr Modell von den Religionsgemeinschaften abgeschaut: Auch deren Hauptprodukt – das Versprechen des Ewigen Lebens – kann trotz Reklamation nicht zurückgegeben werden. Doch anders als die Religionen, aus denen man austreten kann und die zumindest eine Sinnstiftung anbieten, dient das Produkt der »Politik AG« nur den eigenen Angestellten. Dem Wesen der Postdemokratie entsprechend werden die Sachfragen, deren Lösung die Parteien versprechen, anderswo entschieden.

Gekämpft wird um den Marken-Kern, also an der Oberfläche. Und hier sind die Parteien unerbittlich: Sie fürchten nichts mehr, als neue Mitbewerber, weil diese vom großen Kuchen etwas abknabbern könnten. Als in Griechenland die Linkspartei Syriza an die Macht kam, wurde sie von allen anderen Parteien wie eine

Gruppe gefährlicher Kommunisten ausgegrenzt. Alle möglichen Politiker – Konservative wie Sozialdemokraten – meldeten sich im Vorfeld der Wahlen in Griechenland zu Wort, um die Griechen zu warnen. Mir ist die Syriza nicht übermäßig sympathisch, wenngleich doch nicht zu übersehen ist, dass der neue Parteichef Alexis Tsipras doch so etwas wie frischen Wind in das frustrierende Politik-Getriebe gebracht hat. Doch auch sein Schicksal wird sich erst weisen: Seine ersten Versuche, eine andere Politik zu machen, sind kläglich gescheitert. Er hatte gegen die vielen vernetzten Interessen von Banken, Regierungen, IWF, USA, NATO, EU und den Parteien keine Chance und muss nach deren Regeln spielen.

Auch die rechten und rechtsextremen Parteien haben auf absehbare Zeit keine Chance, an die Macht zu kommen. In Schweden haben sich die Regierungsparteien darauf verständigt, ihre Koalition für acht Jahre zu führen. Auf diesem Weg sollen die ausländerfeindlichen Schweden-Demokraten von der Regierung ferngehalten werden.[262] Doch gerade diese antidemokratische Haltung könnte am Ende die Rechtsextremen stärken. Im August waren die Schweden-Demokraten bereits in Umfragen vorne.[263] Wenn sie dann eines Tages tatsächlich an die Macht kommen, wird ihr Wirken ebenfalls nach den Regeln des postdemokratischen Politikbetriebes erfolgen. Doch zeigt ein Beispiel aus Österreich, dass die Übersteigerung der Politik als reine Marketingveranstaltung ganz schnell vollends in die Katastrophe führt: Der als Saubermann angetretene Kärntner Landeshauptmann Jörg Haider hat mit dem Milliarden-Debakel der staatlichen Hypo Alpe Adria Group in Österreich für mehrere Generationen verbrannte Erde hinterlassen. Er war in diesem Sinn ein Kind des Systems, das zu bekämpfen er vorgab. Ähnliche Aussichten drohen Frankreich, sollte der Front National tatsächlich an die Macht kommen.

In Deutschland ist die Alternative für Deutschland (AfD) genau daran gescheitert, dass sie nach den Regeln zu spielen begann. Gegründet von Bernd Lucke als das »Bündnis Bürgerwille«, einer Ansammlung von Euro-skeptischen Wirtschaftsprofessoren, hätte sie in Deutschland durchaus Berechtigung gehabt – zumal nach dem unrühmlichen Ende der FDP. Doch die Partei wurde sehr schnell vom Virus des Systems erfasst: Auf der Suche nach dem Marken-Kern hat sie sich plötzlich gegen Homosexuelle und Ausländer positioniert – in einer Zeit, in der sogar die katholische Kirche ihre überkommenen und diskriminierenden Positionen zu überdenken begann. Dass die etablierten Parteien und die ihnen zuzurechnenden Medien, allen voran die von den Parteien kontrollierten öffentlich-rechtlichen Sender, diese Vorlage gerne und mit allen Registern orchestrierten, die Partei mit dem in Deutschland tödlichen Etikett »Rechtspopulisten« versah und damit die unwiderrufliche Ausgrenzung dieser Partei von der Macht betrieb, war nicht verwunderlich.

Die AfD wird nicht so schnell in eine Regierung kommen. Doch das braucht sie als postmodernes Gebilde auch gar nicht: Sie genießt mit ihren gewählten Mandataren schon jetzt alle Privilegien, die die »Politik AG« bietet – von den einzelnen Landtagen, in denen die Partei vertreten ist, bis hin zum EU-Parlament. Auch der britische EU-Gegner Nigel Farage ist ein Nutznießer des Systems, das er anprangert: Sogar seine Frau erhält ein Gehalt aus europäischen Steuergeldern, angeblich, weil er für seine anspruchsvolle Arbeit für seine Partei UKIP keine andere Sekretärin hatte finden können.[264]

Die Selbstdegradierung der Politik zum Geschäftsmodell in eigener Sache bedeutet im Hinblick auf die globalen Kriege eine massive Schwächung der Demokratien: Denn die Entscheidungen fallen anderswo. Über Leben und Tod, über Reichtum und Armut, über Privatsphäre oder Spitzelstaat, über Propaganda oder Information entscheiden andere. Die einzige Leistung, die von den Politikern in diesem Zusammenhang erwartet wird, ist Wohlverhalten und dass sie weiter nach den Regeln spielen. Viele der modernen Politiker sind Berufspolitiker. Sie sind von diesem System abhängig – so wie die Konzernmanager von ihren internationalen Shareholdern.

Diese Entwicklung erzeugt verständlicherweise großen Verdruss bei den Bürgern. Denn niemand würde heute ernsthaft behaupten, dass es gut um die Demokratie bestellt ist. Der italienische Philosoph Franco Bernardi, einer der Vordenker der »Occupy-Wall-Street«-Bewegung, schreibt: »Es wird noch mehr

Rebellionen geben, mehr Krawalle, noch mehr Kriege, mehr Not, und es wird immer gewaltigere Massenmobilisierungen geben und Zorn und Verzweiflung. Darauf kann man wetten. So gewalttätig all dies jedoch auch sein mag und so groß der Raum auch sein wird, über den es sich erstreckt – es wird doch nur ein Überbleibsel einer Moderne und eines Klassenkampfes der Vergangenheit sein. Weder wird es zum Kern der Finanzabstraktion vordringen können, noch die Richtung der automatisierten Maschinen verändern. Als Überreste werden die Körper zurückbleiben, die Empfindungen, Ereignisse, der Wille und der Zorn und die gewaltsame Verzweiflung.«[265]

Doch »Halt!«, könnte man nun einwerfen: Ist es nicht gerade das Geschäftsmodell der »Politik AG« Deutschlands, welches nicht auch der realen Wirtschaft entscheidend geholfen hat? Ist nicht genau diese enge Verflechtung von Politik und Wirtschaft die Grundlage des Wirtschaftswunders gewesen? Und hat nicht gerade diese Verflechtung erst das Gelingen der Wiedervereinigung möglich gemacht? Die Frage, die sich in diesem Zusammenhang stellt, lautet: Welche Auswirkungen hat es auf Deutschland, wenn die Politik nicht mehr der Menschen wegen existiert, sondern als Diener von Konzern-Interessen?

Blicken wir zu diesem Zweck auf den VW-Skandal – und versuchen wir zu verstehen, was dahintersteckt. Dann werden wir sehen: Die industriell-technische Revolution ist im Herzen Deutschlands angekommen. Und sie weckt dieses Land aus seiner Behaglichkeit nicht mit einem sanften Zupfen am Arm. Sie wirft das Land aus dem Bett, mit lautem Krach fliegen die Balken auf, der Schnee weht über die noch warme Schlafdecke.

KAPITEL 10: VW – DAS ENDE DER DEUTSCHLAND-AG

Im März 2013 gab der 32-jährige indische Ingenieur Dr. Arvind Thiruvengadam eine Anzeige in einigen amerikanischen Zeitungen auf: Er benötigte Autos mit europäischen Diesel-Motoren, um diese für seinen Arbeitgeber, das zur Universität von West Virginia gehörende Center for Alternative Fuels, Engines and Emissions (CAFEE) zu testen. Das CAFEE hatte sich bei einer Ausschreibung des Regulators International Council on Clean Transportation (ICCT) um die Tests beworben. Das ICCT suchte in einer öffentlichen Ausschreibung ein Unternehmen, das drei europäische Diesel-Fahrzeuge auf ihre Stickoxid-Emissionen unter realen Fahrbedingungen testen sollte. Ende Januar 2013 erhielt das CAFEE den Zuschlag.[266]

Durch Zufall erhielt Thiruvengadam auf sein Inserat hin einen VW Passat und einen VW Jetta, sowie einen BMW X5, wie die Hindustan Times berichtete. Thiruvengadam erzählte der Zeitung, dass er gerne Autos teste, weil ihm das die Möglichkeit gebe, lange Strecken zu fahren und neue Gegenden kennenzulernen. Mit dem VW Passat fuhr er Hunderte Kilometer über Autobahnen, im Stadtverkehr und auf Bergstrecken im sonnigen Kalifornien. Neben der Besichtigung der kalifornischen Städte und Landschaften brachte der Test noch einen weiteren Erkenntnisgewinn für Thiruvengadam: Während beim BMW alle Ergebnisse den offiziellen Angaben entsprachen, lagen die Abgas-Werte beim Passat weit über denen, die laut den US-Gesetzen erlaubt waren – und das, obwohl VW alle Tests für eine Zulassung in den USA bestanden hatte und der Passat eine entsprechende Technologie vorweisen konnte.[267]

Die Forscher konnten sich die Unterschiede nicht erklären. Doch schon bald stellte sich heraus, dass Volkswagen eine Software eingebaut hatte, die die Ergebnisse manipulierte: Die Software erkannte Situationen, in denen sich das Lenkrad nicht bewegte, obwohl der Motor lief und die Räder sich drehten – also genau jene

Situationen, die einen Labor-Test ausmachen. Thiruvengadam war erstaunt. Der Ingenieur, der an der Madras-Universität im indischen Chennai und später in West Virginia studiert hatte, beteuert, er habe seine Tests aus rein akademischem Interesse durchgeführt. Doch es entwickelte sich daraus »einer der größten Betrugsfälle in der Automobil-Geschichte«, wie die Hindustan Times anmerkt.

Der Skandal führte zu einem schweren Erdbeben bei VW: Vorstandschef Martin Winterkorn, bis vor kurzem noch der Liebling der deutschen Medien und als einer der erfolgreichsten Manager Deutschlands gefeiert, musste gehen. Die Regulatoren in der ganzen Welt reagierten alarmiert: Die Schweiz stoppte die Neuzulassung von VW-Dieselfahrzeugen, Italien und Frankreich leiteten, wie viele andere Länder, Untersuchungen ein. Der Schaden für das Unternehmen ist gigantisch: Innerhalb von nur fünf Tagen verlor der Volkswagen Konzern 25 Milliarden Euro seines Börsenwerts. Die Strafen der Regulatoren werden vermutlich mindestens noch einmal diese Summe ausmachen. Das Deutsche Kraftfahrt-Bundesamt zwang VW zur einer massiven Rückrufaktion: Insgesamt 2,4 Millionen Fahrzeuge müssen in die Werkstatt.[268] Wie lange VW und die deutsche Automobilindustrie brauchen werden, um sich zu erholen, kann niemand sagen.

Das Ende der Affäre ist nicht abzusehen, die Folgen werden viel tiefgreifender sein, als bloß enorme Kosten für Volkswagen und die betroffenen Automarken zu verursachen. Michael Bernegger sieht in der Affäre den »Ausdruck eines übermütig gewordenen Systems ohne checks und balances – der Deutschland AG«. Er analysiert: »Ändert diese ihre etablierten Verhaltensweisen nicht schnell und grundlegend, droht Deutschland der Bedeutungsverlust des wichtigsten Wirtschaftszweigs des Landes, und darüber hinaus Schaden als Industrie- und Wirtschaftsstandort generell.«[269]

Die Betrugsaffäre ist ein Beleg dafür, dass Volkswagen die technologisch-industrielle Revolution nicht ernst genommen hat: Die ganze deutsche Automobilindustrie setzt weiter auf Verbrennungsmotoren und die Finanzierung von Autos über Kredite. Das ist jedoch das Modell der Vergangenheit. Wie wir bei den Trends sehen werden, die von der technologisch-industriellen Revolution ausgehen, wollen die Kunden heute nicht mehr schwere Wagen mit viel technischem Schnickschnack. Das gesamte Mobilitätsverhalten ändert sich – auch, weil die Masse an Autos kaum noch von der Stelle kommt wegen der stundenlangen Staus, etwa in den Mega-Metropolen Indiens. In China wird die Luftverschmutzung früher oder später ein derartiges Problem darstellen, dass individuelle Mobilität nach ganz anderen Kriterien gestaltet werden wird als in Deutschland, wo sich für viele Autofahrer das größte Glücksgefühl immer noch einstellt, wenn man ein paar Kilometer mit 250 Sachen über eine Autobahn rasen kann.

Gleichzeitig hat sich wegen des hohen Kostendrucks von eigentlich zu teuren Autos die Struktur der Autoindustrie radikal verändert. Michael Bernegger: »Die Fertigungstiefe der Autoproduzenten hat deutlich abgenommen. Die Produktion ganzer Komponenten und Teile ist an spezialisierte Zulieferer ausgelagert worden, die in ihren Kernbereichen ebenfalls hohe Innovationsfähigkeit und Stückzahlen aufweisen. Die Produktion von Kleinwagen und arbeitsintensiver Komponenten ist weitgehend aus Deutschland verschwunden, sie hat sich nach Ostmitteleuropa verschoben. Im Zentrum stehen drei sehr große Autohersteller, welche die Modelle entwickeln, konzernweite Plattformen und Motorenfamilien produzieren. Darum herum gruppieren sich viele und zum Teil ebenfalls sehr groß gewordene Zulieferer, welche Komponenten oder ganze Systeme entwickeln und anbieten. Hinter Volkswagen, BMW oder Daimler steckt nicht nur das Unternehmen, sondern eine ganze Zulieferindustrie. Für den Endkunden sichtbar aber ist der Markenname des Autoherstellers, er bürgt für die gesamte Qualität. Für diese drei Konzerne hat die Rolle des Heimmarktes in Deutschland erheblich abgenommen. Sie sind Weltkonzerne geworden, die global verkaufen und auch produzieren. In Deutschland sind zentrale Funktionen wie Forschung und Entwicklung, Administration, Produktion und Fertigung von Premium-Automobilen, Marketing und Finanzierung angesiedelt. Daneben haben diese Weltkonzerne Werke in China, in Ostmitteleuropa, in den USA, in Lateinamerika und anderswo aufgestellt.«[270]

Volkswagen ist zudem kein normales Unternehmen, das sich auf dem freien Markt bewegt und mal mehr, mal weniger erfolgreich ist. Die Struktur des VW-Konzerns entspricht genau dem, was wir im vorigen Abschnitt als »Postdemokratie« beschrieben haben. Politik und Wirtschaft sind auf das engste verflochten. Im Grunde ist VW ein Staatsunternehmen, denn das Bundesland Niedersachsen hält 20 Prozent der Anteile und verfügt über eine Sperrminorität.[271] Dies hat eine ganz eigene, postdemokratische Unternehmenskultur zur Folge. Michael Bernegger: »Seit Jahrzehnten stehen sich Volkswagen und Bundesregierung sehr nahe. Bis Ende der 1980er-Jahre war der Bund selber ein großer Teilhaber an VW. Unter dem Auto-Kanzler Schröder ließ sich dieser vom Personal-Direktor eine Reform des Arbeitsmarktes und der Sozialgesetzgebung auf die Bedürfnisse von Volkswagen und der Autoindustrie zuschneidern. Wiederholt setzten er und seine Nachfolgerin sowie die zuständigen Minister sich persönlich ein, um unliebsame Verschärfungen der Emissionswerte in Deutschland und in Brüssel zu verhindern.«

Was sich jedoch etablieren konnte, war eine scheinbar clevere Marketing-Strategie. Man erzählte den Kunden das Märchen von der sauberen Energie und schickte die Regierung bei den Regulatoren in die Spur, um etwa bei der EU dafür zu sorgen, dass man unter »sauber« zu verstehen habe, was die deutsche Autoindustrie produzieren kann.

Als Vertreter des Landes sind die Ministerpräsidenten von Niedersachsen traditionell im Aufsichtsrat von VW vertreten. Sie sollen dort dafür sorgen, dass die Interessen der Steuerzahler als Eigentümer des Konzerns geschützt werden. Im Fall des Abgas-Skandals ist dies offensichtlich nicht geschehen – kein Ministerpräsident Niedersachsens hat sich je zu möglichen Problemen geäußert. Offensichtlich hat auch kein Ministerpräsident das Management angehalten, gesetzeskonform zu arbeiten. Stattdessen haben die Politiker ihren Einfluss auf die Regulatoren in Brüssel geltend gemacht, um die Gesetze nach dem Geschmack der Konzerne zu gestalten. Dabei gehört es zu den Gepflogenheiten, dass die Rollen gewechselt werden, wenn dies die persönliche Situation erfordert. So war Sigmar Gabriel selbst nach seiner Wahlniederlage, die ihn das Amt des Ministerpräsidenten kostete, Lobbyist für Volkswagen. Wie bei solchen Tätigkeiten üblich, wurden die Hintergründe nie genau geklärt – auch nicht, in welcher Sache

Gabriel konkret in Brüssel Einfluss zugunsten von Volkswagen genommen hat. Hans-Joachim Selenz hat den Fall ausführlich beschrieben, und unter anderen darauf hingewiesen, dass die Verflechtungen mit VW gar nicht so sehr das Land Niedersachsen, als vielmehr die SPD, also die damalige Regierungspartei beträfen.[272]

Der Focus[273] berichtete 2005 über Gabriels Tätigkeit für VW: »Es geht um einen lukrativen Auftrag, den Gabriels Firma Communication, Network, Service (CoNeS) im Jahr 2003 von Volkswagen erhalten hatte. Der Autokonzern zahlte bis Ende 2004 rund 130.000 Euro für die Beratung zum Thema ›Europäische Industriepolitik‹. Wie der Kontrakt genau zu Stande kam und welche Leistungen der SPD-Politiker erbrachte, darüber schweigt er [...] Hinter seinem Beratungsauftrag ›Europäische Industriepolitik‹ verbarg sich eine Lobbytätigkeit für den Autokonzern. ›Er hat für uns Lobbyarbeit gemacht, und zwar vor allem in Brüssel‹, berichtet ein VW-Manager. Mehrfach sei Gabriel nach Brüssel gereist, um sich mit hochrangigen Vertretern der EU zu treffen. In den Gesprächen habe er sich für die Interessen von Volkswagen starkgemacht. Zum damaligen Zeitpunkt fühlte sich der Autohersteller durch die Brüsseler Regulierungswut gegängelt und versuchte, durch Lobbyarbeit allzu strenge EU-Vorschriften etwa bei den Themen Sicherheit, Wettbewerb und Umwelt zu verhindern.«[274]

Das alles ist Vergangenheit – und wird vermutlich nie wirklich aufgeklärt werden. Anhänger politischer Hygiene, was eigentlich alle Demokraten sein sollten, werden sich an dieser Stelle ärgern über die Tatsache, dass der Verfall der Demokratie zu moralischen und vermutlich auch zu rechtlichen Doppelstandards geführt hat. Man kann sich auch darüber ärgern, dass Gabriel im Herbst als Wirtschaftsminister der Bundesrepublik mit erheblichem Pathos von VW forderte, den Fall aufzuklären – so, als hätte er mit diesem Unternehmen nie etwas zu tun gehabt.

Doch das eigentlich Interessante an diesem Fall ist die Erkenntnis, wie die technologische Revolution ein ganzes System verändert – in diesem Fall das der Deutschland AG.

Denn der Fall Volkswagen ist zugleich ein Beispiel, wie durch die neuen technologischen Möglichkeiten Betrug begünstigt und gleichzeitig alte industrielle Unsitten und Gebräuche hinfällig werden können. Wir sehen an diesem Beispiel genau jene Janus-köpfigkeit der neuen Technologie: Sie kann verwendet werden, um die Menschen zu betrügen. Sie kann aber auch eingesetzt werden, um den Wünschen der Konsumenten gerecht zu werden. Zugleich kann sie natürlich auch als Waffe in einem Wirtschaftskrieg verwendet werden.

Der Betrug lag darin, dass die Software, die VW entwickelt hat-te, so intelligent war, dass sie die Regulatoren austricksen konnte. Hätte unser indischer Ingenieur Arvind Thiruvengadam auf sein Inserat um drei europäische Diesel-Autos anstelle des Passat einen Peugeot und einen Fiat angeboten bekommen – vermutliche wäre der Skandal unentdeckt geblieben. Die italienischen und französi-schen Autobauer dürften übrigens einige Schadenfreude verspürt haben: Seit Jahren wettern sie gegen die Einflussnahme der deut-schen Bundesregierung auf die Regulierungsbehörden in Brüssel.

Es ist sehr unwahrscheinlich, dass diese Manipulation nicht von ganz oben gedeckt wurde: Selbst wenn Management und Auf-sichtsrat davon nichts gewusst hätten, die Probleme mit dem Die-sel bei den Stickoxid-Tests hätten ihnen zu Ohren kommen müs-sen. Auch ist die Entwicklung einer solchen Software in der Regel nicht ganz billig, weshalb es dafür Investitionsentscheidungen ge-geben haben muss. Solche müssen bei Konzernen in der Regel schon ab vergleichsweise geringen Summen mindestens in der Nähe der Vorstandsebene abgezeichnet werden. Die massive Ent-lassungswelle, die mehrere Vorstände im Volkswagen-Konzern nach dem Auffliegen des Skandals den Job kostete, wird eine Auf-klärung eher erschweren. Denn die Nachfolger werden sagen kön-nen, dass sie zur fraglichen Zeit nicht im Amt waren – und daher zu Recht nicht belangt werden können. Auch das ist ein guter alter Brauch – nicht nur in Deutschland: In Österreich sind nach dem Milliarden-Skandal um die Kärntner Landesbank Hypo Alpe Adria Group alle Finanzminister, die an fragwürdigen Entscheidungen mitgewirkt haben, in den politischen Ruhestand verschwunden – und schweigen eisern und mit dem Hinweis auf Befangenheit. Wie sehr eine solche abgeschlossene Kultur auch auf die ein-zelnen Mitarbeiter abfärbt, zeigt die Tatsache, dass nicht ein ein-ziger der Hunderttausenden von Mitarbeitern die öffentliche

Ausschreibung der ICCT im Herbst 2012 gelesen hatte, mit der klar wurde, dass die Behörde einen Test der Abgaswerte durchführen würde. Doch vermutlich hätte selbst hier ein Warnruf nichts mehr ändern können. Das Betrugssystem war so ausgefeilt, dass eine kurzfristige Korrektur unmöglich gewesen wäre. Das Kollektiv der Täter dürfte sich außerdem in Sicherheit gewogen haben – die enge Zusammenarbeit mit der Politik schien ihnen offenbar ausreichend, um sich keine Sorgen machen zu müssen.

Der Fall zeigt außerdem, wie wichtig hier ein Whistleblower hätte sein können, der, rechtlich geschützt, in Zusammenarbeit mit einer kritischen Zeitung den Fall hätte aufdecken können. Es gab im Fall VW immer wieder interessante Reportagen, auch vom öffentlich-rechtlichen Fernsehen: So zeigte im Jahr 2013 ein Film des ZDF, wie Volkswagen und andere deutsche Konzerne über ein riesiges Firmengeflecht ihre Steuern jeweils in Ländern mit niedrigen Steuersätzen zahlen.[275]

Doch im Fall des Autojournalismus gibt es in Deutschland keine Tradition des kritischen Journalismus. Im Gegenteil: Die Hersteller laden die Medien zu Luxusreisen ein, stellen ihnen Videomaterial für ihre »redaktionellen Beiträge« zur Verfügung und schalten Anzeigen. Das ist kein Biotop, in dem Widerstand gedeiht. So liest sich denn die Autoberichterstattung in den deutschen Medien wie eine unendliche Liebeserklärung, etwa in der FAZ am 3. April 2009 über den ebenfalls von den Manipulationen betroffenen Audi Q5: »Für den Q5 bietet Audi vier verschiedene Triebwerke an, zwei Ottos und zwei Diesel. Motorisiert mit dem 176 kW (240 PS) starken Dreiliter-V6-Diesel, dem Topmotor, erlaubt sich der Q5 niemals Anfahrt- oder Durchzugsschwächen. Wenn der Kapitän von der Brücke aus über das Gaspedal dem Maschinenraum den Befehl ›Volle Kraft voraus‹ gibt, kommt ein dunkles Grollen als Antwort zurück.« Immerhin wird hier kritisiert, dass der offiziell angegebene Verbrauch in der Praxis nicht zu erreichen ist. Doch der leise Unterton der Kritik wird umgehend relativiert: »Aber so oder ähnlich ist es bei jedem Auto. Die Praxis hat mit den normierten Prüffahrten wenig zu tun.« Auf die Idee, dass genau das für die ganze Branche einmal ein Existenz-Problem werden könnte, kommt der Redakteur nicht. Wie auch? Er schließt seinen Bericht mit der Bemerkung, dass das Auto auf dem besten Wege sei, »ein blaues Band zu erringen«. Und weil man bei so viel Glanz nicht abseits stehen möchte, ruft der Redakteur am Ende voller Verzückung aus: »Nimm mich mit, Kapitän, auf die Reise.« Dieser Satz hat allen Beteiligten offenbar so gut gefallen, dass er auch gleich zur Überschrift erhoben wurde.[276]

Doch die Reise geht anderswohin – und ob die deutschen Autohersteller und die sie begleitenden Journalisten an Bord sein werden, ist noch nicht ausgemacht. Denn der VW-Skandal zeigt, dass zu viel Selbstsicherheit und zu viel Macht die Gefahr in sich bergen, die wirklich wichtigen Trends zu verschlafen: Die Kunden von heute und erst recht die Käufer von morgen sehen im Auto zu großen Teilen kein Status-Symbol mehr, sondern ein nüchternes Fortbewegungsmittel. Ihre Markentreue ist begrenzt, wenn es um Autos geht. Sie wollen ein Auto auch gar nicht besitzen – also viel Geld für etwas ausgeben, das dann lange nutzlos vor der Tür steht. Sie wollen ein Automobil nützen – und steigen auf Carsharing-Dienste um. Außerdem leuchtet es den Leuten trotz der massiven Werbeberieselung ein, dass schon die schiere Masse an Autos die Umwelt zerstört – die Lärmbelästigung eingeschlossen. Die Elektromobilität ist zwar noch weit entfernt und das Ziel von Angela Merkel scheint schwer erreichbar, im Jahr 2020 eine Million E-Autos auf deutschen Straßen zu sehen.[277] Dennoch war ich neulich sehr erstaunt, als ein Handwerker mir voller Stolz sein Elektroauto zeigte und mir erklärte, dass er als Vielfahrer im Stadtverkehr nichts Besseres hätte finden können. Zwar klagte er noch über das Aufladen der Batterien, aber das ist im Zeitalter der technologischen Revolution eine Kleinigkeit. Über den elektronischen Datenaustausch wird man künftig vermutlich per Handy solche vergleichsweise trivialen Prozesse steuern können.

Denn auf dem Gebiet der Automobilindustrie sind vor allem die großen Internet-Giganten Apple und Google auf dem Vormarsch. Die Überlegenheit der neuen Konzerne ergibt sich aus ihrem umfassenden Zugang zu den Daten: Sie können erheben, was die Kunden wollen und die Technologie darauf abstimmen. Sie können mit mathematischer Sicherheit in realtime feststellen, wie der Verbrauch zu optimieren ist. Sie müssen nicht mehr raten, was der Kunden vielleicht möchte. Sie müssen die Kunden und ihre Bedürfnisse auch nicht mehr manipulieren. Die Hoheit über die Daten versetzt die Flaggschiffe der technologisch-industriellen Revolution in die Lage, tatsächlich ganz neue Produkte auf den Markt zu bringen. Es klingt seltsam, aber vermutlich wird künftig ein Google-Auto oder ein Tesla das Nonplusultra sein. In seinem Buch über den Tesla-Erfinder Elon Musk beschreibt der Journalist Ashley Vance die Guerilla-Taktik von Tesla. Das Unternehmen simulierte die alte Welt, um zu überprüfen, welche Elemente es wert sind, in ein neues revolutionäres Modell übernommen zu werden: »Ein kleines Team von Tesla begann damit, das mechanische Innenleben des Model S zu entwickeln. Der erste Schritt dieser Reise fand in einer Mercedes-Vertretung im Silicon Valley statt, wo sich die Ingenieure ein viertüriges CLS-Coupé und eine E-Klasse für eine Probefahrt liehen. Die Autos hatten das gleiche Fahrwerk und das Team vermaß jeden Zentimeter daran und untersuchte, was es gut fand und was nicht. Am Ende mochten sie das Styling des CLS lieber und entschieden, es als Basis für ihre Überlegungen zum Model S zu nehmen.«[278] Die Ingenieure kauften schließlich einen Mercedes CLS und zerlegten ihn: »Ein Team hatte bereits das sperrige, rechteckige Batteriepack des Roadster umgebaut und flacher gemacht. Die Ingenieure entfernten den Boden des CLS und setzten an dieser Stelle das Batteriepack ein, in den Kofferraum kam die Elektronik zur Steuerung des Systems. Anschließend wurde der Innenraum des Autos ausgetauscht, damit Passform und Verarbeitung wieder gut aussahen. Nach drei Monaten Arbeit war so ein rein elektrischer Mercedes CLS entstanden. Mit dem Auto warb Tesla um Investoren und künftige Partner wie Daimler, die von Tesla elektrische Antriebe für ihre Fahrzeuge kaufen sollten. Gelegentlich fuhr das Tesla-Team mit dem Elektro-Mercedes auf öffentlichen Straßen.«[279]

Daimler erwarb wenig später 10 Prozent an Tesla. Viele zweifeln auch heute noch an der Zukunft dieses voll auf Elektronantrieb und Hi-Tech aufgebauten Autos. Vor allem die Vertreter der alten Autoindustrie halten sich für unbesiegbar. Als ich einmal in München zwei BMW-Kommunikationsleute auf die neue Konkurrenz von Google und Apple ansprach, erntete ich ein mildes Lächeln.

Die Autobauer erklärten mir, dass weder Google noch Apple eine Ahnung von Autos hätten. Software ja – aber das habe BMW doch auch längst alles. Sie dachten dabei vermutlich in erster Linie an die Einparkhilfen. Sie verstanden nicht, dass die Software im Hinblick auf die Datenverarbeitung das Entscheidende ist. Eine Karosserie kann jeder bauen, wie das Beispiel der Tesla-Ingenieure zeigt, die einen Mercedes einfach zerlegt haben. Als im Zuge des VW-Skandals darüber spekuliert worden war, dass vielleicht Elon Musk der neue VW-Chef werden könnte, übersahen viele, dass für radikale Innovatoren wie Musk der Chefsessel in Wolfsburg ebenso wenig eine Attraktivität war wie die Mitgliedschaft in der Deutschland AG. Was viel eher denkbar ist: Dass eines Tages Tesla VW übernehmen könnte – und dann die Deutschen weiter die schönen Karosserien bauen, das gesamte Innenleben jedoch von der »nächsten Generation« aus den USA kommen könnte.

In diesem Zusammenhang wird immer wieder der Verdacht geäußert, der ganze VW-Skandal sei nicht zufällig geschehen. Auch unabhängige Auto-Blogs in den USA merkten an, dass die Strafe für VW viel höher gewesen sei als für GM – obwohl bei den Amerikanern 124 Menschen zu Tode gekommen waren, weil eine Zündung fehlerhaft gewesen war.[280] Doch auch wenn die Aufdeckung den Amerikanern in die Karten spielt: Den Fehler hat Volkswagen gemacht, weil alle Kontrollen versagt haben. Trotz straffer Organisation mit großer Staatsnähe hat der Konzern flächendeckend betrogen – ob man nun die Abgas-Messung für sinnvoll hält oder nicht.

Eine straffe Organisation im alten Stil ist also im Zeitalter der technologischen Revolution, kein Garant für das Überleben. Denn die durch diese Revolution massiv vertiefte Globalisierung hat dazu geführt, dass die Welt tatsächlich zu einem Dorf geworden ist. Ursache und Wirkung müssen nicht mehr auf ein- und demselben Markt stattfinden. Umso wichtiger ist es, Entwicklungen zu antizipieren: In den USA bereitet sich die gesamte im Silicon Valley versammelte Technologie-Branche darauf vor, auf dem Weltmarkt aktiv zu werden. Für den VW-Skandal hat sich die Produktionsfirma von Leonardo di Caprio bereits die Rechte gesichert: Die Green-Tech-Industrie wird von Hollywood unterstützt, einer großen PR-Maschine, die ihrerseits mit üppigen Spenden in Washington antichambriert. Es ist gut denkbar, dass das Auto mit dem Verbrennungsmotor bald schon nur noch im Museum zu besichtigen sein wird.

Die Gleichzeitigkeit von Ereignissen und das Übergreifen von Entwicklungen, die anderswo ihren Ausgang genommen haben, sind auch die Ursache für die Flüchtlings-Krise. Die Flüchtlinge sind die sichtbaren Zeugen der modernen Kriege, die mit den Mitteln der technologisch-industriellen Revolution geführt werden. Sie sind von allen vier apokalyptischen Reitern betroffen, von militärischen Auseinandersetzungen, Finanz- und Cyber-Kriegen und einer tosenden Propaganda-Schlacht. Jeder Krieg fordert Opfer. Gar zu gerne haben wir im behaglichen Deutschland die Augen vor dieser Tatsache verschlossen. Doch das geht jetzt nicht mehr. Wie wir die Flüchtlingskrise lösen, wird über die Zukunft Deutschlands und Europas in diesen stürmischen Zeiten entscheiden.

KAPITEL 11: DIE FLÜCHTLINGE: ZEUGEN EINER NEUEN ZEIT

Am 23. September 2015 hielt der saarländische Innenminister Klaus Bouillon im Landtag von Saarbrücken eine Rede. Der CDU-Politiker sagte: »Teile dieser Republik sind im Chaos versunken. Bayern, Baden-Württemberg, Nordrhein-Westfalen, die Innenminister wissen nicht, haben sie in Nordrhein-Westfalen 200.000 oder 250.000 Menschen? Die Kommunen in diesem Land haben das Glück, dass wir das bisher bewerkstelligen konnten. Wir sorgen für ein geordnetes Verfahren. Die Frage ist, wie lange. [...] Diese Republik ist zurzeit relativ handlungsunfähig. Die Verwaltungen sind beschäftigt, Tag und Nacht zu improvisieren und zu arbeiten. Viele meiner Menschen sind schon psychisch am Ende. Es ist ein Unterschied, ob ich in einem Ministerium sitze oder vor einer Warteschlange von 500 Leuten stehe, die immer aggressiver werden. [...] Wir haben nämlich eine Entwicklung, die sehr problematisch ist. Wir haben die Entwicklung, dass die Menschen teilweise machen, was sie wollen, es wandern ungeordnete, wilde Asylströme durch Deutschland.«[281]

Ungeordnete, wilde Asylströme, die durch Deutschland wandern: Die Ankunft der Vertriebenen setzte der Behaglichkeit in Deutschland ein Ende. Zunächst war in erfreulich offener Weise der natürlichste Reflex zu beobachten: Menschen, die in Not geraten sind, wollen wir helfen. Rassistische und fremdenfeindliche Ressentiments haben in einer globalisierten Welt keinen Platz. Wir profitieren von den Nachteilen, die andere durch die Globalisierung erfahren. Es muss daher eine Selbstverständlichkeit sein, den Flüchtlingen zu helfen. Die Deutschen bewiesen in Zeiten der Flüchtlingskrise, dass sie ein großes Herz haben. Zehntausende freiwillige Helfer eilten den überforderten Behörden zu Hilfe – in Deutschland und in Österreich. Doch in die Hilfsbereitschaft mischte sich schon bald die Sorge über die langfristige Zukunft der Flüchtlinge. Diese Sorge gründet im Allgemeinen nicht in überbordenden Ressentiments oder Fremdenfeindlichkeit. Natürlich gab es auch Anpassungsprozesse, die Konflikte mit sich bringen. Im Oktober entschied die Adolf-Klarenbach-Schule in Düsseldorf, die Verhüllung des Gesichts mit Nikab und Burka zu verbieten. Eltern, die in die Schule kommen, etwa um die Kinder abzuholen, müssten den Schleier ablegen. Wie die Rheinische Post berichtete, hatten Kinder »Angst vor den Frauen, die zu unterschiedlichen Anlässen – meist in dunkelbraunen Ganzkörperschleier gehüllt« auf dem Schulgelände erschienen waren.[282]

Es gibt auch in Deutschland eine rechtsextreme Szene – und sie ist jahrelang unterschätzt oder von den Behörden völlig falsch eingeschätzt worden, wie etwa die Morde an türkischstämmigen Deutschen durch den sogenannten »Nationalsozialistischen Untergrund« (NSU) zeigen.[283] Doch anders als in den meisten anderen Ländern Europas ist es den rechtsradikalen Kräften in Deutschland nach 1945 nicht mehr gelungen, zu einer politisch relevanten Größe zu werden, was sich etwa durch eine entsprechende Präsenz insbesondere im Deutschen Bundestag ausgedrückt hätte: Die NPD erreichte bei den vergangenen Wahlen lediglich 1,3 Prozent der Wählerstimmen – das ist im Vergleich zu anderen Ländern sehr wenig.[284] Politische Parteien wie die FPÖ in Österreich, der Front National in Frankreich, die Schweden Demokraten, die Schweizer Volkspartei (SVP) von Christoph Blocher oder die Wahren Finnen gibt es in Deutschland nicht einmal ansatzweise. Diese Parteien erreichen in ihren Ländern bis zu einem Drittel der Stimmen und können als politische Kräfte nicht mehr ausgegrenzt oder ignoriert werden. Noch weniger Chancen hätten in Deutschland echte rechtsextreme Parteien wie die Jobbik in Ungarn oder die Goldene Morgenröte in Griechenland.

Das offensichtliche organisatorische Chaos in der Flüchtlingskrise hat natürlich auch rechtsradikale und fremdenfeindliche Tendenzen in Deutschland befördert: Die Dresdner Protest-Bewegung Pegida verzeichnet nach Monaten der Stagnation erneut Zulauf.[285] Es kam zu zahlreichen rassistisch motivierten Straftaten.[286] Die AfD verzeichnete im Herbst 2015 in den Umfragen Zugewinne, von einer massiven Stärkung konnte allerdings keine Rede sein. Wäre im Herbst 2015 gewählt worden, hätte es die AfD aber wohl in den Bundestag geschafft.[287]

Die Irritationen der Bevölkerung bezogen sich nicht auf die Flüchtlinge, sondern auf das offensichtliche, kolossale Versagen der Regierung. Die Deutschen verstanden ihre Kanzlerin nicht mehr – und das Unverständnis zog sich bis weit in die CDU. Der Vorsitzende des Parlamentskreises Mittelstand (PKM), Christian von Stetten sagte im Oktober, er glaube zwar, dass die Bundesregierung einen Plan zur Begrenzung der Einwanderung habe, halte es aber auch für möglich, dass die Regierung ohne Plan agiere.[288]

Die Unruhe in Deutschland war so groß, weil die Regierung die Deutschen die Jahre davor unablässig vor der Gefahr des islamistischen Terrors gewarnt hatte: Nach den Attentaten auf das World Trade Center in New York vom 11. September 2001 hatten die USA den »Krieg gegen den Terror« ausgerufen. Dies bedeutete, dass der NATO-Beistandspakt aktiviert wurde, also die ganze NATO mit den USA in den Krieg ziehen musste, ohne zu wissen, wo der Feind eigentlich sitzt. Die Kriegsbegeisterung sollte durch ein unablässiges Beschwören des überall angeblich lauernden »islamischen Terroristen« geschürt werden. In den USA fanden sich im Jahr 2012 über eine Million Menschen auf sogenannten Terror-Listen.[289]

Der Terror-Begriff wurde für jedes Verbrechen herangezogen – auch wenn die Behörden in vielen Fällen nicht wissen, wer wirklich hinter den Verbrechen steckt: Als in China im Jahr 2014 in mehreren Städten Messerattacken in Bahnhöfen durchgeführt wurden, sprach die Regierung von »Terror«. In Russland nennt die Regierung fast jedes Gewaltverbrechen mittlerweile »Terror«. Als der norwegische Rechtsextremist Anders Breivik in einem sozialdemokratischen Sommerlager im Jahre 2011 ein Blutbad anrichtete, vermuteten viele Medien »islamistischen Terror«, bevor sie noch wussten, wer der Täter überhaupt war. Muslime in Europa entschuldigten sich aus Angst, sie könnten in Sippenhaft genommen werden. Nach einigen Stunden war klar, dass es sich um die Tat eines Rechtsextremen gehandelt hatte. Über die Hintermänner der Anschläge auf die Satirezeitschrift Charlie Hebdo und einen jüdischen Supermarkt in Paris im Januar 2015 wissen wir bis heute nichts Genaues: Und doch ist das Verbrechen als ein besonders abscheuliches Beispiel für den »islamistischen Terror« im kollektiven Gedächtnis verankert.

Der Bevölkerung wurde, unterstützt durch mediales Trommelfeuer, eingetrichtert, dass der islamistische Terror sich durch seine besondere Hinterhältigkeit auszeichne. Man wisse nie, wann Syrien-Heimkehrer oder Schläfer zuschlagen. Besonders gefährlich seien jene, die heute noch keine Terroristen seien – weil sie sich radikalisieren und über Nacht ihren mörderischen Dienst antreten könnten. Dazu wurden von den Medien eifrig Fotos von Hinrichtungen des »Islamischen Staates« gezeigt, deren Authentizität lediglich von Regierungen und Geheimdiensten bestätigt wurde. Es gibt genug unabhängige Hinweise auf explizite Grausamkeiten. Doch die massive Präsenz der von den Terroristen inszenierten Gräueltaten musste jedem Normalsterblichen, der ein solcher zu bleiben hoffte, die kalten Schauer über den Rücken jagen.

Den zweiten Fehler haben die EU und Deutschland gemacht, weil sie sich nicht rechtzeitig gegen die Ausweitung der Kriege in Libyen, Syrien und im Irak gesperrt hatten. Die Masseneinwanderung ist nämlich die logische Folge der modernen Kriege, die zu Beginn dieses Buches ausführlich beschrieben wurden: Weil es möglich ist, heute ohne den Einsatz von Armeen ganze Regionen in Brand zu setzen, machen viele internationale und regionale Mächte von dieser Möglichkeit reichlich Gebrauch. Es ist kein Zufall, dass die führende Nation im Bereich neuer Technologien, die USA, auch hier die führende Rolle spielt. Die meisten Staaten sind pleite – daher lehnte die US-Militärführung Bodentruppen in Syrien ab und schlug vor, den Krieg »virtuell« zu führen. Die Flüchtlinge sind die ersten Opfer der technologisch-industriellen Revolution. Das allein reicht schon, um ihnen hilfsbereit, freundlich und offen zu begegnen. Auf die Absurdität des Begriffs »Wirtschaftsflüchtling« werde ich gleich noch eingehen. Man kann hier keine zutreffenden Unterscheidungen mehr vornehmen, daher gebietet die Menschlichkeit, alle, die da kommen, human zu behandeln.

Man muss aber angesichts des Ausmaßes der Vertreibung feststellen: So wie die »ungeordneten, wilden Asylströme« sich jetzt durch Europa wälzen, so sengen und brennen die »ungeordneten, wilden Kriegstreiber« über den Globus. Sie nutzen die technologisch-industriellen Möglichkeiten ganz bewusst, um neue Kriege anzuzetteln. Die Folgen sollen andere tragen.

In einem bemerkenswerten Interview mit der CBS-Sendung »60 minutes« wurde US-Präsident Barack Obama vom Interviewer Steve Kroft gefragt: »Sie haben über die dürftige Opposition in Syrien gesprochen. Sie scheint schwer identifizierbar zu sein. Und Sie haben über die Frustration geredet, sie zu finden und zu trainieren. Sie haben vom Kongress eine halbe Milliarde Dollar bekommen, um 5.000 Kämpfer auszubilden und auszurüsten, und am Ende, nach Aussage des Kommandanten CENTCOM, bleiben Ihnen 50 Leute, von denen die meisten tot oder desertiert sind. Er sagte, es seien vier oder fünf übrig?« Obama antwortete: »Steve, ich war von Anfang an skeptisch gegenüber der Idee, dass wir im Endeffekt einen Stellvertreter-Krieg in Syrien starten sollen. Mein Ziel war, diese Möglichkeit zu testen. Würden wir in der Lage sein, eine moderate Opposition auszubilden und auszurüsten, die willens ist ISIS zu bekämpfen? Und was wir gelernt haben ist, dass, solange Assad an der Macht bleibt, es sehr schwierig sein wird, diese Leute dazu zu bringen, ihre Aufmerksamkeit auf ISIS zu richten.«[290]

Obama räumt hier also ein, dass der Syrien-Einsatz ein Test gewesen ist: Es wurde getestet, ob es möglich sei, mit Söldnern und Hi-Tech einen Krieg zu gewinnen, ohne eigene Soldaten mobilisieren zu müssen. Dieses Eingeständnis bestätigt die These, dass die technologisch-industrielle Revolution Kriege begünstigt.

Ähnliche »Tests« gab es zuvor im Irak und in Libyen. Eine Art Transformationsrolle spielte Afghanistan: Dort kämpfen die USA und die NATO über einen Zeitraum von 13 Jahren.[291] Über das Ergebnis berichtet Reuters: »Ein halbes Jahr nach dem Abzug der meisten ausländischen Truppen vom Hindukusch geben immer mehr Afghanen die Hoffnung auf eine Zukunft im eigenen Land auf. Die Arbeitslosenquote schnellte im vergangenen Jahr nicht zuletzt deshalb drastisch in die Höhe. Nach Schätzungen von Experten waren Ende 2014 bis zu 50 Prozent der Afghanen arbeitslos oder unterbeschäftigt. Entlang der Straße von Kabul nach Dschalalabad verkaufen afghanische Auftragnehmer, die ein Jahrzehnt lang im Dienst der ausländischen Truppen standen, inzwischen Hunderte Kräne, Bagger und Zugmaschinen, mit denen früher Militärcamps und Bauten für Entwicklungshilfeprojekte errichtet wurden. Käufer für das schwere Gerät finden sich allerdings kaum.«[292]

Tatsächlich sind die Flüchtlings-Trecks, die jetzt durch Europa kämpfen, stumme Ankläger gegen die modernen Kriege als zerstörerische Vorboten der industriellen Revolution. Kein Mensch verlässt seine Heimat aus purer Langeweile dauerhaft. Niemand geht von Afrika nach Europa, weil er hier angenehmer leben kann – schon die Flucht ist teuer und strapaziös, für die meisten sogar lebensgefährlich. Die Menschen werden vertrieben, weil in ihren Ländern Krieg, Hunger, Not und Korruption herrschen. Wir beklagen diese Zustände seit Jahrzehnten – doch haben auch hunderte Milliarden an Entwicklungshilfe-Geldern nichts verändert. Zugleich haben die technologischen Kriege immer neue Konfliktherde in Brand gesetzt: Libyen und Syrien waren bis vor kurzer Zeit völlig stabil. Gerade die Entwicklungen in Nordafrika zeigen, dass reale Kriege und Wirtschaftskriege nicht voneinander zu trennen sind: Sowohl in Libyen als auch in Syrien spielt der Kampf um Erdöl und Rohstoffe eine entscheidende Rolle. Die realen militärischen Aktionen sind das Ergebnis von Finanz- und Wirtschafts-Attacken. Krieg als Politik mit anderen, neuen Mitteln. Daher ist es unzulässig, eine Unterscheidung zwischen »politisch verfolgten Flüchtlingen« und »Wirtschaftsflüchtlingen« zu treffen: Alle modernen Kriege sind auch Wirtschaftskriege. In letzter Konsequenz macht es für die Iraker, Syrer, Afghanen oder Kosovaren keinen Unterschied, ob ihre Heimat wegen eines Bombardements, wegen einer spekulativen Attacke auf die Märkte, wegen einer ethnischen Säuberung aus Rohstoff-Interessen oder zu geopolitischen »Testzwecken« zerstört wurde.

Im Zeitalter der technologischen Revolutionen, der Allgegenwärtigkeit der Bilder, auch der schrecklichen, kommen die Flüchtlinge mit einer zusätzlichen Last nach Europa: Sie können die Kriege, vor denen sie geflohen sind, nicht hinter sich lassen. Zum einen sind viele von ihnen traumatisiert. Doch wenn diese Opfer ständig wechselnder Fronten in Europa aufschlagen, ist zu befürchten, dass solche Fronten hier aufs Neue entstehen. Schon im September waren die deutschen Sicherheitsbehörden alarmiert, weil es in zahlreichen Flüchtlingsheimen zu Auseinandersetzungen zwischen einzelnen Flüchtlingsgruppen gekommen war.[293] Es gab viele Verletzte und sogar Tote. Banden-Kriege, ethnische Rivalitäten und religiöse Auseinandersetzungen sind die Gründe. Mithilfe der modernen Kommunikationsmittel sind die Flüchtlinge immer auch mit ihrer Heimat verbunden. Sie erleben die Feindseligkeiten im Internet mit, werden erneut Opfer der Propaganda. Die Unmittelbarkeit der Bilder, die perfekten Inszenierungen, die versteckten Manipulationen – all diese technologischen Mittel erweitern die regionalen Schlachtfelder in den globalen Raum. Das zeigt schon der Konflikt zwischen Kurden und Türken in Deutschland, der immer wieder gewaltsam aufflammt: Die technologische Revolution hat aus der Welt einen vernetzten Ort gemacht, an dem nicht nur das Angenehme allgegenwärtig ist, sondern auch Gewalt und Zerstörung.

Die Nervosität der Sicherheitsbehörden hat ganz gewiss nicht zur Beruhigung der Öffentlichkeit beigetragen. Der Chef der Deutschen Polizeigewerkschaft, Rainer Wendt, sprach von der Gefahr »sozialer Unruhen«.[294] Die Polizei steht auch im großen Stil ratlos vor immer neuen Entwicklungen. Die Wochenzeitung »Die Zeit« schreibt: »Mitarbeiter von Hilfsorganisationen berichten über eine Bandbreite von Tricks, mit denen die syrische Identität vorgetäuscht wird. Flüchtlinge lernten die Nationalhymne Syriens auswendig, machten sich mit der Geografie und Geschichte des Landes vertraut und fragten auf dem Weg nach Europa gezielt Syrer aus, um später beim Asylverfahren glaubwürdige Lebensgeschichten präsentieren zu können. Dokumente aus Syrien – Pässe, Führerscheine, Zeugnisse – werden längst auf einem florierenden Markt gehandelt. Seit die Bundesregierung Grenzkontrollen wieder eingeführt hat, stellte die Bundespolizei in den ersten Tagen zahlreiche gefälschte Pässe und Ausweise sicher.«[295]

Der frühere Chef des österreichischen Amts für Verfassungsschutz und Terrorismusbekämpfung, Gert R. Polli, analysiert: »Mit der unkontrollierten Flüchtlingswelle greifen bisherige Ermittlungsansätze zu kurz. Man weiß schlicht nicht, wer ins Land kommt und kann auch dessen Vernetzung und Hintergrund nicht einschätzen. Bisher wurden Screenings in speziellen Verdachtsfällen durchgeführt. Dies ist bei einem solchen Ansturm nur eingeschränkt möglich, zumal die spärlichen Angaben der Flüchtlinge kaum überprüfbar sind. Der Bürgerkrieg in Syrien und der Konflikt im Irak haben die Zusammenarbeit mit den dortigen Behörden auf ein Minimum reduziert. Die vielstrapazierte, internationale Vernetzung der Behörden greift hier ins Leere. Wir haben es mit einem sicherheitspolitischen Blindflug bisher unbekannten Ausmaßes zu tun. Befürchtet wird, dass terroristische Akteure auf europäischem Boden auf sich allein gestellt agieren könnten und für die Sicherheitsbehörden bis zum Anschlag unsichtbar bleiben. Genau diese Strategie wird vom IS verfolgt. Der Umstand, dass deutsche und österreichische Sicherheitsbehörden bisher keine belastbaren Hinweise finden konnten, ist daher höchst beunruhigend.«[296]

Das Unbehagen, das wir wegen der verdeckten Kriege empfinden, spielt auch im Zusammenhang mit der Anwesenheit der Flüchtlinge in Europa eine große Rolle: Terroristen und Geheimdienste können die Flüchtlinge instrumentalisieren, sie unterwandern, und Verbrecher aus den eigenen Kadern bei ihnen verstecken. Nie war es leichter, unerkannt nach Deutschland zu kommen. Agitatoren können sich mit vergleichsweise wenig Geld einkaufen und werden angesichts der allgemeinen Verzweiflung mit Sicherheit Leute finden, die sie für kriminelle Handlungen anwerben können. Damit kann es Terroristen und Geheimdiensten gelingen, Deutschland zu destabilisieren. Die Gefahr ist so real wie die Täter unsichtbar sind. Für Deutschland und Europa ergibt sich daraus eine völlig neue sicherheitspolitische Lage. Wir werden in den Schlussfolgerungen sehen, dass Europa auf diese Situation angemessen reagieren muss.

Vor diesem Hintergrund einer realen, wenngleich unsichtbaren Bedrohung ist es nicht überraschend, dass die Deutschen mit Misstrauen auf die veränderte Sicherheitslage blicken. Denn nachdem jahrelang vor den Gefahren gewarnt wurde, öffnete nun Bundeskanzlerin Angela Merkel plötzlich die Grenzen, breitete die Arme weit aus. Während Flugreisende sich bis zum heutigen Tage den lächerlichsten Kontrollen wie dem Ausleeren von Trinkwasser an der Sicherheitskontrolle unterwerfen müssen, wurden nun plötzlich Hunderttausende von Menschen offiziell zur unkontrollierten Einreise aufgefordert – ausgerechnet aus jenen Regionen, die die Regierungen zuvor als die Brutstätte des grausamsten Terrors bezeichnet hatten. Der Staat, der sich noch kurz zuvor als Garant der Sicherheit für die Bürger präsentiert und zahlreiche Einschränkungen der Bürgerrechte mit der Gefahr des »Terrors« begründet hatte, kapitulierte über Nacht und gab de facto den Schutz seiner Bevölkerung auf. Die Polizei war – in allen EU-Ländern, die betroffen waren – restlos überfordert. Es gibt Fernsehbilder von der österreichisch-slowenischen Grenze, die zeigen, wie eine große Gruppe von Flüchtlingen die hilflosen Polizeibeamten, die eine Ausweiskontrolle durchführen wollen, einfach wortlos beiseiteschiebt. Der Widerstand gegen die Staatsgewalt geschieht überhaupt nicht aggressiv, sondern wortlos wie selbstverständlich, wie ein stummer Protest, dem sich die Beamten schließlich beugen müssen. Am Ende der vom österreichischen Fernsehen gezeigten Sequenz laufen die Beamten dann auf österreichischem Territorium hinter den Flüchtlingen her.[297]

Es spricht sehr für die freiwilligen Helfer in Deutschland oder Österreich, dass sie trotz dieser Gefahrenlage nicht eine Sekunde gezögert haben, um all den Einwanderern, Flüchtlingen und Asylsuchenden in einer beispiellosen Welle der Hilfsbereitschaft zu begegnen. Das selbstlose Engagement zeigt, dass die europäische Kultur des Humanismus trotz der jahrelangen Berieselung über die »islamischen Horden« offenbar völlig intakt geblieben ist. Ich selbst habe von mehreren älteren Herrschaften aus Kärntner Dörfern Ähnliches gehört: Auch dort hielten sich plötzlich Dutzende Flüchtlinge auf – doch sie trafen nicht auf Feindseligkeit, sondern auf Hilfsbereitschaft und Mitleid. Die Einwohner empfanden die Anwesenheit der »Fremden« nicht als Bedrohung – wohl aber äußerten sie Sorge über die Zukunft dieser Menschen. Niemand konnte sich vorstellen, wie es mit diesen Leuten weitergehen sollte, zumal sie in solch großer Zahl erschienen waren.

Genau hier setzt allerdings auch das Unbehagen der Deutschen über die Entwicklung ein: Denn die Einwanderung erfolgt nicht systematisch, kontrolliert oder gesteuert. Die Bundesregierung hat zahlreiche Gesetze selbst außer Kraft gesetzt und damit die Behörden in eine unmögliche Lage versetzt: Sie, die dazu da sind, die Einhaltung der Gesetze zu überwachen, finden sich plötzlich im luftleeren Raum wieder. Angela Merkel hatte als Maxime zur Flüchtlingsbewältigung erklärt: »Wir schaffen das.« Zunächst wurden allerdings Verwirrung, Unsicherheit und Chaos geschaffen. Ob und inwieweit vor allem die wirtschaftlich schwächeren EU-Staaten wie Kroatien, Slowenien oder Ungarn in der Lage sind, das Problem kurzfristig zu lösen, kann zum gegenwärtigen Zeitpunkt nicht gesagt werden. Die Ungarn haben die Grenzen dichtgemacht.

Ich habe im September 2015 in Ungarn mit zahlreichen Leuten gesprochen und habe nicht einen einzigen getroffen, der die von den anderen EU-Regierungen scharf kritisierte Maßnahme eines Grenzzauns nicht für absolut richtig gehalten hätte. Zwar spielten auch kulturelle Vorbehalte und ein Misstrauen gegenüber dem Islam eine Rolle. Doch das Unverständnis der Ungarn kam daher, dass sich das Land gerade aus der sowjetischen Umklammerung gelöst hatte und wirtschaftlich einigermaßen auf die Beine gekommen war. Ein Unternehmer sagte mir: »Wir haben uns das jetzt alles aufgebaut, jeder hat seine Rolle. Was sollen wir denn mit Tausenden Menschen machen, die kein Wort Ungarisch verstehen? Welche Jobs wollen wir ihnen anbieten?«

Diese Frage ist in der Tat wichtig. Sie ist, neben allem Mitgefühl und aller Hilfsbereitschaft, langfristig die entscheidende Frage, ob »wir es schaffen«. Denn die Integration von Millionen neuer Menschen in Europa hängt nicht davon ab, dass die Einwanderer, zu denen die Flüchtlinge ja eines Tage werden, sich artig an das Grundgesetz halten, auf die Anwendung der Scharia verzichten oder die Burka vor dem Betreten einer Schule ablegen. Dies sind alles Kleinigkeiten. Entscheidend für die Integration wird es sein, ob die Einwanderer Arbeit finden – und zwar in Bereichen, in denen es neue Arbeitsplätze gibt. Dass der Austausch der bestehenden Arbeiter gegen Flüchtlinge keine dauerhafte Lösung ist, ist gar nicht so selbstverständlich, wie man meinen möchte: Bereits unmittelbar nach der Ankunft der ersten Flüchtlinge regte der Münchner ifo-Chef Hans-Werner Sinn an, den eben erst in Deutschland eingeführten Mindestlohn für Flüchtlinge wieder außer Kraft zu setzen.[298] Eine Forderung, die enorme soziale Sprengkraft hat und von Bundesarbeitsministerin Andrea Nahles zurückgewiesen wurde.[299]

Doch Nahles gibt sich keiner Illusion hin, dass man die Mehrzahl der Flüchtlinge schon bald in Arbeit und Ausbildung sehen könnte. Nicht einmal jeder Zehnte bringe die Voraussetzungen mit, um direkt in eine Arbeit oder Ausbildung vermittelt zu werden, sagte die SPD-Politikerin im September 2015 im Deutschen Bundestag: »Meist fehlen die Deutschkenntnisse, aber auch anderes.« Nahles: »Nicht alle, die da kommen, sind hoch qualifiziert. Ganz klar, das ist nicht so. Der syrische Arzt ist nicht der Normalfall.« Man brauche in den meisten Fällen »ergänzende Qualifizierung«, in vielen Fällen aber auch erst »eine grundständige Ausbildung«. Nahles sagte: »In der Arbeitslosenstatistik wird sich das niederschlagen. Ich wünsche mir, dass alle, die heute sagen, das wollen wir stemmen, wir wollen die Menschen bei uns aufnehmen, sich daran auch noch in einem Jahr erinnern.«[300]

Der bayerische Ministerpräsident Horst Seehofer sprach im Zusammenhang der Flüchtlinge von einer Völkerwanderung.[301] Er liefert damit das Stichwort für historische Vergleiche. Und diese zeigen, dass solche Wanderungen in der Regel der Ausdruck von gravierenden gesellschaftlichen Veränderungen sind. Dieser Gedanke ist für unsere aktuelle Situation von höchster Bedeutung, weil er erklärt, warum Hilfsbereitschaft und Arbeitslosengeld zwar kurzfristig unerlässlich sind, langfristig jedoch nicht reichen werden.

Die »Invasion der Barbaren« nennt sich das hervorragende Buch des Yale-Historikers Peter Heather.[302] Unter Barbaren versteht der Autor nicht »Kulturlose«, sondern den wertfreien Begriff für »das barbarische Europa als die nichtrömische Welt des Ostens und des Norden«. Das Buch trägt den Untertitel »Die Entstehung Europas im ersten Jahrtausend nach Christus«. Auch hier liegt die Assoziation nahe: Die neue Migration könnte »Die letzten Tage Europas« einläuten, wie der Publizist Henryk M. Broder seine vor einigen Jahren veröffentlichte, brillante Polemik gegen die EU genannt hatte. Euro-Skeptiker, Kultur-Pessimisten und Nostalgiker sehen sich bestätigt.[303] Sie argumentieren, dass man die eigene Behaglichkeit hätte retten können, wenn man seinen Werten treu geblieben wäre und bewahrt hätte, was die Väter und Mütter überliefert haben.

Tatsächlich erklärt Peter Heather in seinem Völkerwanderungs-Buch, dass die Entstehung Europas nicht einfach darauf zurückzuführen sei, dass ein Haufen Wilder ein paar Eingesessene überrannte. Heather schreibt, dass die moderne Forschung zu dem Ergebnis gekommen sei, dass es zwar unbestreitbar große Wanderungen in der Geschichte des ersten Jahrtausends gegeben habe und diese eine wichtige Rolle bei der Entwicklung Europas gespielt hätten. Doch ausschlaggebend sei – und das ist die Parallele zu heute – ein grundlegender gesellschaftlicher Veränderungsprozess gewesen: »Wichtiger als jede Migration waren für die Neuordnung des barbarischen Europa in den 1000 Jahren seit Christi Geburt jedoch die inneren wirtschaftlichen, sozialen und politischen Wandlungsprozesse. Beim Prozess der Staatenbildung wie der Migration in all ihren Formen handelt es sich nicht um zwei verschiedene Arten der Transformation, sondern um verschiedene Reaktionen auf ein und dieselben Impulse: die massive Ungleichheit zwischen den mehr oder weniger entwickelten Gebieten Europas zu Beginn des ersten Jahrtausends. Meiner Ansicht nach haben Staatenbildung und Migration zur Beseitigung dieser Ungleichheit entscheidend beigetragen. Es sind eng miteinander verwandte Phänomene, die der Dominanz des Mittelmeerraums ein Ende setzten und den Grundstein für die Entstehung des modernen Europa legten.«[304]

Auch heute können wir die moderne Völkerwanderung nur verstehen und nur dann die richtigen Schlüsse ziehen, wenn wir sie als Teil der technologisch-industriellen Revolution begreifen, die sich global in zahlreichen Kriegen »ausprobiert«, wie Obama das eingeräumt hatte. Heather schreibt: »Imperiale Macht erzeugt eine Gegenmacht, die mit der Zeit die Klinge des imperialen Schwertes stumpf werden lässt.«[305] Dies führt dazu, wie wir es im Nahen Osten, aber auch in Europa erleben, dass die technologisch-industrielle Revolution mit der Zerstörung und Neuformierung von Staaten einhergeht.

Diese Einschätzung bestätigt die Analysen des Ökonomen Acemoglu, dessen Buch »Why Nations Fail« an früherer Stelle in diesem Buch schon erwähnt wurden. Sie können auf die aktuellen

Migrations-Bewegungen übertragen werden, die viele Deutsche aus ihren Lehnstühlen gerissen haben und von denen die Bundesregierung so tut, als wäre sie davon total überrascht worden. Das ist natürlich falsch: Die Entwicklung war absehbar, und zwar seit langem. Seit vielen Jahren warnt der italienische Premier Matteo Renzi in immer drastischeren Worten, dass Italien mit den »Boat-People«, die auf der Insel Lampedusa stranden, nicht fertig werde. Seit Jahren ist bekannt, dass sich in der Türkei schätzungsweise zwei Millionen Vertriebene aufhalten. Der türkische Präsident Recep Tayyip Erdogan hat schon vor einem Jahr gewarnt, ebenso die UNHCR und verschiedene Migrations-Experten.[306] Doch die Bundesregierung ist untätig geblieben.

Angela Merkel hat all diese Warnungen ignoriert. Statt entschieden gegen den Krieg aufzutreten und so sicherzustellen, dass all die Menschen gar nicht erst in die Flucht geschlagen werden, berief Merkel sich auf den »Herrgott«, der dieses Problem auf ihren Tisch geworfen habe.[307]

Doch der »Herrgott« hat mit all dem wenig zu tun. Die entscheidende Frage, ob wir die Aufgabe lösen, liegt nicht in religiösen Überhöhungen. Sie lautet: In welchen Industrien und Branchen werden die Einwanderer, von denen die überwiegende Mehrzahl zu bleiben gedenkt, sinnvolle Arbeit finden? Wie werden sie ihre Familien ernähren? Wie stellt sich die Lage in Deutschland dar – welche Chancen bietet das Land den Einwanderern wirklich?

Unmittelbar nach dem ersten Eintreffen der Flüchtlinge sind diese Fragen auch bereits gestellt worden. Doch zunächst werden die Flüchtlinge vor allem als neue Konsumfaktoren gesehen. Diese Kurzsicht ist typisch für die europäische Wirtschaft am Beginn des 21. Jahrhunderts – und für ihr postdemokratisches Selbstverständnis: Der Staat soll die Flüchtlinge finanzieren, damit diese die Steuergelder dann in Form von Konsum in die Kassen der Unternehmen spülen. So präsentiert sich der deutsche Bankenverband Ende September als großer Fan der Massen-Einwanderung: »Die deutschen Geschäftsbanken versprechen sich vom Flüchtlingsstrom Impulse für die deutsche Konjunktur. Unterm Strich könnte dies die Wirtschaftskraft um etwa 0,2 Prozentpunkte anschieben, teilte der Bundesverband deutscher Banken (BdB) mit. Zum einen dürfte der private Konsum zulegen, zum anderen könnten direkte Sachleistungen und zusätzliche Beschäftigte für die Verwaltung und Integration der Flüchtlinge den Staatskonsum erhöhen. Für dieses und nächstes Jahr erwartet der BdB jeweils einen Anstieg des Bruttoinlandsproduktes von 1,7 Prozent. Im Frühjahr hatte der Verband für 2015 und 2016 noch je ein Plus von 1,8 Prozent veranschlagt. Die mittel- bis langfristigen Wachstumseffekte der Zuwanderung hängen nach BdB-Angaben jedoch entscheidend davon ab, ob und wie schnell die Integration der anerkannten Asylbewerber in den Arbeitsmarkt gelingt.«[308]

Die Banken, und mit ihnen die deutsche Wirtschaft, freuen sich schon einmal auf einige Quartale, in denen der Staat Milliarden über die Flüchtlinge in die Wirtschaft pumpt. Doch die Frage der Banken, ob und wie schnell die Integration der Einwanderer in den Arbeitsmarkt gelingt, ist mit einem kurzfristig wirksamen Einwanderungs-Stimulus nicht beantwortet.

Es besteht die Gefahr, dass die Ökonomen nicht weit genug nach vorne blicken. Denn sie versuchen bereits, zwei Dinge miteinander zu verknüpfen, die zwar scheinbar zusammenpassen, faktisch aber eben nicht komplementär sind und damit das Problem lösen könnten: Es wird gesagt, dass die Deutschen – und im Grunde alle Europäer – ein Demographie-Problem haben und daher die Flüchtlinge wie gerufen kämen. Für Deutschland ist die Ankunft der Flüchtlinge kurzfristig mit Sicherheit ein Glück – einmal vorausgesetzt, dass die kulturelle Integration gelingt. Der unabhängige Ökonom Michael Bernegger schreibt: »In der Zukunft werden ohne Einwanderung immer weniger Beschäftigte immer mehr Rentner finanzieren müssen. Das rein exportgetriebene Wachstumsmodell war eine Sackgasse. [...] Doch diese Phase stagnierender Binnenwirtschaft ist in Deutschland jetzt vorbei. Was jetzt mit der Flüchtlingspolitik passiert ist, ist ein Dammbruch. Es ist der Beginn einer Massenimmigration nach Deutschland, die im Charakter und in der zeitlichen Intensität vergleichbar sein dürfte wie die Massenimmigration in die Peripherieländer parallel zur Einführung des Euro.«[309]

Bernegger weiter: »Die Immigration in Deutschland konzentriert sich auf junge Leute unter 25 Jahren, meist männlich. Sie umfasst Asylsuchende, politische Flüchtlinge und auch Wirtschaftsflüchtlinge. Erfahrungsgemäß haben diese Immigranten nach wenigen Quartalen bis Jahren eine sehr hohe Erwerbsquote. In den Peripherieländern lag diese üblicherweise bei 80 Prozent und höher. Eine Immigration dieser jungen Leute hat typischerweise Echoeffekte durch Nachzug. Die Wohnbevölkerung wird dadurch deutlich ansteigen. Realistischerweise wird dies die Wohnbevölkerung Deutschlands innerhalb der nächsten 5 bis 10 Jahre auf mindestens 90 Millionen anheben. Dies entspräche rund 10 Prozent Wachstum gegenüber dem aktuellen Zustand. Zum Vergleich. In Spanien stieg die Wohnbevölkerung von 1998 bis 2007, das heißt, innerhalb von neun Jahren, von unter 40 auf 48 Millionen registrierte Einwohner, also um rund 20 Prozent.«[310]

Bernegger sieht den ersten Schwung der Konjunktur-Belebung durch die Masseneinwanderung vor allem im Baubereich. Das ist logisch – denn die vielen Zuwanderer brauchen Wohnraum. Es wird massive Investitionen in die Infrastruktur geben. Bernegger: »Historisch waren in Deutschland wie in vielen anderen Ländern die Phasen mit hoher Immigration und Bevölkerungszunahme die besten Jahre oder sogar Jahrzehnte des Wirtschaftswachstums. Solche Phasen starker Immigration und Bautätigkeit repräsentieren üblicherweise kumulativ sich verstärkende Prozesse. Der Bedarf an qualifizierter Arbeitskraft aller Stufen im Bausektor wird zur weiteren Einwanderung von Bauarbeitern, Architekten, Dienstleistern aller Art vor allem aus den Peripherieländern und aus Osteuropa führen – und damit eine sekundäre Einwanderung auslösen.«

Bernegger schränkt jedoch ein und warnt, dass die Freude nur vorübergehend sein könnte, wenn die Integration der Migranten scheitert: »In den Peripherieländern wurde dieser Immigrationsschub konzeptuell falsch aufgegleist, dies in vielerlei Hinsicht: Aufenthaltsrecht, Arbeitsmarktpolitik, Raumplanung, Regionalpolitik, Wohnungsbaupolitik und -finanzierung Steuer- und Ausgabenpolitik, Bankenregulierung und -überwachung. Diese Länder haben dafür mit einem schlimmen Boom und Bust-Zyklus dafür bezahlt.«[311]

Die Bundesregierung setzt darauf, dass das Konzept aufgeht. Bundeswirtschaftsminister Sigmar Gabriel sagte bei der

Vorstellung der Wachstumsprognose für 2015 im Oktober in Berlin, dass die Kosten für Flüchtlinge eine schwächere Entwicklung in China und anderen Schwellenländern ausgleichen würden. Der Chef des Kölner Instituts der deutschen Wirtschaft (IW), Michael Hüther, sekundierte Gabriel und nannte die unerwartete Masseneinwanderung ein »kleines Konjunkturprogramm«. Es sollte die Bundesregierung sehr nachdenklich stimmen, dass ausgerechnet jene Branche, von der sich die Bundesregierung die Rettung aus misslicher Lage erhofft, ihre Wünsche als blauäugig bezeichnet. In einem offenen Brief warnt der Hauptgeschäftsführer des Verbandes der Deutschen Bauindustrie, Michael Knipper, dass es sich bei dem Bauprogramm für die Flüchtlinge nur um ein »konjunkturelles Strohfeuer« handelt. Knipper erwartet, dass die Zuwanderung Milliarden Kosten wird – und dass der Erfolg keineswegs sichergestellt ist.[312]

Tatsächlich wird sich sehr schnell nach dem Boom zeigen, ob die Integration gelungen ist: Dann nämlich, wenn alle Häuser, Schulen und Autobahnen fertig gebaut sind. In welchen Berufen werden die Einwanderer dann arbeiten, und welche vorausschauenden Maßnahmen ergreift die Gesellschaft, um die heute Ankommenden für genau diese Berufe zu qualifizieren?

Diese Frage ist entscheidend: Denn die bisherigen Beispiele in Europa haben gezeigt, dass die Masseneinwanderung zwar kurzfristig den Bau-Boom befördert hat. Profitiert haben allerdings vor allem die Immobilien-Spekulanten und die Bauunternehmer: Statt sich auf dem Markt bewähren zu müssen, wird der Staat ihr Kunde. Ich weiß in Berlin von einem Immobilienspekulanten, dessen lange Zeit leerstehende Immobilie vom Staat für Flüchtlinge angemietet wurde. In die Wohnungen im Vorderhaus hat der findige Geschäftsmann Möbel aus dem Sperrmüll gestellt. Damit gelten diese als möbliert und können als »Notunterkünfte« vermietet werden – zu noch höheren Mieten, die der Steuerzahler aufzubringen hat. Im Baubereich blüht fast überall die Schwarzarbeit: Weil viele Einwanderer sich illegal im Land aufhalten, sind sie auch nicht steuerpflichtig. Die Banken wurden von der Banken-Aufsicht BaFin offiziell aufgefordert, sich über die eigentlich strengen Geldwäsche-Vorschriften hinwegzusetzen und für Flüchtlinge Konten auch ohne die Vorlage von gültigen Dokumenten zu eröffnen.[313] Die Grundlagen für eine staatlich geförderte Schattenwirtschaft sind damit geschaffen.

Wie man am Beispiel von Spanien sehen kann, stimmen Berneggers Beobachtungen zwar für das Bevölkerungswachstum. Während des spanischen Boom-Zyklus, der durch die Immobilien- und Baubranche angeheizt wurde, stieg die Einwohnerzahl von 40 Millionen im Jahr 1999 auf 47 Millionen im Jahr 2010. Doch mit dem Platzen der Immobilien-Blase und der daraus folgenden Rezession kehrte sich der Trend so schnell um, wie er gekommen war. Allein im ersten Halbjahr 2014 verließen 200.000 Personen das Land auf der Suche nach neuen Möglichkeiten. Ein Großteil davon, nämlich 163.000, waren die Immigranten, die entweder in ihre Heimatländer zurückkehren oder in andere EU-Länder abwanderten. Schätzungen zufolge wird sich dieser Trend weiterhin fortsetzten und Spanien wird über die nächsten 15 Jahre eine Million Einwohner verlieren.[314]

Erstaunlich ist hierbei, dass Spanien trotz der schlechten Erfahrungen unverdrossen positive Erwartungen in Bezug auf den Bausektor hegt. Erneut setzt das Land auf den wirtschaftlichen Aufstieg durch die Bau- und Immobilienbranche. Dem nationalen Statistikamt Instituto Nacional de Estadística zufolge, haben die Investitionen in der Baubranche ein Wachstum von 5,1 Prozent im Vergleich zum Vorjahr verzeichnet, mit einem Anstieg von 9,2 Prozent bei neuen Arbeitsplätzen.[315] Laut einer Untersuchung der Wirtschaftsprüfungsgesellschaft PricewaterhouseCoopers waren 670.000 Wohnungen im Jahr 2011 leerstehend und zum Verkauf ausgeschrieben und das bei einer jährlichen Nachfrage von nur 150.000 bis 200.000 Wohnungen.[316]

Die Beschäftigung der Einwanderer erfolgte in Spanien nicht im Bausektor, wie sich das Sigmar Gabriel mit seinem kleinen Konjunkturwunder für Deutschland vorstellt. Lag die Beschäftigung von Immigranten 2005 noch bei 59 Prozent im Dienstleistungssektor (vor allem Gastronomie) und bei 21 Prozent in der Baubranche, so hat sich dies durch die Krise verschoben. 2010 und 2011 zeigte, dass Immigranten auf einige spezifische Sektoren konzentriert waren, alle mit einem hohen Anteil an niedrig-qualifizierten

Arbeitsplätzen: Groß- und Einzelhandel (28 Prozent), andere Dienstleistungen vor allem in der Gastronomie und im Bereich der Hausangestellten (22 Prozent), Baubranche (12 Prozent) und Industrie (10 Prozent). Der Anteil der Arbeitskräfte mit Migrationshintergrund in der Baubranche ist allerdings doppelt so hoch wie der Anteil der spanischen Beschäftigten.[317]

In Frankreich schafft es ein Großteil der Immigranten überhaupt nicht, sich innerhalb der ersten Jahre ihres Aufenthalts in den französischen Arbeitsmarkt zu integrieren. Während in den 1960er- und 1970er-Jahren ein Großteil der Immigranten in der Fertigungsindustrie beschäftigt waren, hat sich dies durch den Abbau von niedrig-qualifizierten Arbeitskräften und der Deindustrialisierung dramatisch verändert. Wie auch in vielen anderen europäischen Ländern sind Immigranten heute in der Baubranche (15,7 Prozent), Gastronomie, Hotellerie, Handel, Transportwesen (9,3 Prozent) und in anderen Dienstleistungen (14,6 Prozent) beschäftigt.[318]

Das Bildungsniveau der 2000 und 2008 in Frankreich eintreffenden Immigranten sieht so aus: 40 Prozent waren ohne Ausbildung, 30 Prozent kamen mit einer Sekundärausbildung und 30 Prozent mit einem Hochschulabschluss. Studien belegen, dass viele Immigranten beim Eintritt in den Arbeitsmarkt für ihre Anstellungen meist überqualifiziert sind. Sie sind gezwungen, Jobs anzunehmen, die unter ihrem Ausbildungs- und Erfahrungsniveau liegen.[319] Das liegt auch daran, dass Frankreich, wie die ganze EU, die industriell-technologische Revolution nicht als Chance ergriffen hat, sondern alle Ressourcen verwendet hat, um die alte Industrie zu stützen.

Grundsätzlich wäre es durchaus in Ordnung, für eine Übergangsphase eine gewisse Lockerung der bürokratischen Regelungen zu praktizieren. Doch langfristig schafft dies große Probleme, wenn es keinen tragfähigen Plan gibt. Irgendwann werden die Millionen Einwanderer in den geregelten Arbeitsprozess jener Branchen wechseln müssen, die wachsen und daher neue Arbeitsplätze schaffen. Und hier hat Deutschland allem »Wir-schaffen-das«-Patriotismus zum Trotz ein Problem: Die Zahl der Arbeitsplätze in der klassischen Industrie wird nämlich in den kommenden Jahren drastisch sinken: Die technologisch-industrielle Revolution wird in den kommenden Jahren und Jahrzehnten nämlich zum Verlust von Millionen Arbeitsplätzen in Deutschland führen. Eine aktuelle Studie prognostiziert, dass von den 30,9 Millionen sozialversicherungspflichtigen und geringfügigen Beschäftigten rund 18 Millionen durch Maschinen und Software ersetzt werden.[320] Diese Studie basiert auf einer 2013 angestellten Studie für den US-amerikanischen Arbeitsmarkt von Frey und Osborne, die bereits auf mehrere europäische Länder übertragen wurde.[321] Diese Auswirkungen des technologischen Wandels treffen Deutschland besonders hart mit einem Arbeitsplatzverlust von 59 Prozent. In den USA wurde im Vergleich dazu »nur« 47 Prozent prognostiziert. Grund dafür ist die Industrielastigkeit der deutschen Wirtschaft. Die soziale Sprengkraft dieser drastischen Veränderungen zu unterschätzen wäre fatal, denn wie man schon im Laufe früherer technologischer Veränderungen gesehen hat, ist es mehr als unrealistisch, darauf zu hoffen, dass die durch Roboter verdrängten Arbeitskräfte einfach in neuen Bereichen eingesetzt werden können.[322]

Die Bundesregierung will diese Fakten nicht wahrhaben: Eine Übertragung der Studie von Frey/Osborne auf den deutschen Arbeitsmarkt, die im Auftrag des Bundesministeriums für Arbeit und Soziales durchgeführt wurde, kommt zum Schluss, dass es sich bei den Ergebnissen der Originalstudie um eine »Überschätzung der technischen Möglichkeiten handelt«. Der Grund: Experten und Studienautoren neigen dazu, die Einsatzmöglichkeit und praktische Relevanz neuer Technologien völlig überzubewerten. Im Besonderen werde hier der komparative Vorteil von Menschen bei Tätigkeiten mit hohen Anforderungen an Flexibilität, Urteilskraft und gesundem Menschenverstand unterschätzt.[323] Diese Bewertung zeigt, dass die technologisch-industrielle Revolution vor allem für Volkswirtschaften besonders gefährlich ist, die in der Vergangenheit sehr erfolgreich waren und daher darauf setzen, dass alles bleiben möge, wie es ist.

Doch auch ohne die veränderten Bedingungen durch die technologisch-industrielle Revolution hat Deutschland bereits mit großen strukturellen Problemen zu kämpfen. In der Fertigungsindustrie wird der Abbau wegen der Globalisierung und der Konzentration der Wirtschaft auf den Dienstleistungssektor beschleunigt vonstattengehen. 1960 arbeiteten in Deutschland noch 13,7 Prozent der Angestellten im Agrarsektor. 47,9 Prozent waren im Industriesektor und 38,3 Prozent im Dienstleistungssektor beschäftigt. Heute sind nur mehr 1,5 Prozent im Agrarsektor, 24,6 Prozent im Industriesektor und 73,9 Prozent im Dienstleistungssektor beschäftigt.[324] Die Verlagerung der Standorte in Billiglohnländer trägt zu dieser Entwicklung bei.

2013 erreichte die Zahl der von deutschen Automobilherstellern im Ausland produzierten Einheiten 8,6 Millionen, ein Anstieg von 133,7 Prozent im Vergleich zu 2000. Die inländische Produktion wuchs nur um 6,1 Prozent, das ist ein jährliches Wachstum von 0,5 Prozent.[325] Die Fertigungsindustrie hat im Verlauf der vergangenen zwei Jahrzehnte in Deutschland einen Arbeitsplatzverlust von 30 Prozent zwischen 1991 und 2012 erlebt. In Frankreich waren es ebenfalls 30 Prozent, in anderen europäischen Staaten sogar noch mehr.[326]

Es ist durchaus denkbar, dass ausschließlich das kurzfristige ökonomische Kalkül hinter Angela Merkels Politik der offenen Grenzen steckt: Die faktische Zusammenlegung der Führung der Bundesagentur für Arbeit mit der des Bundesamts für Migration für Flüchtlinge (BAMF) zeigt, dass Merkel die Migration im ökonomischen Kontext gelöst sehen will.[327] Man kann auch davon ausgehen, dass die beschriebene Hoffnung auf einen Bau-Boom genau der sachliche Grund ist, den die postdemokratischen Eliten der Bundeskanzlerin eingerichtet haben, um ihren Kurs gegen allen Widerstand zu halten. Merkels Berufung auf den »Herrgott« kommt natürlich nicht vom Herzen. Sie ist eine kühle Technokratin der Macht, die Lösungen erarbeitet sehen will. Dazu gehört auch die selbstverständliche Erwartung der Ehrenamtlichkeit – dass also die Bürger die Probleme unentgeltlich lösen, die ihnen die Regierung eingebrockt hat. Das Element der Freiwilligkeit hat Merkel in der DDR gelernt: Auch dort erwartete die »fortschrittliche« Regierung, dass sich die Bürger einige Stunden in der Woche ehrenamtlich dem Fortschritt zur Verfügung stellten.[328]

Der kurzfristige Bau-Boom ist für alle Beteiligten günstig: Die Bundesregierung schafft neue Arbeitsplätze, die Bau-Wirtschaft wächst und gedeiht, die Regierung kann die nächste Wahl gewinnen. Wie sehr Politik und Bauwirtschaft einander befruchten, kann man ja am Berliner Großflughafen beobachten, wo nunmehr seit Jahren Steuergelder ohne Ende vergraben werden: In Berlin regt sich trotzdem niemand auf, weil die Leute in Lohn und Brot sind. Ob das Gebäude jemals fertiggestellt wird, spielt keine Rolle. Die zyklische Absurdität dieses Wechselspiels kann man in Ostdeutschland beobachten: Dort haben die Städte Cottbus, Frankfurt/Oder und Eisenhüttenstadt den Abriss der Plattenbauten aus den 1970er-Jahren gestoppt. Die Bauten wurden damals von den Zentralplanern errichtet, weil die Werktätigen in die regionale Industrie strömen sollten. Mit der Wende wurde die Industrie abgewickelt. Nun sollen die Gelder, die für den Abriss veranschlagt waren, in die Renovierung der Plattenbauten für die Flüchtlinge gesteckt werden.[329] Das ist eine tolle Sache für alle Beteiligten – aber was werden die Einwanderer in drei Jahren in Cottbus und Eisenhüttenstadt machen? Wo werden sie arbeiten? Im Bundesland Brandenburg waren im September 2015 210.000 Menschen arbeitslos gemeldet. 139.000 Menschen sind in der Rubrik »Unterbeschäftigung« geführt, die Kurzarbeit ist nicht eingerechnet.[330]

Langfristig ist es daher unerlässlich, dass die Bundesregierung erkennt: Die Flüchtlinge wurden nicht vom »Herrgott« geschickt – und der Bau-Boom kann bestenfalls eine Übergangslösung sein. Die moderne Völkerwanderung ist die Folge einer globalen technologisch-industriellen Revolution, auf die auch Deutschland eine nachhaltige Antwort geben muss. Deutschland muss es gelingen, auf der nächsten Welle dieser Revolution Arbeitsplätze in wirklich innovativen Branchen zu schaffen. Zugleich müsste Deutschland eine konsequente und gesteuerte Einwanderungspolitik verfolgen, statt sich auf kurzfristige Lösungen zu verlassen. Sie müsste zehn Jahre vorausschauen und dann die fachlichen Bedingungen für die Einwanderung formulieren: Vermutlich brauchen wir Programmierer, Mathematiker, Ingenieure, Designer, Physiker und Informatiker. In diesen Berufen herrscht in Deutschland seit Jahren ein Mangel. Der Branchenverband Bitkom geht davon aus, dass in Deutschland allein im klassischen IT-Bereich 41.000 Experten fehlen.[331] Dafür sollten Quoten ermittelt werden. Und auf diese

Quoten könnten sich auch die Einwanderer einstellen. Man könnte für ihre Kinder sogar eigene Curricula entwickeln: Anders als von den dumpfen Kulturpessimisten unterstellt, wird es für die kommende Generation nicht von Belang sein, wie gut sie Eichendorff · rezitieren oder ob sie wenigstens eine Strophe von »Ein feste Burg ist unser Gott« akzentfrei singen kann. Diese Generation wird für die Wertschöpfung in der technologisch-industriellen Revolution Deutschland ein Glück sein, wenn die jungen Leute lernen, Algorithmen zu programmieren, 3D-Drucker zu bauen oder mit neuen Modellen die Geschäftsaussichten einer ganzen Industrie voranzubringen. Dies könnte sogar wichtiger sein als das Erlernen der deutschen Sprache. Denn wenn die Einwanderer nicht dauerhaft in Lohn und Brot kommen, werden sie sich nicht integrieren können, selbst, wenn sie sich dafür außerordentlich anstrengen.

Die technologisch-industrielle Revolution hat bereits jetzt auch die grundlegenden Voraussetzungen für die Wirtschaft in Deutschland verändert. Nicht nur die Flüchtlinge müssen sich anpassen. Auch für die Deutschen selbst wäre das Ende der Behaglichkeit unausweichlich gekommen – selbst, wenn die Flüchtlinge nicht gekommen wären.

Es wird sich in der nächsten Welle der Revolution zeigen, ob Deutschland zu einer führenden Kraft in diesen stürmischen Zeiten wird – oder aber ob das Land zu einer verlängerten Werkbank von weit dynamischeren und kreativeren Ökonomien degradiert wird. Die bisherigen Erfahrungen in der EU im Zusammenhang mit den Chancen von Einwanderern auf dem Arbeitsmarkt sind eher ernüchternd: Die Einwanderer haben das Billiglohn-Segment befeuert, wurden für eine kurzfristige Blasen-Bildung ausgebeutet und sind dann nicht in den alten Industrien untergekommen. Denn die Gewerkschaften sind in Europa längst nur noch die Vertreter jener Arbeiter, die heute schon Arbeit haben. Sie haben keinerlei Instinkt für wirklich existentielle Gefahren – etwa jene, die vom Freihandelsabkommen TTIP ausgehen: Eine unabhängige Studie der Tufts-Universität hat ergeben, dass dieses Abkommen vor allem dem globalen Lohndumping dient und in Europa 583.000 Arbeitsplätze vernichten wird.[332] Das TTIP passt

als nachträgliche Sanktionierung der Prekarisierung des Arbeits-
markts gut zu der scheinbaren Rechtlosigkeit, mit der die Masseneinwanderung jetzt toleriert und befördert wird.

Die hochwertigen Arbeitsplätze liegen dagegen in jenen Bereichen, in denen die technologisch-industrielle Revolution sich
ihre Bahn bricht: Eine Übersicht aus den USA zeigt, dass unter
den Top 10 Unternehmen bei Praktikanten neun aus dem Techno-
logiebereich stammen.[333] Die modernen Kriege sind, wie wir gesehen haben, auch ein Test für die industrielle Veränderung der
realen Welt. Im August 2015 gab das Pentagon bekannt, sich an
einem Unternehmen zu beteiligen, dass von Apple, United Technologies und Hewlett Packard betrieben wird. Das Unternehmen
soll »flexible biegsame Elektronik-Module« entwickeln, die »überall angebracht werden können – von medizinischen Geräten bis zu
Überschallflugzeugen«.[334]

Denn die technologische Revolution ist schon viel weiter, als
wir denken. Hier schläft auch die Bundesregierung, wie im Übrigen die meisten anderen EU-Regierungen, immer noch selig wie
ein wohlgenährtes Baby. Doch ringsum tosen die Maschinen und
rattern die Computer, huschen die Finger über die Tatstaturen, wi-
schen über Touch-Screens und bauen die moderne Welt, in der
sich andere dann behaglich einrichten werden – »cozy«, wie der
Brite sagt.

KAPITEL 12: DIE NEUEN TRENDS

Wir wollen im Folgenden einen kurzen Blick auf die Veränderungen in einigen Branchen werfen, die zeigen: Nichts bleibt, wie es ist. Die Wünsche und Gewohnheiten der Konsumenten ändern sich – und viele neue Unternehmen reagieren darauf mit neuen Produkten und innovativen Ansätzen. Den neuen Unternehmen liegt ein komplett neues Geschäftsmodell zugrunde. Sie gründen auf Technologie-Plattformen, die auf Zwischenhändler verzichten. Ihre Attraktivität besteht darin, dass sie niedrigere Preise, besseren Zugang, größere Flexibilität, einfache Nutzung und einen benutzerorientierten Fokus (Transparenz und interaktive Kommunikation) anbieten. Es handelt sich hierbei oft um »Asset-light«-Unternehmen, die die Plattform für den Verkauf betreiben, nicht aber die Ressourcen besitzen. Sie können daher kostensparend agieren und die legale Verantwortung an die Service-Erbringer abgeben. Neben Privatpersonen sprechen sie auch professionelle Anbieter an.[335] Sie sind in den verschiedensten Bereichen tätig.

Die wichtigste Grundlage für die technologisch-industrielle Revolution ist der integrierte Umgang mit Daten. Das Internet entwickelt sich rasant weiter: Es wird vom Kommunikationskanal zum Netzwerk, das die Menschen in der realen Welt nutzen, ohne darüber auch nachdenken zu müssen. Wir sprechen in diesem Zusammenhang vom sogenannten »Internet der Dinge«. Die Idee hinter dem Internet der Dinge ist die Digitalisierung von Maschinen, Fahrzeugen und anderen Elementen unserer physischen Welt. All diese Dinge sind mit Sensoren ausgestattet und werden dadurch individuell identifizierbar. Dies führt zu einer Präsenz im virtuellen Raum und der Möglichkeit, die gesammelte Information digital zu vernetzen und auszutauschen. Bereits jetzt, in der frühen Phase des Internets der Dinge, zeigen sich schon die realen Auswirkungen.[336] Die Informationstechnologie (IT) als einer der größten Innovationstreiber der heutigen Zeit durchdringt durch die Einbettung in Alltagsgegenstände immer mehr Lebensbereiche und ermöglicht so völlig neue Funktionen wie zum Beispiel Assistenzsysteme in

Fahrzeugen. Cyber-Physical Systems (CPS) bilden die Schnittstelle zwischen der physischen und der virtuellen Welt und sind die technologische Basis für neue Produktions- und Vertriebssysteme aber auch Prozessabläufe in Sektoren wie Automotive, Luftfahrt, Transport, Energie, Gesundheit, Infrastruktur und Unterhaltung.[337]

Kommunikation von Maschine-zu-Maschine (M2M) wird in die neuen Produktionsprozesse integriert. Diese automatisierte Datenübertragung zwischen Maschinen ermöglicht eine Vereinfachung der Produktionsprozesse sowie eine effektivere Abstimmung der Abläufe.

Um das volle Potential des Internets der Dinge auszuschöpfen, sind das Vorantreiben von Innovation in Technologien und Geschäftsmodellen sowie hohe Investitionen in neue Fähigkeiten und Talente notwendig. All diese Prozesse generieren große Mengen an Information und Daten, die für den Ablauf notwendig sind. Kernstück der vollen Umsetzung dieses Trends ist daher die Organisation und Analyse dieser Daten, sowie die daraus resultierende datenbasierte Entscheidungsfindung.[338]

Predictive Analytics ist die Nutzung von Daten, statistischen Algorithmen und die Anwendung von Verfahren zu selbstlernenden Maschinen, um die Wahrscheinlichkeit zukünftiger Ausgänge anhand historischer Daten zu prognostizieren. Das Ziel ist es, weit über beschreibende Statistiken und der Erfassung von vergangenen Geschehnissen hinaus, die beste Beurteilung darüber abzugeben, was zukünftig geschehen wird. Das Endresultat ist die Rationalisierung von Entscheidungsprozessen und die Findung neuer Einsichten, die zu besseren Handlungsentscheidungen führen.[339]

Predictive Analytics finden bereits im täglichen Leben Anwendung und werden von Unternehmen wie Google und Facebook intensiv entwickelt und genutzt. Bei Suchanfragen über Google bekommt man in Echtzeit Vorschläge mit Schlagworten geliefert. Auch Facebook verwendet dieses neue Verfahren, um den Inhalt des Newsfeeds festzulegen und Werbung gezielt auf den Nutzer abzustimmen. Facebook analysiert auch das Kommunikationsverhalten und die Interaktion zwischen den Nutzern und zieht daraus

Schlüsse über sich anbahnende persönliche Beziehungen sowie politische Präferenzen und mögliche Wahlausgänge.[340]

Die FICO Bonitätsprüfungsapplikation nutzt Predictive Analytics, um das Risikoniveau eines Kreditnehmers zu prognostizieren. Die Applikation verwendet Faktoren wie zeitgemäße Bezahlung, die tatsächliche Verwendung des Kreditrahmens und die Dauer der vergangenen Kreditverläufe, um so Einzelpersonen Bonitätsnoten zuzuweisen.[341]

Maschinelles Lernen ist die Wissenschaft, die sich damit beschäftigt, wie man Computer dazu bringt, auf eine bestimmte Art zu agieren ohne vorher explizit dazu programmiert worden zu sein. Maschinelles Lernen ermöglicht so zum Beispiel selbstfahrende Autos und praktische Spracherkennung. Maschinelles Lernen ist auch ein wichtiger Bestandteil zur Fortentwicklung künstlicher Intelligenz.[342]

Die Ansammlung von riesigen Datenmengen eröffnet neue Geschäftsfelder und bringt Unternehmen hervor, die sich auf die Analyse dieser sogenannten »Big Data« spezialisieren. Palantir Technologies ist eines dieser Unternehmen, das seit 2004 für Regierungen und große Unternehmen aus dem Finanz- und Pharmasektor Software entwickelt, die das gezielte Durchkämmen von Datensätzen auf spezifische Information (»Datenschürfen«) ermöglicht. Die CIA selbst ist über In-Q-Tel am Unternehmen beteiligt.[343] Zu den Beratern des Unternehmens gehören die frühere amerikanische Außenministerin Condoleezza Rice und der ehemalige CIA-Chef George Tenet.[344] Man kann davon ausgehen, dass dieses Unternehmen bei der Instrumentalisierung der technologisch-industriellen Revolution durch das Pentagon eine entscheidende Rolle spielen wird. Das Unternehmen ist heute noch kaum bekannt – und daher sollte man es umso genauer beobachten.

Auch in der Politik werden diese neue Technologien und Softwareprogramme dazu eingesetzt, die aus Datenanalysen gewonnene Information gewinnbringend zu verwenden. Für die Obama-Wahlkampagne wurden interdisziplinäre Teams aufgestellt, die sich aus den abgeheuerten Angestellten der großen Tech-Unternehmen wie zum Beispiel Google zusammensetzten und soziale Netzwerke wie Facebook für die Wahlkampagne nutzten.[345]

Mobilität

Car-Sharing ist eine neue Form der Mobilitäts-Dienstleitungen, welche auf modernen Technologien beruhen. Wesentlich dabei: Für die Kunden ist es nicht mehr wichtig, ein Auto zu besitzen. Man möchte über ein Auto verfügen können, wenn man es braucht. Im Gegensatz zur herkömmlichen Form des Verkaufs von Autos an den Endnutzer verlangt dieses Modell Leistungsversprechen, neue Organisationsstrukturen und neue Wege, die Kunden zu erreichen. Dieses Modell ist längst in der Realität angekommen: Der Verkaufsleiter der Berliner Niederlassung einer großen europäischen Automarke erzählte mir im Oktober 2015, dass er vor 17 Jahren ein Team von acht Verkäufern geführt hatte. Alle acht Leute verdienten exzellent, weil sie mit jedem verkauften Auto eben auch einen ordentlichen Bonus bekamen. Heute hat der Verkaufsleiter nur noch einen einzigen Mitarbeiter – und beide müssen erheblich mehr arbeiten, um auf ihre Umsätze zu kommen. Als Grund für die Kaufverweigerung nannte mir der Verkäufer, dass die Leute Car-Sharing und andere, neue Methoden bevorzugen, weil der Besitz eines Autos für sie weder aus Prestigegründen erstrebenswert und erst recht nicht wirtschaftlich sinnvoll sei.

Das eigentliche Car-Sharing Segment umfasst mehrere Millionen Kunden weltweit und greift auf eine Fahrzeugflotte von tausenden Fahrzeugen zurück. Obwohl Car-Sharing zurzeit speziell auf Städte in den Industrienationen konzentriert ist, entwickelt sich dieser Trend auch in den Schwellenländern.[346] Car-Sharing hat ein enormes Potenzial, die Autobranche aufzumischen. Durchschnittlich wird ein Auto nur zwei Stunden am Tag aktiv eingesetzt. In Europa könnte ein Car-Sharing-Fahrzeug vier bis zehn Autos ersetzen, in den USA sechs bis 23 Autos. 56 Prozent der Fahrer können sich vorstellen, ein Auto mit anderen Fahrern zu teilen. Derzeit gibt es weltweit 1,8 Millionen registrierte Nutzer. Zwischen 2006 und 2012 ist die Anzahl der Car-Sharing-Fahrzeuge um 272 Prozent gestiegen. Bis 2020 wird erwartet, dass die Nutzerzahlen auf 50 Millionen steigen. Etwa eine halbe Million Fahrzeuge wird dann im Einsatz sein. Europa ist mit 28 Prozent

Anteil am weltweiten Car-Sharing-Markt vertreten, die USA mit 30 Prozent und der Rest mit 42 Prozent. Zwischen 2009 und 2013 wurden neue Märkte in den Schwellenländern eröffnet wie in Sao Paolo, Peking, Hangzhou, Istanbul, Mexico City und Bangalore.[347] Der Car-Sharing-Markt wird hauptsächlich von den großen Autovermietungen und Automobilherstellern kontrolliert. Car2go (Daimler), Zipcar (AvisBudget Group), Enterprise CarShare und Hertz 24/7 kontrollieren rund 95 Prozent des US-Markts. Der jährliche Umsatz im US-Segment belief sich auf 400 Millionen US-Dollar.[348] In Europa hatte Deutschland 2014 mit Abstand die höchste Quote an Car-Sharing-Fahrzeugen mit fast 14.000 Autos, gefolgt von Frankreich mit 3.900, Großbritannien mit 3.000, der Schweiz mit 2.650 und den Niederlanden mit 2.300 Autos.[349]

Ride-Sharing Unternehmen wie Uber und Lyft sind die neuen Online-Fahrten-Vermittlungsdienste, die mittels Smartphone-App und Internet Fahrer und Kunden zusammenbringen. Durch den Wegfall von Abgaben und Lizenzen, die bei klassischen Taxis anfallen, können die Preise eines herkömmlichen Taxitarifs um 20 Prozent gesenkt werden. In den USA sind 46 Prozent der bezahlten Fahrten für Geschäftsreisen über Uber abgewickelt worden. Ein steiler Anstieg, wenn man von den ursprünglich 15 Prozent des ersten Quartals 2014 ausgeht. Gleichzeitig sank der Anteil der Taxi- und Limousinen-Fahrten von 85 Prozent auf 53 Prozent.[350] Neben den Auswirkungen auf traditionelle Taxiunternehmen in den Städten, in welchen Uber derzeit etabliert ist, kann Uber langfristig auch die Marktanteile der Autovermietungen gefährden, sollte sich das Unternehmen dazu entschließen, auch Fahrten über längere Strecken anzubieten.[351]

Gesundheit, Pflege, Altenbetreuung

Die vielleicht wichtigsten Innovationen finden wir im Gesundheitssektor. Hier kann sich die technologisch-industrielle Revolution voll entfalten – und bei allen immer zu bedenkenden ethischen Rahmenbedingungen können hier für die Menschheit Gutes geleistet und dauerhaft neue Arbeitsplätze geschaffen werden. Immer mehr Menschen greifen auf technische Hilfsmittel zur Unterstützung ihres gesunden Lebensstils zurück. Nutzer erfassen und dokumentieren ihr Fitness- und Gesundheitsverhalten mit Hilfe von Apps auf ihren Smartphones, Smartwatches und anderen Hilfsmitteln. Dieser Markt entwickelt sich rasant und bringt immer neue Innovationen hervor. In der Zwischenzeit sind es nicht nur große Technologiehersteller wie Apple oder Samsung, die entsprechende Sensoren und Applikationen in ihre Produkte integrieren, sondern auch immer mehr Unternehmen aus dem Consumer-Bereich. So hat kürzlich Braun eine Zahnbürste auf den Markt gebracht, die das individuelle Putzverhalten erfasst und via Bluetooth an das Smartphone ihres Nutzers weiterleitet. Studien zeigen, dass die Akzeptanz und die tatsächliche Nutzung von Gesundheitstechnologien weniger vom Alter und Geschlecht der Nutzer abhängt, als vielmehr von deren individueller Technikbiografie. Dies legt nahe, dass es in Zukunft die Konsumenten selbst sein werden, die die Umgestaltung des Gesundheitswesens vorantreiben und digitalisierte Gesundheitsleistungen auch auf dem regulierten Markt nachfragen werden.[352]

Gesundheit und digitale Lebenswelten verschmelzen immer mehr. Gesundheit ist heute weitaus mehr als die traditionelle Abwehr von Krankheiten. Gesundheit wird als ein ganzheitliches Gut angesehen. Daher zählen auch immer mehr Bereiche des alltäglichen Lebens außerhalb der klassischen Gesundheits- und Krankenversorgung zu diesem Bereich. Die mHealth ermöglicht durch die Einbindung von mobilen oder kabellosen Endgeräten eine einfache Gesundheitsvorsorge für die breite Masse. Das Wachstum in diesem Bereich ist enorm. Innerhalb von 2,5 Jahren hat sich die Anzahl von mobilen Anwendungen auf 100.000 verdoppelt. Im Jahr 2013 wurde mit mobilen Anwendungen ein weltweiter Umsatz von 2,4 Milliarden US-Dollar erwirtschaftet. Expertenschätzungen zufolge wird sich dieser Wert bis 2017 um das Zehnfache erhöhen. Den Hauptteil ihrer Einnahmen generieren Anbieter nicht aus dem Verkauf der Software, sondern über die mit der Anwendung verbundenen Dienstleistungen (69 Prozent) und den Verkauf dazugehöriger Hardware (21 Prozent). Die größte Gruppe dieser Apps ist zurzeit der Bereich Fitness mit 30,9 Prozent.

Zukünftig ist aber mit einem Anstieg medizinischer Anwendungen im regulierten Markt zu rechnen.[353]

Einhergehend mit dem demographischen Wandel, der sich in der Gesellschaft vollzieht, werden neue Formen von Gesundheitsdienstleistungen in vernetzter Technologie immer wichtiger, um insbesondere ältere Menschen in ihrem Alltag zu unterstützen, damit sie möglichst lange ein selbstständiges Leben in Gesundheit und gewohnter Umgebung leben können. Diese unter dem Begriff »Ambient Assisted Living oder Alltagsunterstützende Assistenzlösungen« (AAL) dargebotenen Anwendungen reichen von intelligenten Hausnotrufsystemen, die Stürze oder kritische Situationen des Bewohners autonom erkennen und Hilfestellungen einleiten, über bedienerfreundliche Portallösungen für ein serviceorientiertes Wohnen bis hin zu Fahrassistenzsystemen im Auto, die beim Einsetzen eines Herzinfarktes die Steuerung übernehmen, das Auto sicher aus dem Verkehr und zum Halten bringen und einen Notarzt rufen. Das erwartete Umsatzpotenzial für AAL liegt, abhängig von den gewählten Szenarien[354], bei bis zu 87 Milliarden Euro.[355]

Der starke Zuwachs im Online-Handel kann auch im Gesundheitswesen beobachtet werden. Im Jahr 2014 erwirtschafteten Online-Apotheken in Deutschland einen Umsatz von 1,5 Milliarden Euro.[356]

Seit dem ersten Sequenzieren des Humangenoms 2003 zu einem Preis von 1,3 Milliarden Pfund sind Nanopore-Sequenzier-Technologien schneller, preiswerter und genauer geworden. Die Entwicklung geht hin zu immer handlicheren und billigeren Geräten. In Zukunft könnte dies ein Teil der Routineuntersuchungen werden. Nach Jahren der Kontroverse setzt sich langsam die Gentherapie als Option für lebensbedrohliche Krankheiten durch, speziell für Krankheiten, deren Ursache ein defektes Gen ist.[357]

Andere Bereiche im Gesundheitswesen stecken noch in der frühen Entwicklungsphase, wie der Gebrauch von künstlicher Intelligenz, um große Datenmengen zu verarbeiten und daraus Entscheidungen für medizinische Behandlungen zu treffen. Regenerierende Medizin forscht im Bereich der Herstellung von Organen mithilfe von 3D-Druckern und dem Einsatz von Stammzellen.

Erweiterte und virtuelle Realitäten bieten Chirurgen die Möglichkeit, komplizierte Operationen zu üben, und verschaffen Patienten die Chance, sehr individuelle Realitätserfahrungen mit medizinischem Personal zu teilen und psychologisch belastende Erinnerungen virtuell zu verarbeiten. Nanoroboter kommen direkt im Körper der Patienten zum Einsatz und übertragen Daten über den körperlichen Zustand der Patienten in Echtzeit.[358]

Die Biotechnologieindustrie verzeichnete 2014 einen Umsatzzuwachs von 24 Prozent. Der Reingewinn der Branche stieg um 231 Prozent und lag bei 14,9 Milliarden US-Dollar. Die größten Zugewinne waren auf dem US-Markt zu beobachten, aber auch der europäische Biotechmarkt schloss 2014 mit einem Anstieg des Reingewinns um 199 Prozent und lag bei 3,3 Milliarden US-Dollar. Die Zahl der Unternehmensfusionen und -verkäufe stieg 2014 auf 68 Transaktionen mit einem Gesamtwert von 49 Milliarden US-Dollar. Vor allem große Pharmakonzerne waren in diesem Bereich sehr aktiv.[359]

Übernachtungen

Unternehmen wie Airbnb, Homeaway, Wimdu, die im »Para-Hotellerie-Segment« operieren, bieten verschiedene alternative Formen von privater Übernachtung an. In den vergangenen fünf Jahren ist der Marktanteil dieses Segments am weltweiten Markt für Auslandsunterkünfte um 35 Prozent gewachsen und liegt nun bei 40 Prozent.[360] Eine Studie der Boston University belegt, dass Airbnb die Einnahmen herkömmlicher Hotels um acht bis zehn Prozent vermindert hat.[361] Airbnb bietet 330.000 Unterkünfte weltweit an und gehört zu den großen zehn globalen Hospitality-Marken. Auch hier besteht die grundlegende Idee darin, vorhandene Ressourcen effizienter zu nutzen, egal ob es sich hierbei nun um Unterbringungen, Transport oder andere Aktivitäten handelt.[362] Ähnlich wie die Taxi-Unternehmen bekämpft die traditionelle Tourismus-Branche diese Dienste und erhält dabei staatliche Unterstützung, weil die Kommunen um ihre traditionellen Übernachtungssteuern fürchten.

Virtuelle Währungen

Ein weiterer Trend ist das Aufkommen virtueller dezentralisierter Währungssysteme, die auf Peer-to-Peer-Netzwerken beruhen und in reelle Währungen umgetauscht werden können. Bitcoin ist das erfolgreichste dieser Währungssysteme und hat die Ära der virtuellen Währungssysteme eingeleitet. Zurzeit gibt es an die 150 Krypto-Währungen, wobei Bitcoin mit einer Marktkapitalisierung von fast fünf Milliarden US-Dollar mit Abstand die Wichtigste ist.[363] Im Oktober 2014 akzeptierten über 64.000 Unternehmen weltweit Zahlungen in Bitcoin mit einem Wechselkurs von 300 Dollar zum Bitcoin, fünfzigmal so viel wie zwei Jahre zuvor.[364] Auch die Entstehung von virtuellen alternativen Realitäten trägt zur Schaffung von neuen virtuellen Währungen bei, wie zum Beispiel Linden$ in der Welt von »Second Life« und VEN in der Social-Network-Community »Hub-Culture«. Im Jahr 2010 wurden 567 Millionen Linden$ in 55 Millionen US-Dollar umgetauscht. Diese alternativen Währungen stellen in Zeiten der Finanzkriege auch eine Alternative für Organisationen und Staaten dar, um internationale Sanktionen zu umgehen.[365]

Automobil

2012 lag der Gesamtbestand der Elektroautos bei 180.000 Fahrzeugen. Das sind 0,02 Prozent des gesamten Bestands von Privatfahrzeugen. Laut Prognosen soll der Bestand sich bis 2020 auf 20 Millionen Fahrzeuge erhöhen, was 2 Prozent des Gesamtbestandes wären.[366] Ende 2014 gab es weltweit 320.000 Neuanmeldungen von Elektroautos und einen Anstieg des Gesamtbestands auf 740.000 Fahrzeuge. In den USA war ein Wachstum von 69 Prozent im Jahr 2014 zu verzeichnen, in China waren es 120 Prozent und in Japan 45 Prozent. Weltweit trägt dies zu einem Wachstum von 76 Prozent bei. Mit dem Anstieg des Verkaufs von Elektrofahrzeugen verzeichneten auch die Batterieherstellerfirmen einen Gesamtumsatz von 2 Milliarden Euro. Im Segment der Elektro-Autohersteller sind Nissan, Tesla und Mitsubishi führend.[367] Tesla ist das erste Unternehmen, das ausschließlich Elektro-Autos im hochpreisigen Segment produziert und somit keine direkte Konkurrenz hat.

Ein zweiter Trend der Zukunft der Mobilität ist das selbstfahrende Auto, das gerade von Google entwickelt und bereits getestet wird. Untersuchungen zufolge verbringt ein durchschnittlicher Berufspendler 250 Stunden im Jahr hinter dem Steuer. In Großstädten geht ein großer Teil der Zeit mit der Parkplatzsuche verloren und etwa 40 Prozent des Treibstoffs werden dabei verbraucht. 2010 kam es zu sechs Millionen Verkehrsunfällen in den USA, wovon fast 33.000 tödlich endeten. 93 Prozent dieser Unfälle werden menschlichem Versagen zugeschrieben. Die Kosten dieser Unfälle, die der Gesellschaft dabei entstehen, liegen bei fast 300 Milliarden US-Dollar im Jahr.[368] Selbstfahrende Autos wie jenes, das Google plant, und jenes, an dem Apple zu arbeiten scheint, können attraktive Alternativen zu diesem Problem bieten.

In Europa haben auch die traditionellen Autohersteller in selbstfahrende Autos investiert, wenngleich eher halbherzig. In Deutschland wird vor allem die Datenschutz-Debatte geführt: Denn so wie bei allen Google-Diensten können sämtliche Bewegungen mit einem automatisierten Fahrzeug kontrolliert werden. Ein besonderes Problem stellt die Möglichkeit der Manipulation dar. Dieses Problem gibt es jedoch auch schon bei herkömmlichen Autos. Im Herbst 2015 manipulierten Hacker einen Jeep und veröffentlichten die Ergebnisse in einem Magazin. Fiat Chrysler rief daraufhin tausende Fahrzeuge in die Werkstatt zurück, um die Software-Lücke zu schließen.[369]

Der Trend zum Universal-Unternehmen

Unternehmen wie Google oder Apple nutzen ihren Technologievorsprung und ihre Markenwerte, um in neue Märkte einzudringen, die nicht ihrem ursprünglichen Geschäftsmodell entsprechen. Diese und noch andere Unternehmen sind federführend in der Mitgestaltung des digitalen Wandels. 2014 investierte Google 500 Millionen US-Dollar in DeepMind, ein Startup-Unternehmen im Bereich der künstlichen Intelligenz (KI). 2015 folgte eine weitere

Investition in das Deutsche Forschungszentrum für Künstliche Intelligenz (DFKI). Aber auch andere Unternehmen wie Microsoft, SAP und Audi gehören zu den Partnern des Instituts. DFKI forscht in Bereichen wie Robotik, Spracherkennung und Augmented Reality.[370] Apple erstand VocalIQ, ein UK-Start-Up, dessen künstliche Intelligenz Software Computern und Menschen hilft, miteinander in einem natürlichen Dialog zu kommunizieren.[371] Google investiert auch stark im Bereich Robotik und ist seit 2013 Eigentümer von Boston Dynamics, einem der fortschrittlichsten Robotik-Unternehmen, das für das US-amerikanische Militär vor allem im Bereich autonomer Laufroboter forscht und entwickelt.

Militär-Technologie

Die USA sind derzeit weltweit führend auf dem Gebiet der militärischen Robotik, mit 11.000 UAV (Unmanned Aerial Vehicles, unbemannte Luftfahrzuge) und 12.000 Robotern für den Bodeneinsatz. China und andere Staaten wie der Iran entwickeln extrem schnell neue Roboter in allen Einsatzbereichen. 2012 warnte das U.S. Defense Science Board vor einem globalen Wettlauf der unbemannten militärischen Flugobjekte, und bezeichnete Chinas Fortschritte auf diesem Gebiet als alarmierend. China hat die Welt während der Pariser Air Show 2013 überrascht, nachdem dort der Wing Loong präsentiert wurde, der schockierende Ähnlichkeit mit dem Reaper hatte. Der Reaper ist die ausgereifteste Drohne, die zurzeit im US-Militär eingesetzt wird.

Robotik für Konsumentenmärkte soll bis 2017 geschätzte 6,5 Milliarden US-Dollar generieren. Für Robotik in der Industrie werden jährliche Umsätze in Höhe von 37 Milliarden Dollar erwartet. Laut einer Studie der Global Industry Analysts werden die jährlichen Ausgaben für Militärroboter von 5,6 Milliarden US-Dollar (2012) auf 7,5 Milliarden US-Dollar im Jahr 2018 steigen. Laut dem Defense Science Board hat jeder große chinesische Produzent im Militärbereich bereits eine eigene Abteilung für unbemannte Systeme. Die Ausgaben für Militärroboter sollen in Asien um 67 Prozent steigen und fast eine Höhe von 2,4 Milliarden US-Dollar jährlich erreichen. Bis 2018 wird dies das am schnellsten wachsende Marktsegment sein. Nachdem sich die Technologie im kommerziellen Bereich extrem schnell weiterentwickelt, wird erwartet, dass dieser Bereich bis 2030 einen großen Einfluss auf die weiteren Entwicklungen im Militär haben wird.[372]

Russland hat nach dem Fall der Sowjetunion einen großen Einbruch in der Waffenindustrie erlebt, nachdem die öffentlichen Ausgaben für Rüstung um 80 Prozent gesenkt wurden. Die Rüstungsindustrie hat trotzdem überlebt und heute existieren noch an die 1.500 Unternehmen in diesem Bereich, die alle relativ klein sind. Das größte unter ihnen ist Almaz-Antei mit Umsätzen von 4,3 Milliarden US-Dollar im Jahr 2008. Die Exporte sind in den vergangenen Jahren rasch angestiegen, dank der beiden Großkunden China und Indien, die für 70 Prozent der Käufe in den vergangenen Jahren verantwortlich waren. China hat seit 1999 Militärausrüstung in Höhe von 15 Milliarden US-Dollar von Russland gekauft.[373] Während die Waffen in der Ära nach dem Kalten Krieg in Russland noch analog und mit verdrahteter digitaler Technologie funktionierten, sind die neuen Waffen größtenteils digital und verwenden meistens dieselben Chips und Technologien, die auch in den USA, in der EU und in Israel zum Einsatz kommen.[374]

Kommunikation

Die Art und Weise, wie Menschen und Geräte sich mit dem Internet verbinden, hat sich in den vergangenen Jahren erheblich verändert. Eine Vielzahl an hoch leistungsfähigen Netzwerktechnologien wurde entwickelt und ist bereits in Verwendung. Die kommerzielle Landschaft der drahtlosen Kommunikation treibt eine Revolution auf dem Gebiet des Informationszugangs und des Teilens von Informationen voran. Benutzer nehmen dieses neue Leistungsvermögen an und fordern neue Angebote, um ihre Bedürfnisse zu befriedigen. Diese symbiotische Beziehung verursacht eine erhebliche Evolution im kommerziellen Bereich. Drahtlose Kommunikation ist bereits in unser tägliches Leben integriert, etwa in Form von Smartphones, Tablets, Smart TVs und anderen

Geräten, die uns Zugang zu Unmengen an Information und Vernetzung mit der Welt ermöglichen. Selbstverständlich nützt auch das Militär diese rapiden Fortschritte auf dem Gebiet der Kommunikation. Cloud Computing und das Internet of Things (IoT) werden zukünftig die Weiterentwicklung vorantreiben. Cloud Computing ist eine der »disruptiven« Technologien der vergangenen fünf Jahre und wird dies auch in Zukunft sein. IoT bezieht sich auf die Integration von Internetverbindungen in alltägliche Gegenstände wie Kühlschränke, Mikrowellen, Geschirrspüler, Autos und Verkehrszeichen. Schätzungen zu Folge werden Milliarden von Geräten bis 2020 mit dem Internet verbunden sein.

Unternehmen wie WhatsApp, Viber und Skype haben den Mobilfunkmarkt drastisch verändert. Laut Inform World Cellular Revenue Forecasts für 2018 werden die weltweiten Einnahmen an jährlichen SMS von 120 Milliarden US-Dollar auf 96,7 Milliarden US-Dollar sinken. Grund dafür ist die verstärkte Nutzung von sogenannten Over-The-Top-Nachrichtendiensten (OTT). Einnahmen durch Telefongespräche werden durch die vermehrte Verwendung von Internet-Telefonie (Voice over IP, kurz:VoIP) von 970,4 Milliarden US-Dollar auf 799,6 Milliarden US-Dollar bis 2020 sinken. Weltweit wird VoIP der Telekommunikationsbranche Verluste in Höhe von 479 Milliarden US-Dollar verursachen, ein Rückgang von 6,9 Prozent der Einnahmen. Die Schätzungen sind unterschiedlich, der Consumer OTT VoIP Outlook 2013 bis 2018 schätzt, dass der OTT VoIP Markt eine Wachstumsrate von 20 Prozent hat. Die Nutzung der Applikationen wird 1,7 Billionen Minuten bis 2018 erreichen, was sich wiederum in Einnahmeverlusten von 63 Milliarden US-Dollar niederschlägt. Laut derselben Studie werden Mobilfunkanbietern durch die Nutzung von Nachrichtendiensten 54 Milliarden US-Dollar an Einnahmen entgehen.[375]

Banking

Auch Banken haben schon bemerken müssen, dass ihre Geschäftsmodelle von neuen Konzepten kleiner sogenannter Fintech-Start-Ups angegriffen werden. Die Abkürzung steht für »Financial

Technology«. Jedes dieser Start-Ups fokussiert nur auf einen kleinen Teilbereich des Bankengeschäfts und gewinnt so langsam Marktanteile. Adyen ist ein Unternehmen, dass die Bezahlungsprozesse (sowohl online als auch in den Geschäften) für Unternehmen abwickelt und bereits Kunden wie Netflix, Spotify und Uber hat. GoCardless befreit Unternehmern von verschiedenen Bezahl-Systemen und bietet die Möglichkeit, Zahlungen in verschiedenen Währungen mit über 250 Methoden zu akzeptieren. Investoren haben das Unternehmen auf 2,3 Milliarden US-Dollar geschätzt. GoCardless verdient Kommissionen an den Transaktionen. iZettle hat Kreditkarten-Lesegeräte entwickelt, die an Telefone und Tablets angeschlossen werden können. So wird es auch für Einzelpersonen und kleine Unternehmen möglich, Kreditkartenzahlungen zu akzeptieren. Coinbase schloss sich dem Erfolg von Bitcoin an und entwickelte Produkte rund um den Bitcoin. Wealthfront bietet automatisierte Investitionsdienstleistungen mit einer Software an, die automatisch Investitions- und Finanzentscheidungen für den Kunden übernimmt. Das Unternehmen gibt an, Vermögenswerte in Höhe von 2 Milliarden US-Dollar für 22.000 Kunden zu verwalten und diesen Kunden 10 Millionen US-Dollar an Beratungsgebühren eingespart zu haben.

Die Investitionen in Fintech Unternehmen haben sich von 2013 auf 2014 verdreifacht und eine Höhe von zwölf Milliarden US-Dollar erreicht. Dies ist ein Anstieg von 201 Prozent, verglichen zu 63 Prozent in Venture-Kapital Investitionen weltweit.[376] Ein Großteil der Investitionen im Fintech-Bereich wurde in den USA getätigt, aber auch in Europa wurde das höchste Wachstumsniveau mit einem Anstieg von 215 Prozent verzeichnet. 42 Prozent der gesamten Investitionen in diesem neuen Geschäftsbereich fanden in Großbritannien und in Irland statt. In Silicon Valley wurden über zwei Milliarden US-Dollar in Fintech investiert, was mehr war als in ganz Europa, wo nur 1,48 Milliarden US-Dollar investiert wurden. Obwohl Großbritannien und Irland in diesem Bereich bereits weiter sind, ist der nördliche Teil Europas vielversprechend. Hier wurden 345 Millionen US-Dollar in den nordischen Staaten und 306 Millionen US-Dollar in den Niederlanden investiert. Deutschland liegt mit 82 Millionen US-Dollar deutlich zurück.[377]

Ökologie

Im September 2015 forderten zahlreiche internationale Unternehmen US-Präsident Barack Obama auf, dem Kampf gegen den Klimawandel die höchste Priorität einzuräumen. Der American Business Act on Climate Pledge verpflichtet unterzeichnende Unternehmen dazu, drastische Maßnahmen gegen den Klimawandel zu vollziehen. Derzeit haben sich 81 Unternehmen angeschlossen, unter ihnen Johnson & Johnson, Procter & Gamble, Nike, Ikea, Dell, Hewlett-Packard, Siemens, McDonald's, Sony und Starbucks. Die Hoffnung ist, dass mit der Unterstützung dieser Unternehmen, die zusammen eine Marktkapitalisierung von fünf Billionen US-Dollar haben, die Delegierten von 200 Ländern es schaffen werden, in Paris bei der Klimakonferenz eine Einigung zu erzielen. Die Unterstützung dieser Unternehmen ist auch notwendig, um eine größere Legitimierung innerhalb der USA für die Umsetzung von Klimamaßnahmen wie die Reduktion von CO_2-Emissionen zu gewinnen. Die Republikaner sind der Meinung, dass solche Maßnahmen einen Verlust der US-amerikanischen Wettbewerbsfähigkeit verursachen könnten. 30 Prozent der 50 größten US-Unternehmen mit neun Millionen Mitarbeitern unterstützen dieses Klimavorhaben jedoch. Viele dieser Unternehmen verpflichten sich dazu, ihre CO_2-Emissionen um 50 Prozent zu reduzieren, den Wasserverbrauch um 80 Prozent zu senken, und garantieren, dass 100 Prozent ihrer gekauften Energien erneuerbar sind. Ikea verpflichtete sich dazu, bis 2020 genauso viel erneuerbare Energie zu produzieren wie verbraucht wird. Johnson & Johnson will bis 2050 80 Prozent der CO_2-Emissionen reduziert haben und bis dahin auch alle Fabriken mit erneuerbarer Energie versorgen. Dell wird die Treibhausgasemissionen bis 2020 um 50 Prozent einschränken.[378]

Gleichzeitig rief das Carbon Pricing Panel unter der Führung der Weltbank und des Internationalen Währungsfonds Unternehmen und Staaten dazu auf, einen Preis für CO_2-Emissionen festzulegen. China erklärte kürzlich, es würde bis 2017 ein Emissionshandelssystem einführen. In den USA ist die Einführung eines solchen Systems 2010 am Widerstand der Republikaner gescheitert. Der Gouverneur der Englischen Notenbank, Mark Carney, hat in einem aufsehenerregenden Vortrag alle Investoren in herkömmliche Energieträger gewarnt, dass ihre Investments wegen unerwarteter scharfer Regulierungen drastisch an Wert verlieren könnten, weil die traditionellen Energieunternehmen auf ihren Lagerbeständen sitzenblieben. Es ist bezeichnend, dass diese Warnung in den deutschen Medien faktisch keinen Niederschlag gefunden hat. Diese Ignoranz zeigt, dass die deutsche Öffentlichkeit wenig über die globalen Zusammenhänge erfährt. Sie können jedoch wegen der weltweiten Vernetzung, die ein Wesensmerkmal der technologisch-industriellen Revolution ist, auch für die deutschen Sparer und Anleger von großer Bedeutung werden. Carney sagte, dass es zu Verwerfungen an den Finanzmärkten kommen könnte, wenn sich die Investoren nicht rechtzeitig auf die Möglichkeit einer radikalen Regulierung einstellen.[379]

Diese Veränderungen gehen allesamt an Europa fast unbemerkt vorüber. Man kann sich nun fragen, warum das so ist. Haben wir nicht mit der EU eine große, supranationale Organisation, die eigentlich genau für die Erkennung dieser Trends zuständig sein müsste?

KAPITEL 13: DIE EU-FALLE

In seinem Essay »Der Europäische Landbote. Die Wut der Bürger und der Friede Europas«, schreibt der österreichische Schriftsteller Robert Menasse: »Irgendwann ist mir aufgefallen, dass man all die Romane, die ich am meisten liebe, die ich am heftigsten bewundere, die die nachhaltigste Wirkung auf mich gehabt haben, so unterschiedlich sie in Hinblick auf Stoff, Entstehungszeit und erzählter Zeit auch sind, unter einem Begriff zusammenfassen kann: Sie alle sind ›Vorabend-Romane‹. Sie gestalten gleichsam den Vorabend vor einem Epochenbruch. ›Die Dämonen‹ von Doderer, Dostojewskis ›Böse Geister‹, Manns ›Zauberberg‹, Musils ›Mann ohne Eigenschaften‹, Roths ›Radetzkymarsch‹, Fontanes ›Stechlin‹, Cabrera Infantes ›Drei traurige Tiger‹, um nur einige Beispiele zu nennen. Seither lässt mich diese Idee nicht mehr los: einen Roman zu schreiben, der das Panorama einer Epoche entfaltet, in der die handelnden Figuren wie zu jeder Zeit ihre Sorgen, Hoffnungen, Sehnsüchte und Probleme haben, diese irgendwie zu meistern versuchen, scheitern oder sich irgendwie pragmatisch neurotisch ruhigstellen – und dabei eine Welt aufrechterhalten, von der sie nicht wissen und sich nicht einmal vorstellen können, dass sie am nächsten Tag nicht mehr existiert.«[380]

Im Hinblick auf Europa sei dieser Zeitpunkt nun gekommen, und er glaubt, dass wir alle diese Erfahrung bald selbst machen würden, »wenn sich entscheidet, ob das System der Nationalstaaten oder das System der Überwindung der Nationalstaaten untergeht. So oder so leben wir am Vorabend eines Untergangs.«[381]

Menasse lobt die EU als »Elitenprojekt« und vertritt die Auffassung, dass Eliten besser die Innovation eines politischen Projekts voranbringen können als die »Wutbürger« und die Medien, welche nur die Ressentiments befeuerten. Abgesehen davon, dass die Medien die EU in den vergangenen Jahren vor allem unkritisch begleitet haben und viel zu wenige Ressourcen für Recherchen in Brüssel angestellt haben, sind Menasses Zweifel an der Möglichkeit, eine klassische Demokratie auch supranational funktionstüchtig zu halten, ein gern geäußertes Argument in der meist oberflächlichen

EU-Debatte. Diese Debatte beginnt damit, dass »EU« immer mit »Europa« gleichgesetzt wird – vor allem wenn es um Kritik geht. Neben dem Kampfbegriff des »Populismus« werden Kritiker an bestimmten Vorgängen in der EU sehr schnell als »Europagegner« abqualifiziert – als gäbe es Europa nur noch in der Gestalt der EU. Dennoch weist Menasse auf zwei wichtige Details hin, die in der Tat zugunsten der EU vorgebracht werden müssen: Die Bürokratie, die immer wieder von Kritikern als »Bürokratie-Wahn« bezeichnet wird, ist in der EU tatsächlich vergleichsweise klein – nur 0,06 Prozent des gesamten BIP der EU gehen in die Verwaltung. Außerdem müssen die EU-Beamten einen strengen Auswahlprozess durchlaufen, weshalb sie als gut qualifiziert für eine internationale Tätigkeit angesehen werden können.

Für die Frage jedoch, ob ausgerechnet die EU im Zeitalter der technischen Revolution die Rolle einer Avantgarde spielen kann, die den Nationalstaaten am Ende hilft, im globalen Wettbewerb zu bestehen, ist eine andere Erkenntnis von Menasse wichtig: Er kritisiert, dass der grundsätzliche Geburtsfehler der EU darin liege, dass die Unsitten der Nationalstaaten auf eine europäische Ebene gehoben würden. Dies mache sich vor allem in der Dominanz des Rats bemerkbar, in der letzten Endes Deutschland und Frankreich alle Entscheidungen dominieren und solche Entscheidungen vor allem unter innenpolitischen Gesichtspunkten treffen. Es gilt das Recht des Stärkeren. Dies verleiht der EU in ihrer gegenwärtigen Form einen geradezu reaktionären Charakter: Die Gesetze der Postdemokratie wurden gewissermaßen potenziert. Außerparlamentarische Interessengruppen vereinbaren hinter geschlossenen Türen, wohin die Reise gehen soll. Die von Menasse gelobten Bürokraten, die wie schon der Beamtenapparat in der österreichisch-ungarischen Monarchie ein Vielvölker-Gebilde zusammenhalten sollen, haben im Grund keine Chance, eine wirklich wirksame Verwaltung zu etablieren. Ich stimme Menasse zu: In Brüssel arbeiten viele wirklich gute Leute. Doch alle klagen, dass sie oft jahrelang für den Papierkorb arbeiten. Das System der Direktorate ist eine Scheinwelt, in der, wie von Think Tanks, jede Menge an Konzepten erarbeitet werden. Diese schönen Pläne erblicken jedoch nur in den seltensten Fällen das Licht der Öffentlichkeit.

Die von allen als mangelhaft empfundene demokratische Legitimation der EU-Gremien ist ein Problem, das theoretisch behoben werden könnte: Nichts spricht dagegen, das EU-Parlament zu einem echten Parlament auszubauen. Der Vertrag von Lissabon hat hier erste Schritte gezeigt – doch der Preis war hoch: Denn im Gegenzug wurde auch der Rat der Europäischen Union gestärkt – und der hat am Ende wirklich das Sagen. Dass sich hier Entscheidungen gegen »die Großen« nur schwer durchsetzen lassen, liegt in der Natur der Sache. Die oft gescholtene Regulierungswut ist, bei Lichte betrachtet, ebenfalls ein zweischneidiges Schwert: Zum einen haben wir im Falle Volkswagen gesehen, dass es keine wirksame, unabhängige Aufsicht gibt. Dies ist in der aus rechtlichen Gesichtspunkten gesehen völlig unzulässigen Vermischung von Exekutive und Legislative auf der Ebene der Kommission begründet: Sie erarbeitet die Gesetze und kontrolliert später deren Einhaltung. Weil die Kommission aber den Regierungschefs unterstellt ist, ist jeder Einflussnahme Tür und Tor geöffnet. Zugleich wurde mit der Gesetzesflut ein Problem geschaffen, das der Anwalt Philip K. Howard in seinem Buch »The Death of Common Sense«[382] für die USA sehr scharfsinnig analysiert hat: Gesetze werden nicht mehr im Hinblick auf eine grundsätzliche Eigenverantwortung der Einzelnen oder von staatlichen Stellen oder Unternehmen erlassen, sondern streben danach, möglichst jeden Verstoß in der Zukunft zu ahnden. Dadurch verlieren sich die Gesetze in Details, und führen so zu einer lähmenden Kombination aus Angst vor Gerichtsprozessen, Rechtsunsicherheit und Rechtlosigkeit. Die Adressaten der Gesetze – die Bürger – haben dabei die schlechtesten Karten. Sie verstehen überhaupt nicht mehr, was vor sich geht. Ich habe einmal bei einem Vortrag in München meine Zuhörer gefragt, ob sie denn wüssten, wer eigentlich Mitglied der »Troika« sei. Die Troika war damals aus Anlass der Griechenland-Krise in aller Munde. Von den anwesenden 300 Anlegern – also durchaus Leute, die man als informiert betrachten kann – hoben ganze drei die Hand. Der Teilnehmer, den ich schließlich bat, die Mitglieder zu nennen, sagte: »Deutschland, Frankreich, Großbritannien.«

Ein solches Auseinanderklaffen der politischen Informiertheit verhindert mutige und zukunftsweisende Entscheidungen. Ein solches System ist seiner Natur nach konservativ, also darauf angelegt, bestehende Verhältnisse zu zementieren. Dazu trägt auch bei, dass das EU-Parlament massiven Einflüssen durch Lobbyisten ausgesetzt ist. Die Abgeordneten entscheiden nicht danach, was für ihre Wähler wichtig und gut ist. Viele von ihnen haben eine eigene Agenda, die von Pressure-Groups diktiert wird. So ist es auch erklärbar, dass Google und Facebook von der EU zwar immer wieder attackiert werden. Wirklich schmerzhafte Entscheidungen gegen die US-Giganten werden jedoch nicht getroffen. Zwar sind die Technologie-Konzerne der politischen Bürokratie meilenweit voraus. Doch wissen die Konzerne genau, dass die Regulierungsbehörden große Macht haben – wie wir am Fall von VW gesehen haben. Um vor Überraschungen gefeit zu sein, haben die Konzerne daher auch die Lobbyarbeit in Brüssel straff und wirkungsvoll organisiert. Google, Amazon, Microsoft, Facebook, Apple und andere Giganten hatten sich zunächst in der »European Internet Foundation« (EIF) zusammengeschlossen. Die Organisation verschaffte den Mitgliedern der Industrie exklusiven Zugang zu den Abgeordneten des Europa-Parlaments. Die Gründerin der Stiftung, Erika Mann, hat eine interessante Biografie: Sie saß für die SPD im Europaparlament und wirkte an der Gesetzgebung zum Datenschutz mit. Es gelang ihr, die Gesetze so sehr zu Gunsten der Konzerne zu gestalten, dass Facebook Erika Mann als Lobbyistin übernahm, nachdem ihr die Wiederwahl ins Parlament nicht geglückt war. Die »Stiftung« hat sich mittlerweile umbenannt und heißt nun »European Internet Forum«. Das systematische Verwischen von Spuren gehört zum Kerngeschäft der Lobbyisten. Beraten wird die EIF von Peter Linton, der im Dienste der PR-Agentur Burson Marsteller den US-Konzernen das nötige Wissen über »die Auswirkungen der digitalen Revolution auf die europäischen Gesellschaften und politischen Systeme« vermittelt.[383]

Gerade im Bereich der neuen Technologien lässt sich gut erkennen, wie die Postdemokratie praktisch funktioniert: Während die US-Konzerne auf Hochdruck diese Revolution betreiben, und, wie wir bei der Autoindustrie gesehen haben, gerade die europäischen Platzhirsche ins Visier genommen haben und daher ihren

Einfluss auf die EU-Politik entsprechend geltend machen, werden in der EU die Zukunftsthemen vor allem unter dem Gesichtspunkt der Angst kommuniziert. Das Marketing-Label nützt den Politikern, die sich damit als bürgernahe Freunde des Datenschutzes präsentieren können. Dies entspricht natürlich nicht der Realität: Anfragen bei Google über die Herausgabe von Daten werden selbstverständlich auch im großen Stil von den europäischen Regierungen gestellt.[384] Und in anderen Bereichen, wie etwa der Eintreibung der Rundfunkgebühr in Deutschland, ist Datenschutz kleingeschrieben: So durfte sich die mit der Eintreibung der Gebühr befasste Behörde bei der Umstellung der alten GEZ auf die neue Haushaltsabgabe der Daten aus dem Melderegister bedienen – ohne jede Kontrolle und ohne große öffentliche Diskussion oder gar Empörung.[385] Doch in der Öffentlichkeit ist der Datenschutz – grundsätzlich zu Recht – zu einer Heiligen Kuh geworden: Er müsste aber global gelten und sollte immer im Verhältnis zum Nutzen stehen. Denn allen Beteuerungen zum Trotz arbeiten die US-Konzerne weiter mit den Regierungen, mit den Geheimdiensten und mit dem Pentagon zusammen. Sie haben schließlich erhebliche staatliche Förderungen erhalten. An einzelnen Sub-Unternehmen sind Regierungsbehörden sogar gesellschaftsrechtlich beteiligt.[386] Vor allem aber erhalten die Unternehmen von der Regierung lukrative Aufträge, weil der Regierung das Knowhow fehlt und daher die Daten-Giganten in die Bresche springen müssen.

Es ist der EU nicht gelungen, Alternativen zu entwickeln. Das hat sogar Bundeskanzlerin Angela Merkel aufgeschreckt. Wenn Deutschland im Umgang mit Daten nur auf Datenschutz setzt, werde die Autoindustrie den Wettbewerb um neue Zukunftstechnologien verlieren, sagte Merkel im Oktober 2015. Es sei notwendig, ein anderes Verhältnis zur Nutzung von Daten, die der Rohstoff der Zukunft seien, zu entwickeln: »Wer nur auf den Schutzgedanken setzt, der wird das, was ›datamining‹ heißt, nicht schaffen können.« Der Wegfall alter Jobs durch die Digitalisierung könne nur wettgemacht werden, wenn die Industrie »bei der Datenverarbeitung genauso gut ist wie bei der Verarbeitung von klassischen Werkstoffen. Abschottung wäre dabei ganz falsch.«

Doch diese Abschottung hat sich in den Köpfen bereits festgesetzt: Nirgendwo wurden die Enthüllungen des Whistleblowers Edward Snowden vor der Überwachung so dankbar aufgenommen wie in Deutschland. In fast schon paranoider Überzeichnung nimmt die deutsche Öffentlichkeit heute von jeder Innovation zunächst mit Angst und Sorge über den möglichen Missbrauch Kenntnis. Gefördert wird diese Angst von starken Gewerkschaften, die das Aufkommen von innovativen Modellen wie etwa dem Taxi-Dienst Uber stoppen wollen. Im Bereich der Steuern kämpfen die Kommunen gegen die Wohnungsbörse Airbnb. Und die traditionellen Medien versäumen es nicht, sich selbst als Hort der Sicherheit und Wahrer des Leistungsschutzes darzustellen, wenn es darum geht, neue Player wie Google oder Facebook zu diskreditieren. Manchmal könnte man fast denken, dass Edward Snowden, sicherlich ohne es zu wollen, den US-Konzernen im Bereich der neuen Technologien in Europa eine große Hilfe gewesen ist.

Das Unverständnis für die Bedeutung der industriell-technologischen Revolution manifestiert sich schließlich auch im Investitionsverhalten der EU. Im Zug der Euro-Krise hatte sich die EU nach langen Beratungen auf ein Investitionspaket verständigt. Dieses sogenannte Juncker-Paket wird dazu führen, dass Milliarden in alte Projekte fließen werden. Der Grüne EU-Parlamentarier Sven Giegold kritisiert: »Junckers Investitionsliste fehlt der ökologische Kompass. Das Programm soll zu einer Finanzierungsmaschine für Straßen, Flughäfen und Atomkraftwerke werden. Insbesondere mit der Finanzierung von Atomkraftwerken verkennt Juncker die Zeichen der Zeit, die auf erneuerbaren Energien stehen. Die Projekte müssen durch eine strenge Umweltverträglichkeitsprüfung. Kaum förderungswürdig sind zum Beispiel die Atomkraftwerke Hinkley Point C, Wylfa und Moorside in Großbritannien, das neue Flughafenterminal 3 in Frankfurt sowie der Ausbau von Autobahnen wie A3, A4, A6, A8. Die Mittel müssen in erneuerbare Energien und Energieeffizienz fließen. Nur so können wir Ölimporte in Milliardenhöhe ersetzen, wovon unsere Umwelt und unsere Gesellschaft profitieren würden.«
Doch nicht nur die ökologische Komponente fehlt: Für das von der EU-Kommission geplante Investitionsprogramm in Höhe von

315 Milliarden Euro wird offenbar das Forschungsbudget drastisch gekürzt. Der aktuelle Startfonds besteht aus 21 Milliarden Euro.

In einem internen Memo der EU-Kommission an die EU-Finanzminister heißt es, dass bereits bestehende Budgets umgeschichtet werden müssten. Etwa 2,7 Milliarden Euro sollen aus einem Budget stammen, das bislang für Forschung verplant war, berichtete der EU-Observer.[387] Die deutsche Fraunhofer-Gesellschaft hat 2014 laut eigenen Angaben rund 100 Millionen EU-Fördergelder bekommen und rechnet ebenfalls mit Kürzungen: »Eine genaue Auswirkung der Kürzungen lässt sich aktuell nicht einschätzen. Jedoch werden Fraunhofer-relevante Teile von Horizont 2020 im Verordnungsvorschlag überproportional gekürzt. Die für das Jahr 2016 vorgesehenen drastischen Kürzungen betreffen beispielsweise das EIT-Budget in besonderem Maße, es soll um etwa 40 Prozent gekürzt werden. Fraunhofer ist etwa prominent im KIC »Raw Materials« vertreten und wäre somit direkt betroffen«, heißt es in einer Stellungnahme an die Deutschen Wirtschafts Nachrichten.

Die internationale Wissenschaftsgemeinde protestierte gegen dieses Vorgehen: »Wissenschaftler und Technologen wurden zu einem verstärkten Engagement der EU in Forschung und Innovation ausgerichtet. Die Kürzungen sind ein Vertrauensbruch«, zitiert der EU-Observer Peter Tindermans, den Generalsekretär von Euroscience – einer Dachorganisation für Forschungseinrichtungen. Die DWN berichten: »Den größten Einschnitt muss wohl das European Research Centre hinnehmen. Es verfügt momentan über ein Budget von 1,7 Milliarden Euro. In diesem Jahr werden rund 90 Millionen Euro gekürzt, in den kommenden fünf Jahren etwa 221 Millionen Euro. Dem europäischen Raumfahrtprogramm werden 80 Millionen Euro weniger gestellt. Ein Finanzierungspaket für Nanotechnologie, neue Materialien, Laser und Biotechnologie wird um 169 Millionen Euro reduziert. Zu den 2,7 Milliarden aus dem Forschungsbudget sollen etwa 3,3 Milliarden Euro aus dem Verkehrshaushalt kommen und 2 Milliarden aus ›nicht zugewiesenen‹ EU-Zahlungsmitteln.«[388]

Die EU, eigentlich gedacht als Avantgarde in Europa, erweist sich also als ein Faktor des Beharrungsvermögens: Steuergelder werden nicht in die Dynamik der sich rasant verändernden Technologie gesteckt, sondern in Projekte, mit denen die nationalen Regierungen kurzfristig bei ihren Wählern punkten können. Denn natürlich sind im Straßenbau schneller Arbeitsplätze zu schaffen. Wie wenig nachhaltig diese Projekte jedoch sind, kann man an den herrlichen, aber verkehrsarmen Autobahnen in Griechenland oder Polen bewundern.

An einer anderen Stelle läuft die EU jedoch gerade wegen der technologisch-industriellen Revolution Gefahr, sich selbst in die Luft zu sprengen: Wie wir gesehen haben, sind die modernen Kriege auch Experimentierfelder, neue Technologien im Rüstungsbereich zu »testen«, wie US-Präsident Barack Obama dies genannt hat. Während Tests von Nuklearwaffen mittlerweile mindestens als anrüchig gelten und die Atom-Mächte eifersüchtig darüber wachen, dass sie das bestehende Oligopol im Bereich der Kernwaffen erhalten, sind die modernen Kriegsmittel die Exportschlager der Zukunft. Die USA haben während des Syrien-Krieges jede Menge an Waffen in den Nahen Osten transportiert, zuletzt wurde Munition sogar mit Fallschirmen abgeworfen.[389] Wer diese Waffen am Ende bekommen hat und gegen wen sie eingesetzt werden, lässt sich nicht mehr nachvollziehen.

Die Folgen dieses Geschäfts haben jedoch andere auszubaden: Wir haben schon bei den Flüchtlingen gesehen, dass diese nicht durch eigenes Verschulden in Not und Elend gestürzt sind. Die modernen Kriege sind nichts anderes als technologisch getriebene »ethnische Säuberungen«. Ganze Völker müssen ihre Heimat verlassen. In Europa werden diese Vertriebenen dann von einigen Vordenkern auf ihren ökonomischen Wert reduziert. Denn sie sind die neuen Konsumenten und zudem billige Arbeitskräfte.

Abgesehen davon, dass man diese Kausalität aus moralischen Gründen strikt ablehnen muss, weil es ja kein Ziel sein kann, Menschen zu vertreiben, weil anderswo die »Binnenkonjunktur« angekurbelt werden muss: Die Vertreibung ist eine Folge der Wirren der vorrückenden Revolution. Der Prozess erinnert frappant an die Schilderungen der Völkerwanderung aus dem ersten europäischen Jahrtausend. Wir zitieren noch einmal Peter Heather: »Wichtiger als jede Migration waren für die Neuordnung des barbarischen

Europa in den 1000 Jahren seit Christi Geburt jedoch die inneren wirtschaftlichen, sozialen und politischen Wandlungsprozesse.«

Einen solchen Wandlungsprozess erleben wir heute im globalen Stil. Er ist nun in Europa angekommen und erklärt das Ende der Behaglichkeit, das viele Deutsche spüren. Die Art, wie dieser Prozess aktuell abläuft, birgt für Europa viele Gefahren – aus dem einfachen Grund, weil das postdemokratische System der EU die denkbar schlechteste Struktur ist, um in einem solchen Prozess nicht heillos in die Defensive zu geraten. Die Reaktionen der EU-Staaten auf die Flüchtlingskrise tragen daher auch deutlich reaktionäre Züge: Viele EU-Staaten weigern sich, Flüchtlinge und Emigranten aufzunehmen. Man kann es ihnen nicht einmal verdenken: Sie sind darauf nicht vorbereitet. Gerade die Staaten Ost-Europas leisten Widerstand, weil sie von einem hegemonialen System, dem Ostblock, in ein anderes gefallen zu sein scheinen, nämlich dem der EU. Tatsächlich haben auch die neuen EU-Staaten von dem konservativen System profitiert: Die EU-Förderungen für neue Mitgliedsländer gehen in der Regel in die alte Industrie, um Arbeitsplätze zu retten, wie etwa im Kohlebergbau, wo Polen viel zu verlieren hat. Oder aber sie gehen in Bau-Projekte, die kurzfristig Arbeitsplätze schaffen, damit die jeweiligen Regierungsparteien Wahlen gewinnen können.

Von der technologischen Revolution nehmen die Staaten in der EU, so hat es den Anschein, nur die Entwicklungen mit, die eigentlich die Schattenseiten dieser Umwälzungen repräsentieren: die umfassende Überwachung, ausgelöst durch die »Terror«-Warnungen, die die Bürgerrechte in Europa in den kommenden Jahren massiv beschneiden könnten; die finanzielle Repression, die den hoch verschuldeten EU-Staaten auf technologischem Weg hilft, an das Geld der Sparer zu kommen; den Abbau von Meinungs-, Rede- und Versammlungsfreiheit, weil nicht jeder Schwachsinn, der über das Internet verbreitet wird, entweder als Schwachsinn entlarvt oder als konkrete Straftat verfolgt wird, sondern zur allgemeinen Bedrohung hochstilisiert wird. So berichtete der Guardian im Mai 2015, dass die Regierung von David Cameron die Polizei ermächtigen will, bei den Höchstgerichten Verfügungen zu erwirken, um »schädliche Aktivitäten« von extremistischen Individuen zu beschränken. Die Definition von »schädlich« soll das Risiko der öffentlichen Unruhe, das Risiko der Beleidigung sowie die »Bedrohung der Funktionsfähigkeit der Demokratie« umfassen. Die Demokratie ist in diesem Zusammenhang ausdrücklich erwähnt. So sollen künftig nicht nur Aktivitäten bestraft werden, die mit Hass zu tun haben, sondern auch solche, die »den Zweck verfolgen, die Demokratie zu überwältigen«[390]. Zuvor hatten bereits Frankreich und Spanien drastische Gesetze zur Einschränkung der Meinungsfreiheit und des Demonstrationsrechts vorgenommen.[391]

Dies alles kann den Eindruck erwecken, dass die Reaktion der EU auf die rasant fortschreitende technologische Revolution einen restaurativen Charakter trägt, der den Staaten in Europa im Endeffekt nachhaltig schaden könnte.

Doch die Antwort auf den globalen Wandel kann nicht die Kriminalisierung und Einschüchterung der Bevölkerung sein. Der Polizeistaat profitiert zwar auch von den neuen Möglichkeiten. Seine Stärkung ist unzweifelhaft eine der Folgen, die auch ursächlich mit den modernen Kriegen zusammenhängt.

Stehen wir also vor einer düsteren Epoche? Die von Menasse zitierte Leseliste von Vorabend-Romanen könnte uns in dieser Annahme bestärken – in der Regel folgte auf das nervöse Vorabend-Gefühl meist eine turbulente Nacht oder gar ein böses Erwachen. Doch es kann auch ganz anders kommen.

Kapitel 14: Deutschland – was nun?

Gideon Rachman ist außenpolitischer Chefkommentator der Financial Times (FT). Er ist also eine Art höchste Instanz, wenn es um die Folgen von globalen politischen Entwicklungen für die Weltwirtschaft geht. Die FT ist im Zuge des Internet-Booms genauso optimistisch gewesen wie wir alle, die wir zunächst nur die positiven Seiten der neuen technologischen Revolution gesehen haben. In seinem neuen Buch »Nullsummenwelt. Das Ende des Optimismus und die neue globale Ordnung« nennt Rachman die Epoche, deren Anbruch wir gerade erleben, »das Zeitalter der Angst«. Er schreibt, dass sich die Voraussetzungen nach der ersten Euphorie über die Chancen in den vergangenen Jahren deutlich geändert hätten. Der Glaube an den freien Markt und an »das Voranschreiten der Demokratie« sei erschüttert. Er erzählt von einer Konferenz in Texas, bei der die Teilnehmer über »den Untergang Amerikas« diskutieren sollten. Rachman überrascht mit der Feststellung: »Die technologische Revolution schien nun nicht mehr das erhoffte Allheilmittel, da so unterschiedliche Probleme wie Klimawandel und die Mechanismen militärischer Okkupation sich technischen Lösungen entzogen.« Es bestehe ein erhöhtes »Risiko regionaler Kriege, das Risiko des Zusammenbrechens des globalen Handels, das Risiko von Engpässen bei der Nahrungsmittel- und Energieversorgung, das Risiko von Umweltkatastrophen und nuklearem Terrorismus«. Die »Unfähigkeit« der Staatengemeinschaft, »beim Umgang mit den großen globalen Fragen einen gemeinsamen Weg zu finden« werde »die internationalen Beziehungen vergiften«: »Die großen Mächte werden aneinandergeraten, streiten und versuchen, sich in eine vorteilhafte Lage zu bringen.«[392]

Soviel Pessimismus findet man in angelsächsischen Medien selten. Die Briten neigen ja eher zu einer Art des optimistischen Understatements, das sich etwas in der Antwort auf die Frage »How are you?« ausdrückt. Während die Amerikaner immer mit »Great!« antworten, auch wenn sie sich hundeelend fühlen, sagen die Briten gerne »Not too bad!«. Dahinter steckt eine positive

Skepsis, die davon ausgeht, dass alles besser wird, wenn man den »worst case« für möglich hält.

In Deutschland ist der Weltuntergang dagegen seit den Zeiten der Romantiker schon am frühen Morgen präsent, wenn man sich etwa Bilder von Caspar David Friedrich anschaut: Ein Morgennebel im Gebirge, in höchster Vollendung gemalt, zeigt niemals nur die Vorfreude auf den neuen Tag, sondern ist auch immer schon der Vorbote des unausweichlichen Sonnenuntergangs.

In der Praxis sind die Deutschen viel pragmatischer und weit weniger apokalyptisch veranlagt als man glauben möchte. Dies liegt auch daran, dass sich Deutschland in den vergangenen 20 Jahren enorm gewandelt hat – und zwar auch zum Positiven. Einer der Vorteile Deutschlands ist, dass es seine Kleinstaaterei eigentlich nie völlig aufgegeben hat. Zwar hat man sich in der Bundesrepublik über den Länderfinanzausgleich in einer stabilen wirtschaftlichen Einheit zusammengefunden, auch wenn über die Transferleistungen als Teil der Neuverhandlungen immer wieder gestritten wird. Doch ernsthafte Sezessionsbewegungen wie etwa in Spanien, wo Katalonien mit aller Macht aus der Verbindung mit dem Zentralstaat ausscheiden will, gibt es in Deutschland nicht. Das liegt auch daran, dass sich die 16 Bundesländer ihre Eigenheiten bewahrt haben. Es ist oft sogar so, dass die Deutschen untereinander auch sprachliche Schwierigkeiten haben – zumindest, was die Einordnung des Gegenübers betrifft.

Deutschland ist aber auch viel internationaler geworden. Dazu hat unzweifelhaft die EU-Mitgliedschaft beigetragen. Viele junge Deutsche haben die Erasmus-Programme genutzt – eine Art steuerfinanzierte Partnerbörse, bei der Partys gefeiert und zwischenmenschliche Beziehungen angebahnt wurden. Im Zuge der Euro-Krise sind auch viele EU-Ausländer nach Deutschland gekommen und arbeiten jetzt hier, sehr zum Vorteil der Kreativität in der Wirtschaft. Die »echten« Deutschen genießen den Ruf der Umgänglichkeit bis hin zur Selbstverleugnung. Ich habe dies selbst erlebt: Bei der Netzeitung, wo auch unsere englischsprechenden Norweger anwesend waren, war die Umgangssprache selbstverständlich Englisch. Die Skandinavier sprechen fast akzentfrei, die Deutschen sind auf einem guten Weg, aber umso eifriger. Ich erinnere mich an ein Meeting, wo die Norweger wegen eines Rückflugs früher gehen mussten, die Deutschen also unter sich waren. Sie sprachen zu meinem großen Erstaunen weiter Englisch, obwohl nur noch Deutsche, Österreicher und Schweizer im Raum waren. Erst auf meinen Hinweis hin kehrten sie, fast etwas enttäuscht, zu ihrer Muttersprache zurück.

Im Hinblick auf die Universalität der technologisch-industriellen Revolution hat Deutschland also eigentlich gute Voraussetzungen: Solidität und Internationalität, Konsequenz und Vielfalt, sogar erste Anzeichen der Improvisationsfähigkeit sind zu erkennen. Anders als die Briten, die die lange Last eines Empire mit sich herumschleppen, sind die Deutschen wegen der komplizierten und nicht mehr als Weltsprache gebräuchlichen Muttersprache in einer natürlichen Weise kompromissfähig. Deswegen ist auch die Stimme Deutschlands in der Welt von Bedeutung: Man will wissen, was Deutschland denkt. In den von Rachman angesprochenen, sich abzeichnenden regionalen Konflikten und erst recht im Kampf der Supermächte wollen viele eine andere Sicht hören – und Deutschlands Wort hat hier Gewicht.

Die Fähigkeit zum Kompromiss hat jedoch eine nicht unerhebliche Schattenseite: Die Deutschen sind es gewohnt, in geschlossenen Gesellschaften zu leben. Johannes Willms hat vor vielen Jahren ein Büchlein geschrieben, in dem er den Fortbestand der »Zünfte« als ein wichtiges Element der deutschen Stabilität erklärt. Willms schrieb im Jahr 2001, dass »es eine neue Revolution brauchen wird, die sich möglicherweise mit der Globalisierung ankündigt«. [393]

Die Zünfte gibt es immer noch, wenngleich unter anderem Namen: Vieles in Deutschland ist nur möglich, wenn es das scheinbar objektive Gütesiegel trägt, dass man irgendwo amtlich registriert ist. Es gibt für Unternehmen die Zwangsmitgliedschaft bei der IHK, es gibt das Deutsche Handwerk, es gibt den Bund der Deutschen Industrie, es gibt Branchenverbände. Ich habe einmal versucht, die Deutschen Wirtschafts Nachrichten als Mitglied im Bundesverband der Deutschen Zeitungsverleger (BDZV) anzumelden. Dieses Ansinnen stellte den Verband vor ein unlösbares Problem: Man könne ein Medium nicht aufnehmen, wenn es nur im Internet publiziert wird. Die Begründung war durchaus doppeldeutig: Das Wesen einer Zeitung sei, dass sie auf Papier erscheint. Das kann man noch als prinzipientreu werten. Doch der eigentliche Grund, so klärte mich der freundliche Sprecher des Verbandes auf, sei, dass man, wenn man die DWN aufnehme, ja jede Website aufnehmen müsse, die Nachrichten verbreitet. Man habe nicht die geringsten Zweifel an den DWN. Weil man aber nicht kontrollieren könne, was die einzelnen Seiten veröffentlichen, könnte eine Aufnahme der DWN Begehrlichkeiten bei anderen Publikationen wecken, die man nicht einschätzen könne. Mir war als langjährigem Print-Journalisten nicht klar gewesen, dass die inhaltliche Kontrolle ein unausgesprochenes Kriterium war. Ich dachte immer, der BDZV sei ein Arbeitgeberverband, der sich um den Interessensausgleich mit den Arbeitnehmern kümmert – und am Ende die Interessen aller Journalisten vertritt, egal, was sie schreiben. Wir sind nun – ganz freundlich und unbürokratisch – Mitglied in einer anderen Zunft geworden, beim »Bundesverband der Zeitschriftenverleger« (BZV). Dieser ist der Dachverband der Magazine. Unsere Mitgliedschaft dort war kein Problem, weil die Deutschen Wirtschafts Nachrichten seit Jahren auch als monatliches, gedrucktes Magazin erscheinen.

Diese Art der Kontrolle des »Stallgeruchs« ist es, was die Tradition der Zünfte fortschreibt, wie Willms schlüssig erklärt: Offenheit für Neues ja – so lange es im Rahmen eines kontrollierten Verbandes geschieht. Hier sehen wir ein strukturelles Problem, das die Deutschen maßgeblich daran hindert, die Vorteile der technologischen Revolution zu erfassen und sie umgekehrt anfällig für die Nachteile macht. Bei der Beurteilung der Chancen und Gefahren, die von der technologischen Revolution ausgehen, ist diese unsichtbare Zwangsjacke zu berücksichtigen. Sie ist einer der Gründe, warum neue, wirklich »unterbrechende« Unternehmen in Deutschland solche Schwierigkeiten haben – wie etwa der Taxidienst Uber oder die Wohnraumbörse Airbnb. In den anderen EU-Staaten ist es übrigens nicht anders. Trotz des großen paneuropäischen Anspruchs fesselt die Wirtschaft Neuankömmlinge in bürokratischen Strukturen, die vorgeben, Althergebrachtes schützen zu wollen, tatsächlich jedoch in höchstem Maß reaktionär wirken. Diese Organisationen sind auch jene, die gerne vor einer Deflation warnen: also einem überraschenden Preisverfall. Der Ökonom Roland Baader hat genau erklärt, dass es eine »gute« und eine »schlechte« Deflation gibt:[394] Die schlechte Deflation ist wirklich eine Abwärtsspirale, die alle Preise erfasst, und daher langfristig Arbeitsplätze gefährdet. Die gute Deflation habe dagegen reinigende Wirkung: Sie sorge dafür, dass antiquiert produzierende oder aufgeblähte Industrien verschwinden und durch moderne, produktivere ersetzt werden. Das sei ein schmerzhafter Prozess, vor allem, wenn man sich nicht rechtzeitig darauf eingestellt habe und etwa eine technologische Revolution verschlafen habe.

In der Euro-Zone hat sich zu diesem Zweck eine supranationale Behörde etabliert, die verhindern soll, dass Altes vergeht und Neues wachsen kann: Die Europäische Zentralbank (EZB) verkündet seit einigen Jahren, sie müsse eine Deflation bekämpfen und hält daher die Zinsen niedrig und kauft im großen Stil Wertpapiere. Damit wird vor allem eines erreicht: Die alten Unternehmen können sich noch einige Jahre weiterschleppen, weil ihre Kreditkosten sinken. Damit aber werden die Chancen von neuen Unternehmen geschmälert, weil die Dinosaurier immer noch die Märkte beherrschen.

Die Klauen der Dinosaurier reichen bis weit in die reale Welt. Mich erreichte vor einiger Zeit ein interessanter Bericht von zwei jungen Unternehmensgründerinnen. Sie wollten sich selbständig machen, und zwar nicht als Ich-AG, weil ihnen sonst nichts mehr einfiel, sondern mit einem kreativen Unternehmen. Der Bericht ist ein schönes Zeitzeugnis, wie schwer es jungen Leuten gemacht wird, die partout nicht dem Staat auf der Tasche liegen wollen: Die beiden Unternehmerinnen schrieben unter der Überschrift »Der Weg zur Existenzgründerförderung in Deutschland führt durch die Arbeitslosigkeit«:

»Wer in Deutschland ein Unternehmen gründen und dazu eine Förderung vom Staat erhalten möchte, um in den ersten Monaten seine Existenz abzusichern und sich voll und ganz der Gründung zu widmen, der muss sich darauf vorbereiten, dass der Weg zur Gründerförderung durch die Erwerbslosigkeit führt. In Deutschland gibt es zwei Arten der Existenzgründerförderung:

Der Gründungszuschuss, auf den grundsätzlich seit Anfang 2012 kein Rechtsanspruch mehr besteht. Die Voraussetzung für den Gründungszuschuss werden erfüllt, wenn Arbeitslosengeld I bezogen wird oder bezogen werden kann. Das setzt voraus, dass der Antragsteller innerhalb eines Zeitfensters von zwei Jahren mindestens zwölf Monate in die gesetzliche oder freiwillige Arbeitslosenversicherung eingezahlt hat. Außerdem muss der Antragsteller zum Zeitpunkt der Gründung arbeitslos sein und dem Arbeitsmarkt zur Verfügung stehen. Vor der Gründung muss der Antragsteller zumindest einen Tag arbeitslos gewesen sein und noch einen Restanspruch von mindestens 150 Tagen auf Arbeitslosengeld I haben. Das Einstiegsgeld kann beantragt werden, wenn kein Arbeitslosengeld-I-/Gründungszuschuss-Anspruch besteht. Die Förderung mit Einstiegsgeld basiert auf dem Anspruch auf Arbeitslosengeld II (Hartz IV). Wohlgemerkt sind Gründungszuschuss und Einstiegsgeld ›Kann-Leistungen‹ und liegen im Ermessen des Arbeitsvermittlers, der weder fach- noch branchenspezifische Vorkenntnisse besitzt, um realistisch einschätzen zu können, ob eine geplante Gründung im bestehenden Markt reelle Erfolgsaussichten hat. Welche Kriterien hier bei der Gewährung des Zuschusses tatsächlich angewandt werden, bleibt fraglich.

Diese Antragstellung sieht in der Praxis so aus: Zwei Gründerinnen, die gemeinsam ein kleines Unternehmen in der Modebranche aufbauen: Gründerin 1, deutsche Staatsbürgerin, frische Universitätsabsolventin; Gründerin 2, EU-Bürgerin, seit acht Monaten in Deutschland wohnhaft.

Beide arbeiten neben ihrer Gründertätigkeit noch in diversen Minijobs und auf eigene Rechnung, um ihren Lebensunterhalt zu verdienen. Nach den ersten sechs Monaten wollten sich die beiden über die Möglichkeiten einer Gründerförderung im Jobcenter informieren. Die erste Frage beim Aufnahmegespräch: ›Was wollen Sie eigentlich hier? Sie arbeiten doch.‹ Die Antwort, man wolle sich über die Möglichkeit einer Förderung informieren, um sich so auf den Aufbau des eigenen Unternehmens konzentrieren zu können, stößt auf eine Mischung aus Unverständnis und Überforderung. Es folgt der Verweis, man wisse nicht so genau, was man hier machen könnte, aber nach den Aufnahmeformalitäten werde man an einen Arbeitsvermittler verwiesen, mit dem man diesen Fall besprechen könnte.

Nach mehreren Stunden im Wartebereich folgen die Gespräche mit zwei verschiedenen Arbeitsvermittlern.

Gründerin 1 wird erklärt, dass es für sie nur die Möglichkeit gibt, Arbeitslosengeld II (Hartz IV) zu beantragen, da kein Anspruch auf Arbeitslosengeld I besteht und folglich der Gründungszuschuss ausgeschlossen ist. Der Bezug von Arbeitslosengeld II (Hartz IV) verpflichtet den Bezieher, aktiv eine Erwerbstätigkeit zu suchen und dafür in regelmäßigen Abständen Beleg zu erbringen. Gründerin 1 verweist darauf, dass sie aber keine Arbeit sucht, da sie ja schon eine hat, nämlich ihre Selbständigkeit. Die Antwort der Arbeitsvermittlerin lautet, dass sie ja auch keine Arbeit annehmen bräuchte, aber die Bewerbungsemails trotzdem geschrieben und versandt werden müssten. Auf erneutes Nachfragen, ob es denn hier wirklich keine andere Möglichkeit gäbe, die Existenz während der folgenden Monate auf eine andere Art abzusichern, bekommt sie ein klares Nein.

Gründerin 2 muss ihrem Arbeitsvermittler zuerst einmal erklären, warum sie denn nicht ›bei sich zu Hause‹ gründet. Denn, so der Jobcenterangestellte, wie komme denn Deutschland dazu, Ausländern die Existenz zu sichern. Und außerdem, wäre die Antragstellung im eigenen Land sowieso viel unkomplizierter.

Die zweite Frage, nach Durchsicht der vorgelegten Unterlagen: ›Wann schlafen Sie eigentlich, bei Ihren ganzen Jobs?‹ So viel Arbeitswut scheint dann doch zu beeindrucken und es folgt die Aufklärung über die bestehenden Möglichkeiten: Der erste Schritt ist eine generelle Klärung, ob überhaupt Anspruch auf Arbeitslosengeld II (Hartz IV) besteht. Sollte hier positiv entschieden werden, so kann daraufhin der Antrag auf Einstiegsgeld gestellt werden. Wird auch dieser Antrag genehmigt, so müssen in Folge regelmäßig Termine bei einem persönlichen Betreuer wahrgenommen und über die gesetzten Maßnahmen und die Fortschritte im eigenen Unternehmen berichtet werden.

Hier ist noch zu bemerken, dass sowohl Arbeitslosengeld II (Hartz IV) und Einstiegsgeld rückwirkend, nach positivem Bescheid, ausgezahlt werden. Beginn der Unterstützung ist das Datum des ersten Erscheinens im Jobcenter. Vom ersten Termin im Jobcenter, über das Einreichen aller Unterlagen bis zum Bescheid können aber 2 bis 3 Monate vergehen. Das bedeutet aber, dass alle Einkünfte und Einnahmen, die in diesem Zeitraum vom Antragsteller gemacht werden (und werden müssen, um weiterhin seinen Lebensunterhalt zu bestreiten) förderungsmindernd wirken. Nach Erhalt des positiven Bescheids müssen daher die Einkünfte für diesen Zeitraum offen gelegt werden. Nach Berechnung des tatsächlichen Förderungsanspruchs für diese Periode, muss ein Teil der Unterstützung wieder an das Jobcenter zurückgezahlt werden. Das bedeutet in der Praxis, dass die Unterstützung für die ersten drei (von sechs) Monate so gering ausfällt, dass ein ökonomisch denkender Mensch nach einem kurzen Vergleich von Aufwand und Einnahmen feststellt, dass jeder noch so schlecht bezahlte Job weitaus gewinnbringender ist.

Rosige Aussichten: die wirtschaftliche Zukunft Deutschlands wird über das Jobcenter geleitet und die Schaffung von neuen Arbeitsplätzen und künftigen Steuereinnahmen durch die Vergabe von Hartz IV gefördert. Da kommt die Frage auf, was eigentlich mit der Existenzgründerförderung in Deutschland bezweckt wird und die traurige Antwort lautet wohl, dass sie einzig und allein zur Bereinigung der Arbeitslosenstatistiken dient.«[395]

Wenn man diese Zeilen liest, versteht man, warum Deutschland schlecht gerüstet ist für die technologische Revolution. Denn während Milliarden an Steuergeldern zur Erhaltung von wankenden Riesen ausgegeben werden, können Innovation, Mut und persönliche Risikobereitschaft von kreativen Einzelpersonen von Amts wegen nicht erfasst werden.

Ich habe bei meinen Gründungen in aller Regel darauf verzichtet, um Fördergelder anzusuchen: Bei der Netzeitung haben sich unsere Norweger einmal aus Spaß die Unterlagen zuschicken lassen – um die hundert Seiten nach wenigen Minuten lachend mit der Bemerkung, da wolle man doch lieber arbeiten, beiseite zu legen. Ich selbst habe es später nur einmal versucht: Die zunehmende Dominanz von Google hat uns auf die Idee gebracht, Google »von außen« zu überholen: Wir wollten eine Nachrichtentechnologie entwickeln, die auf dem sogenannten »semantischen Web« aufsetzt.

Das »semantische Web« ist eine Weiterentwicklung der klassischen Stichwortsuche: Es werden Zusammenhänge gefunden und damit eine viel höhere Treffergenauigkeit. Wir taten uns mit dem äußerst kreativen Team von Prof. Robert Tolksdorf vom Institut für Informatik am Fachbereich Mathematik und Informatik der FU Berlin zusammen, einem der führenden Berliner Computerwissenschaftler. Unsere Idee: Wir bringen den journalistischen Teil ein, die Programmierer und Mathematiker der Universität schreiben den Algorithmus. Tolksdorf war begeistert und stellte uns eine außergewöhnlich kompetente Wissenschaftlerin zu Seite, die sich nicht nur um das Projekt, sondern auch um dessen Finanzierung kümmerte. Nach mehreren Monaten gaben wir gemeinsam entnervt auf. Die Projektleiterin hatte Tage damit verbracht, Förderprogramme zu durchforsten und Anträge auszufüllen. Wir wurden von einer Stelle zur anderen geschickt. Das Ergebnis, sehr verkürzt: Unsere neue Technologie konnte nicht gefördert werden, weil sie als Software kategorisiert wurde. Zugleich konnte sie an anderer Stelle nicht gefördert werden, weil sie nicht als Software klassifiziert wurde. Inzwischen läuft auf Google die semantische Suche, ohne dass die Nutzer es merken. Vermutlich wird es bald EU-Initiativen geben, die Google wegen »Marktdominanz« bekämpfen. Uns wäre lieber gewesen, wenn wir etwas Neues hätten starten können statt unsere Energie in den Abwehrkampf gegen das Neue zu stecken.

Die Unfähigkeit, unabhängige Innovationen zum Fliegen zu bringen, ist ein Wesensmerkmal der postdemokratischen Gesellschaft. In revolutionären Zeiten ist das aus der primären staatlichen Verpflichtung von bereits bestehenden Playern eine verhängnisvolle Schwäche. Technologische Revolutionen haben es nämlich an sich, dass sie sich ihren Weg bahnen – egal wo. Was der saarländische Innenminister im Hinblick auf die Flüchtlingskrise sagte, gilt auch für die technologische Revolution: »Man darf nie erschrecken, wir haben eine Chance und wir können es machen. Ich zitiere einmal, was ein berühmter und guter Mann gesagt hat, Erich Kästner: Er hat gesagt, Lawinen haben nicht die Gewohnheit, auf halbem Wege stillzustehen und Vernunft anzunehmen. Dies ist eines der historischen Naturgesetze, die sich haben entdecken lassen.«[396]

Gideon Rachmans Pessimismus ist auch der Ausdruck der Erkenntnis, dass starre und abwehrende Strukturen keine langfristige Überlebensperspektive haben. Ich glaube dennoch, dass er irrt: Denn gerade die von uns in diesem Buch ausführlich beschriebenen modernen Kriege, sind ein Zeichen dafür, dass die industrielle Revolution nicht auf die Erneuerungskraft von Staaten oder Staatenverbünden angewiesen ist. Die revolutionären Kräfte brechen sich ihre Bahn, wo sie dafür die besten Voraussetzungen finden. Die modernen Kriege sind Testläufe, in denen alte Hegemonialansprüche mit modernen Guerilla-Kämpfern kollidieren oder aber sich auch verbünden. Die technologisch-industrielle Revolution folgt keinem Fünf-Jahres-Plan wie die EU. Sie macht auch nicht vor dem »Sequester« Halt, wenn das US-Budget aus dem Ruder läuft. Sie schafft neue Formen, Einheiten und Realitäten. Zwangsläufig treten diese an die Stelle der alten Herrschaftsformen. Die Entwicklung von neuen Prozessen ist der Antrieb, der in der Geschichte der Menschheit am Ende immer stärker war als die Beharrungskräfte. Das Ende der Behaglichkeit der einen ist immer auch der Aufbruch in eine neue Welt für andere. Im Hinblick auf die technologisch-industrielle Revolution befinden wir uns im fortgeschrittenen Stadium. Es geht längst nicht mehr darum, die Weichen zu stellen. Die Weichen sind gestellt, die ersten Züge rollen bereits.

Für Deutschland sind die ersten Züge abgefahren. Google, Facebook, Apple, Tesla, Uber und wie sie alle heißen – es ist unmöglich, auf diese Züge aufzuspringen oder sie gar zu stoppen.

Die große Chance für Deutschland – und auch für Europa – liegt jedoch in der inneren Dynamik dieser Veränderungen: Die technologisch-industrielle Revolution verläuft in Wellen. Die erste Welle rollte um die Jahrtausendwende. Die haben wir in Europa verschlafen – aus vielerlei Gründen. Die zweite Welle rollt jetzt: Es ist die konkrete, kreative Zerstörung von alten Modellen, wie wir sie ganz konkret in Form der modernen Kriege erleben. Diese Welle hat Deutschland erreicht nicht zuletzt in Gestalt der Flüchtlinge, die wegen dieser Kriege zu Hunderttausenden nach Europa strömen. Auch sie kann von Deutschland nur bestaunt werden: Die Wellenreiter heißen Google, Apple oder Facebook. Die Chance

Europas liegt in der dritten Welle: Wenn sich nämlich herausstellt, welche Modelle nachhaltig und nicht bloß kurzfristig profitmaximierend sind; wenn sich herausstellt, wie soziale Werte mit technologischen Entwicklungen harmonisiert werden können; wenn sich entscheidet, welche der neuen technologischen Möglichkeiten den vielfältigen Gesellschaften Nutzen stiften; wenn klar wird, für welche Technologien man Abrüstungsverträge braucht, um großen Schaden zu verhindern.

Diese Welle beginnt jetzt zu rollen. Das Ende der Behaglichkeit bedeutet nicht das Ende der Welt. Die Stunde der Deutschen könnte also erst noch schlagen. »Völker, hört die Signale!«, haben die Kommunisten früher gesungen. Im Lehnstuhl hört man allerdings nur das eigene Schnarchen.

Ich will daher in den Schlussbemerkungen versuchen, konkrete Maßnahmen zu benennen, so dass Europa und Deutschland den Anschluss nicht verlieren, wenn sie schlaftrunken in die Wirklichkeit der neuen technologischen Revolution taumeln.

Kapitel 15: Schlussbemerkungen

Die Möglichkeiten für Europa und Deutschland, die industrielle Revolution zu nutzen und nicht unter die Räder zu kommen, sind im Grunde vielfältig. Sie sind auch relativ einfach zu bewerkstelligen.

Große EU-Reform

Die EU ist, so paradox das klingen mag, von allen vorhandenen Ebenen am einfachsten zu reformieren. Sie ist die jüngste und zugleich umstrittenste Einrichtung. Andererseits ist sie die Zukunftsebene, weil sie den Nationalstaaten helfen kann, die Interessen zu vertreten, die die einzelnen Staaten nicht vertreten können.

Die EU sollte eine große Reform durchführen. Der Kern dieser Reform müsste die Konzentration auf die wirklich wichtigen Dinge sein, um derentwillen man eine EU erfinden würde. Die neue EU sollte im Grunde drei Aufgaben wahrnehmen – und zwar nur diese, dafür aber perfekt: Gemeinsame Außen- und Sicherheitspolitik, gemeinsame Verantwortung für die Innere Sicherheit inklusive der Bürgerrechte sowie eine gemeinsame Innovations- und Einwanderungspolitik. Alle anderen Aufgaben werden von den Nationalstaaten oder kleineren Staatenbünden oder Zusammenschlüssen von Regionen wahrgenommen. Dazu gehört der Euro: Wer bei einer gemeinsamen Währung dabei sein will, ist herzlich willkommen. Auch andere Währungsverbünde sind möglich: Wenn zwei oder drei Staaten zwar gerne eine gemeinsame Währung hätten, aber nicht in Form des Euro – warum nicht? Spanien, Katalonien, Italien, Portugal könnten zusammen ein Währungsgebiet sein. Österreich, Tschechien, Slowenien, Bayern und Baden-Württemberg ein anderes. Schweden, Dänemark, Flandern, die Niederlande ein viertes. Deutschland, Polen, die Lombardei und Estland ein weiteres. Es gibt unzählige Möglichkeiten, und wie bei der Auslosung zur Fußball-WM könnte man sich Töpfe ausmalen, die gezogen werden – allerdings nicht, damit die Länder gegeneinander antreten, sondern miteinander spielen.

Diese Währungsgebiete würden ihre nationale Souveränität im Hinblick auf die Wirtschafts-, Geld- und Fiskalpolitik vollständig aufgeben und sie gemeinsam betreiben. Sie würden vollständige Transferunionen werden, bei denen die Steuermittel aber wie in den USA über die gemeinsame Sozialversicherung gesteuert würden und nicht über den Nationalstaat. Der Historiker Harold James erklärt, dass genau dieses Modell den Zusammenhalt der USA sicherstellt: »In den USA laufen die Transfers auf Basis der einzelnen Leistungen: Die USA haben das Modell der gemeinsamen Sozialversicherung als Transfer-Mechanismus. Es ist das eigentliche Erfolgsmodell, warum die USA funktionieren. Die »Social Security« gilt für alle Amerikaner, so wie in der Schweiz das AHI für alle Kantone gilt. Dieses Prinzip ist viel besser als der deutsche Länderfinanzausgleich. In Deutschland haben Sie ja im Grunde die Situation der Euro-Zone im Kleinen: Die Bayern ärgern sich darüber, dass die Bremer so viel Geld brauchen und die Bremer wollen kein bayrisches Diktat. Das wäre in den USA nicht anders: Wenn Sie dem Einwohner in New York oder in New Jersey sagen würden, er muss eigentlich den Einwohner in Mississippi oder in Indiana finanzieren, würden die Leute schnell auf die Barrikaden gehen.«[397]

Genau deshalb könnte es in Europa nach einem regionalen Prinzip funktionieren: Schon heute gibt es eine starke polnische Community in Deutschland. In Skandinavien hat man lange Deutsch gelernt, in Österreich begannen nach dem Ende des Kommunismus viele Leute, Slowenisch oder Kroatisch zu lernen. Zwei Sprachen gut zu sprechen ist im Grunde heute kein Problem mehr. Damit würden sich regionale Arbeitsmärkte eröffnen, in denen die Transferunion auch tatsächlich funktioniert. Auf diese Art würden regionale Wirtschaftsräume entstehen, die wesentlich moderner sind als eine politische Zentralplanung. Deren unheilvolles Wirken können wir nur erahnen – die genauen Zahlen wird man nie erfahren. Mit dem Geld, dass durch die verschiedenen Euro-, Banken- und Agrar-Rettungen verbrannt wurde, hätte man zweimal Google, Apple, Tesla und die künstliche Intelligenz aufbauen können. In seinem Buch »World 3.0« analysiert der Ökonom Pankaj Ghemawat nämlich äußerst überzeugend, dass im

Zeitalter der Globalisierung nicht aufgeblasene Macht-Monster erfolgreich sind, sondern regionale Zusammenschlüsse. Man sieht dies zum Beispiel bei einem Projekt von asiatischen Städten, die sich zusammengeschlossen haben, um den Energieverbrauch in einem gemeinsamen »smart grid« (intelligenten Stromnetz) neu und effizient zu organisieren. Diese Städte – die bevölkerungsmäßig zusammen halb so groß sind wie ganz Europa – brauchen keine politischen Gremien, um ein Problem zu lösen. Intelligente Kommunalverwaltungen können viel mehr erreichen als Lobbyisten-Versammlungen.

Die gemeinsame EU würde durch ein vollwertiges, von allen Europäern direkt gewähltes Parlament gewählt. In diesem Parlament hätte jedes Land drei Vertreter: Einen Außenpolitiker, einen Sicherheits- und Bürgerrechtsexperten und einen Fachmann für Innovation und Einwanderung.

Die gemeinsame Außen- und Sicherheitspolitik wäre von einem einzigen Prinzip geprägt: dem der immerwährenden Neutralität der EU. Dieses Konzept hat sich in der Schweiz und in Österreich lange bewährt. Es wurde allerdings in Österreich durch die versteckte NATO-Unterstützung ausgehöhlt. Trotzdem hat genau dieses Prinzip zur Nationen-Bildung in Österreich entscheidend beigetragen. Denn nach 1955 haben einige Generationen von Österreichern gelernt, dass es so viele Konflikte auf der Welt gibt, dass man gar nicht genug Vermittler haben kann. Die Österreicher haben, ähnlich vielen anderen kleinen Nationen wie Zypern, Norwegen oder Belgien, viel auf der Welt geleistet, um den Frieden zu sichern: Ich habe etwa auf dem Golan in Israel gesehen, dass es den Blauhelmen gelungen ist, mehrere Jahrzehnte an Stabilität zwischen Syrien und Israel herzustellen. Heute ist der Golan eine blühende Landschaft und selbst die einheimischen Drusen sagen heute, wie die New York Times kürzlich berichtete, dass sie lieber in Israel leben als in Syrien.[398]

Wenn sich die EU zur immerwährenden Neutralität verpflichten würde, ergäbe sich auch eine neue Militärdoktrin: Die EU müsste nicht mehr nach der Pfeife der USA tanzen und könnte daher darauf verzichten, andere, wie aktuell Russland, nur deswegen als Feind anzusehen, weil die USA das gerne wollen.

US-Vizepräsident Joe Biden hatte bei einem Vortrag in Harvard unverblümt erzählt, dass die EU die Sanktionen eigentlich nicht wollte und von den USA gedrängt werden müssten.[399]

Für die EU war die totale Abhängigkeit von den USA in der Vergangenheit natürlich auch angenehm: Man konnte die Arbeit anderen überlassen und musste sich die Hände nicht schmutzig machen. Das ist heute nicht mehr möglich: Denken wir an Gideon Rachman, der weitere Konflikte zwischen den Weltmächten erwartet. Die EU sollte sich hier von vornherein als Vermittler positionieren – nicht erst, wenn es zu spät ist. Zugleich sollten alle Staaten, die in der EU sein wollen, aus der NATO austreten. Machen wir uns nichts vor: Die NATO ist ein Staat im Staate. Die Militärs sind an ihren Jobs interessiert. Die Rüstungsindustrie ist an Hochkonjunktur interessiert. Beide Ebenen sehen, ganz postmodern, in der Politik nur den Erfüllungsgehilfen für die eigenen Interessen. Das bringt der Welt Krieg und Tod und erzeugt außerdem eine gigantische Energieverschwendung: Allein in den vergangenen Monaten haben NATO-Jets tausende Flugstunden über Europa absolviert und dabei völlig sinnlos tonnenweise Kerosin, verbrannt, was einzig dem Zweck diente, die Muskeln spielen zu lassen.[400] Die Überwachung des Gegners ist, wie wir heute wissen, längst technologisch aus dem Wohnzimmer heraus möglich. Nur weil die Öffentlichkeit in Europa Teil der Gegenrevolution ist und von der Technik nichts versteht, können Militärs und Geheimdienste den Menschen weismachen, dass man leider nichts über den Abschuss des Malaysian Airlines Flug MH17 über der Ukraine wisse. Das ist vor allem eine Verhöhnung der 296 Opfer und ihrer Angehörigen:[401] Selbstverständlich wissen alle Regierungen, wer warum und wie geschossen hat. Die Wahrheit bleibt dennoch unter Verschluss, weil die Europäer nicht Manns genug sind zu sagen: »Wenn über europäischem Luftraum ein ziviles Flugzeug abgeschossen wird, dann werden wir den Schuldigen stets ausforschen und zur Rechenschaft ziehen.« Das sollte eigentlich selbstverständlicher Teil des europäischen Wertekanons sein.

Bei der gemeinsamen Außen- und Sicherheitspolitik der neuen EU würden alle Staaten ihre Außen- und Sicherheitspolitik vollständig an diese abgeben. Die Positionierung als immerwährend neutral würde zwei Dinge bewirken: Die EU würde eine Art globaler Friedens-Think-Tank und könnte, immer unter UN-Mandat, zu Friedensmissionen ausrücken. Um den Einsatz der Blauhelme auch verantwortungsvoll mitbestimmen zu können, sollte die neue EU einen Sitz als ständiges Mitglied im UN-Sicherheitsrat erhalten. Die immerwährende Neutralität der EU würde die Europäer verpflichten, sich um ihre eigene Verteidigung und den Schutz der Außengrenzen zu kümmern. Wegen des mangelnden Schutzes dieser Außengrenzen hat sich die Flüchtlings-Krise so dramatisch verschärft. Es ist eigentlich seltsam, dass der Schutz einer Grenze im Zeitalter von marodierenden Söldnern und internationaler, organisierter Kriminalität überhaupt in Frage gestellt werden kann. Selbstverständlich ist der Schutz von Tausenden Kilometern auch technisch vergleichsweise leicht und einfach zu bewerkstelligen. Heute schon verwenden autoritäre Regime wie Saudi-Arabien Infrarot- und Kameratechnologien, um die Flüchtlinge fernzuhalten, die wegen der von ihnen angezettelten Kriege vertrieben werden.[402] Außerdem wäre die Sicherung der Außengrenzen eine sinnvolle Aufgabe für ein Heer, das dann tatsächlich der Verteidigung dient und nicht in aussichtlose und blutige Abenteuer getrieben wird – wie in Afghanistan, dessen langfristige Zerstörung wir in Europa mitfinanziert haben und deren Folgen wir bezahlen müssen.

Die gemeinsame Außen- und Sicherheitspolitik würde die Rolle Europas in der Welt neu definieren. Mit der immerwährenden Neutralität könnte Europa zu einer attraktiven Zukunftswerkstatt werden. Die Grenzsicherung würde dazu führen, dass die Staaten nicht mehr, wie in der Flüchtlingskrise, immer erbitterter aufeinander losgehen. Es würde sich echte Solidarität einstellen, die nicht vom gegenseitigen Belauern, vom überbordenden Opportunismus oder einer hohlen Ideologie überlagert würde.

Mit dieser Grundausstattung könnten die EU, die unter ihr prosperierenden Regionalverbünde und die Nationalstaaten ihre Kräfte auf die Zukunft konzentrieren: Daher wäre die dritte, gemeinsame Aufgabe die Innovations- und die Einwanderungspolitik. Ich fasse diese beiden Aufgaben bewusst in einem europäischen Ressort zusammen, weil sie, wie wir in diesem Buch gesehen haben,

ursächlich zusammengehören: Die Wanderungsbewegungen sind
die Folge der technologisch-industriellen Revolution, die sich in ihrer ersten Phase vor allem durch Kriege manifestiert.

Tatsächlich werden in der nächsten Phase der technologischen
Veränderung Produkte gebraucht werden, die den sozialen Charakter als gleichwertig zum Profit garantieren. Nachhaltigkeit wird, spätestens durch den fortschreitenden Klimawandel, nicht mehr nur
eine Frage des Energiesparens sein. Ohne sehr intelligente Lösungen, die auch neue Geschäftsmodelle beinhalten, werden die Lebensbedingungen auch in Europa neuen Widrigkeiten ausgesetzt
sein. Schon heute haben Schweizer Forscher festgestellt, dass die
Gletscher verschwinden werden – und zwar unabhängig davon, wie
viele Klima-Gipfel und Beschwörungsrituale noch die Fiktion aufrechtzuerhalten versuchen, dass sich dies verhindern ließe. Auch
das Geldwesen wird sich, spätestens nach dem Platzen der Schul-
den-Blase, die wir weiter oben beschrieben haben, völlig anders darstellen. All diese Veränderungen werden nicht, wie manche Speku-
lanten hoffen und viele Apokalyptiker fürchten, mit einem großen
Knall eintreten, nach dem sich die Menschheit schüttelt und einfach
wieder von vorne anfängt wie weiland die Trümmerfrauen in Berlin.
Die Veränderungen erfolgen schleichend und bieten daher auch die
Chance, Veränderungen zu erarbeiten und umzusetzen.

In diesem Umfeld ist Innovation der entscheidende Treiber,
um von den Veränderungen nicht überrollt zu werden, sondern
sie zu erkennen, zu analysieren und darauf reagieren zu können.
In diesen Bereichen werden langfristig neue Arbeitsplätze entstehen. Die alte EU will Europa mit weiteren Autobahnen zupflas-
tern und der Atomwirtschaft, die sich in Fukushima so dramatisch
verantwortungslos und kriminell präsentiert hat, weitere Milliarden zustecken. Die neue EU wird die Steuergelder ausschließlich
für Innovationen verwenden, die für das Gemeinwohl nötig, für
die Umwelt nützlich und langfristig auch finanzierbar sind. Dazu gehört eine pragmatische Weiterentwicklung der Mobilität genauso wie etwa Erfindungen, die dafür sorgen, dass Europa nicht
mit Windparks genannten Industrieanlagen zerstört wird. Wind-
energie kann ganz sicher auch genutzt werden ohne hundert

Meter hohe Türme, unter denen ganze Landstriche unbewohnbar werden. Das Gesundheitswesen wird in den kommenden Jahren ebenfalls wahre Revolutionsstürme erleben. Es gibt keinen vernünftigen Grund anzunehmen, dass »Big Pharma« die einzige Möglichkeit ist, um Menschen zu heilen. Es muss ja nicht gleich die ewige Jugend sein, in die einem Bericht zufolge die Superreichen heute schon eifrig investieren.[403] Man könnte noch viele Beispiele anführen.

Die Migrations-Ströme werden nicht enden, so viel steht fest. Was noch nicht feststeht ist, ob es zu einer echten Integration der Migranten in Europa kommt oder zu einem gehässigen Bürgerkrieg ums tägliche Hartz IV. Daher muss die Einwanderung geordnet und von der neuen EU gesteuert werden: Die Idee, die Einwanderer nach »Quoten« einfach zu verteilen, ist eine Schnapsidee – nicht nur wegen des Widerstands aus einzelnen Staaten. Es ist völlig sinnlos, die Leute über die Staaten zu verteilen, wenn man am Ende nicht weiß, was sie hier machen sollen. In der Wochenzeitung »Die Zeit« haben einige Flüchtlinge mit großer Klarsicht auf diesen Punkt hingewiesen. Eine Journalistin aus Damaskus sagte: »Wir wollen arbeiten, lernen, weiterkommen. Nicht hier herumsitzen und warten. Wir wollen niemandem auf der Tasche liegen. Wir haben hier Unterkunft und Essen. Aber der Rest ist schlecht organisiert. Ohne den Krieg wären wir nicht hier. Warum holt man uns nach Deutschland, wenn es dann nicht weitergeht? Wenn die Behörden schon mit den Flüchtlingen überfordert sind, die hier sind, warum lässt man dann immer mehr ins Land?«[404]
Daher kann sich die neue EU für die hoffnungsvollen Einwanderer als Hort des Humanismus am besten präsentieren, wenn sie die Einwanderung nicht widerwillig über sich ergehen lässt, sondern auf einer für alle einsichtigen, klaren Planung aufbaut, die den europäischen Gesellschaften genauso hilft wie den Einwanderern: Die Zahlen für den Bedarf an innovativen Berufen sollten erhoben werden. Es sollten, wie heute schon an vielen Universitäten üblich, Cluster gegründet werden: BioTech, GreenTech, FinTech, Kommunikation, künstliche Intelligenz, Mobilität und so weiter. Statt einen aussichtlosen Klassenkampf zu provozieren, der sich

darin ausdrückt, dass die Einwanderer hoffen, einmal VW-Arbeiter zu werden und die VW-Arbeiter nichts mehr fürchten als dies, sollte den Einwanderern gesagt werden, in welchen Branchen sie künftig arbeiten können. Man kann den oben beschriebenen Bau-Boom auch so gestalten, dass man die Flüchtlinge in einem mehrstufigen Verfahren in eine zielgerichtete Integration überführt: Jeder Einwanderer soll, bevor er wohin geschickt wird, entscheiden müssen, in welches Land er will, für welche Branche er sich qualifizieren und welche Sprache er zu diesem Zweck erlernen will. Danach wird ein verbindlicher Ausbildungs- und Qualifizierungsplan vereinbart, der mit strengen Zwischenprüfungen kontrolliert wird. Wer bei diesen Prüfungen versagt, wird zurückgeschickt. Wer sich bewährt, hat am Ende nicht nur eine durch Mitleid und Gnade gesicherte Zukunft. Er wird ein erfülltes Leben haben und, als angenehmen Nebenaspekt, auch Wettbewerb in den behaglichen Transfer-Staat bringen. Es wäre sogar denkbar, dass auch Europäer in diese Innovations-Offensive integriert werden. Schon heute bewerben sich bei Stellenanzeigen in Deutschland Hunderte Spanier, Ungarn, Iren oder Italiener. Meist fallen sie durch, weil das behagliche System in den Unternehmen es so an sich hat, dass doch immer wieder die Einheimischen bevorzugt werden. Auch die Qualifikationen sind zum Teil weltfremd: Der Bedarf an Kulturwissenschaftlern wird in einer von echter Innovation getriebenen Ökonomie geringer sein als der Bedarf an Programmierern. Man wird in einer alternden Gesellschaft mehr Pfleger brauchen als Politikwissenschaftler. Und in einer sich ändernden Dynamik werden Entrepreneure und unternehmerisch denkende Menschen mehr bewirken als Karrieristen und Nachtrottende.

Die hier vorgeschlagene EU-Reform sollte von den von Robert Menasse gelobten Brüsseler Beamten umgesetzt werden: Sie sind jung, auf Lebenszeit bestellt, gut qualifiziert und haben nichts zu verlieren. Die EU-Kommission und der Rat sollten abgeschafft werden. Als Bindeglied zum EU-Parlament reicht ein unabhängiger Generalbevollmächtigter, der einerseits zur Transparenz und andererseits zur Unabhängigkeit verpflichtet sein sollte.

Große Deutschland-Reform

Allen bisherigen EU- oder Euro-Krisen war gemein, dass die anderen immer auf Deutschland geschaut haben – entweder ängstlich, oder hoffend, oder abwartend, oder feindselig. Diese natürliche Führungsrolle hat Deutschland unter Angela Merkel nie auch nur annähernd so ausgefüllt, dass es echte Fortschritte gegeben hätte. Dasselbe gilt für die anderen großen Nationen: Sie haben die EU als Sündenbock und als Supermarkt betrachtet. Das sogenannte europäische Projekt existiert in Wirklichkeit nicht. Es fehlt ihm im postdemokratischen Konzept der Marken-Kern, also jener Wert, der sich an die Bürger vermitteln lässt und der am Ende bewirkt, dass sich die Bürger hinter dem Projekt versammeln. Um einen solchen Marken-Kern aber zu begründen, braucht es Führung. Das ist bei jeder realen Marketingkampagne nicht anders: Wenn der CEO nicht sagt, was er will, können die besten Werbeagenturen nur untaugliche Vorschläge machen. Ich habe in vielen US-Unternehmen, die ich beraten habe, erlebt, dass die Führung dort geradezu nach militärischem Muster erfolgt: Alle hängen an den Lippen des CEO. Ist dieser ein Versager, ist der Niedergang unausweichlich. Deshalb sind auch in den internationalen Konzernen oft ehemalige Marines oder GIs in leitenden Positionen anzutreffen: Sie beherrschen die Steuerung der Befehlskette. Das ist aber zugleich auch ihre Schwäche, denn im globalen Kontext versagen die US-Unternehmen oft, weil sie glauben, dass die ganze Welt wie eine Militäreinheit funktioniert – und zwar im traditionellen Sinn. Unternehmen, die sich aus dieser Tradition gelöst haben, wie etwa IBM, und die den Zentralismus zugunsten einer radikalen Dezentralisierung aufgegeben haben, sind dagegen sehr erfolgreich.

Auch um ein politisches Projekt zu gestalten, braucht es moderne Führung. Deutschland hadert in dieser Hinsicht immer noch mit seiner Geschichte: Den Angelsachsen ist das Wort »leadership« heilig, in Deutschland dagegen will aus verständlichen Gründen niemand der »Führer« sein. Das führt dann im Alltag zu so grotesken Verrenkungen, dass die angelsächsischen Medien immer kurz und knapp von den »EU leaders« sprechen, während sich die Deutschen mit den Nachtsitzungen der »europäischen

Staats- und Regierungschefs« herumschlagen müssen – eine ziemliche Buchstabenverschwendung.

Die neue technisch-industrielle Revolution kommt den Deutschen hier sehr entgegen: Sie ist nämlich ihrer Natur nach dezentral und stellt auf Kollaboration (nicht zu verwechseln mit Konspiration!) ab: Die größten Fortschritte werden in kleinen, schnellen, informellen und nicht-hierarchischen Gruppen erzielt. Dazu wurden in der ersten Welle der Internet-Revolution viele interessante Bücher geschrieben, die dieses Phänomen erklären, wie etwa Yochai Benklers »Wealth of Networks«. Man spricht daher auch von einer Netzwerk-Ökonomie, in der das Teilen wichtiger ist als das Austeilen von oben nach unten.

Daher kann Deutschland in der Vorbereitung auf die dritte Welle der Revolution getrost eine Führungsrolle übernehmen. Diese müsste zunächst nach innen beginnen. Jede Veränderung beginnt im Kopf. Auf die Gesellschaft übertragen heißt das: Der Diskurs in Deutschland müsste sich dramatisch verändern. Derzeit streiten die Eliten mit einer unglaublichen Verschwendung ihrer Energien vor allem darum, wer ein Nazi oder wer ein Gutmensch ist. Diese Polarisierung entzündet sich wahlweise an der Frage der Flüchtlinge, der Euro-Krise, des Klimawandels oder der Ukraine-Krise. Man hat den Eindruck, als gäbe es keine anderen gesellschaftlichen Prioritäten als festzustellen, wer nun dieser oder der anderen Gruppe angehört. Die Frage, was denn nun in den einzelnen Sachthemen richtig ist und was falsch, weicht dem eitlen Gefeilsche um die Frage, wer denn nun eine Debatte gewonnen hat – auch wenn sie um Nichts ausgetragen wurde. Der Wittgenstein-Satz, dass man, worüber man nichts zu sagen habe, schweigen müsse, ist diesem Milieu fremd: Je weniger man zu sagen hat, desto mehr wird geplappert.

Zugleich haben sich alle Parteien entschlossen, sich in der Mitte zu positionieren. Die in die Zukunft gerichteten Reden der deutschen Parteispitzen, die über ein paar hohle Phrasen hinausgehen, lassen sich an einer Hand aufzählen. Auch wenn der Bundespräsident über die Führungsrolle Deutschlands in der Welt spricht, meint er nicht, wie Deutschland seine enormen intellektuellen, materiellen und technischen Ressourcen nutzen kann, um die

Veränderung der Welt mitzugestalten. Er denkt in militärischen Kategorien des 19. Jahrhunderts, obwohl er als Pastor eigentlich Pazifist sein sollte.

Doch mit Irrationalität oder religiösen Anwandlungen kommt man in einer revolutionären Zeit nicht weiter. Daher wäre ein erster Schritt, dass die deutschen Intellektuellen sich dem Nazi-versus-Gutmensch-Spiel kategorisch verweigern. Sie sollten einfach nicht daran teilnehmen. Zum Menschenrecht der Meinungs- und Redefreiheit gehört auch, dass man zu bestimmten Dingen nichts sagt oder sich keine Meinung zurechtlegt.

Ich sehe hier eine echte neue Sinnstiftung für die Medien, die in diesem völlig sinnlosen Thema ihre eigenen Energien verschwenden und zugleich dazu beitragen, dass die Leute nicht informiert werden über das, was wirklich kommen wird. Man könnte hier ganz radikale Maßnahmen setzen: Etwa, dass die Hälfte der Rundfunkgebühr (das wären jährlich vier Milliarden Euro) ab sofort in die Ausbildung und gezielte Qualifizierung der Flüchtlinge und Einwanderer gesteckt würde. Dann blieben den Sendern immer noch vier Milliarden Euro. Mit diesem Geld sollten sie über die industriell-technologische Revolution in journalistischer Unbestechlichkeit berichten. Revolutionen sind, wie wir gesehen haben, immer auch Kriegs- und Propaganda-Zeiten. Die Sender haben sich in vielen Bereichen in der Behaglichkeit eingerichtet, bei dem Spiel mitzumachen. Die anderen Medien folgen ihnen, weil Journalisten ihrer Natur nach konservativ sind und Veränderungen fürchten. Sie schreiben zwar gerne darüber, aber wenn sie selbst betroffen sind, sehen sie Innovationen ganz anders. Journalisten haben außerdem eine ausgeprägte Angst davor, Fehler zu machen. Zur Sicherung ihrer eigenen beruflichen Lebensqualität verhalten sie sich daher am liebsten wie Lemminge, die einen Gedanken nur gut finden, wenn er schon einmal von einem Kollegen geäußert wurde. Dieses Verhalten sollte sich die deutsche Gesellschaft verbieten: Angeführt von den öffentlich-rechtlichen Sendern als einer kritischen, aber kompetenten Reflexionstruppe über die tiefgreifenden Veränderungen könnte der deutsche Diskurs wieder an Relevanz gewinnen, indem er sich vom todessüchtigen Firlefanz verabschiedet.

In einem solchen Umfeld kann Deutschland eine führende Rolle übernehmen in all jenen Bereichen, in denen die technologisch-industrielle Revolution einen echten Nutzen für die Gesellschaft bringen kann. Die »Energiewende« war theoretisch ein erster Schritt in diese Richtung, leidet jedoch drunter, dass sie die alten Geschäftsmodelle der »Deutschland AG« einfach übernommen hat: Hier könnte Deutschland auch für die USA zum Modell werden, denn dort hat sich die Fracking-Technologie ebenfalls als zu abhängig von staatlichen Fördergeldern erwiesen. Die kleinteilige Struktur Deutschlands könnte für die Mega-Cities in aller Welt zum Vorbild werden. Das Verhältnis von Stadt und Land wird eines der großen Überlebensthemen der Menschheit werden. Auch die Automobil-Industrie kann den Spieß umdrehen: Dazu gehört eine integrale Zusammenarbeit mit europäischen Technologieunternehmen, um sowohl für die neuen Mobilitätsformen als auch für die Daten-Integration eigene Maßstäbe zu setzen. Im Bereich der Friedensforschung und Konfliktlösung hat Deutschland heute schon hervorragende Ressourcen. Wenn diese auf eine moderne, technologische Basis gestellt werden, kann Deutschland ein »Produkt« entwickeln, das in einer sich rapide verändernden und daher konfliktbeladenen Welt nachgefragt und daher auch bezahlt werden wird.

Mit einer solchen Vision vor Augen könnte Deutschland auch die treibende Kraft für die angesprochene Dekonstruktion Europas werden. Europa hat gezeigt, dass es zu weitreichenden Veränderungen in der Lage ist: Das haben wir beim Euro gesehen, den es immerhin gibt, weil der politische Wille da war. Gleiches gilt auch für die EU — sie ist eine politische Kopfgeburt. Die Europäer sollten den Mut haben zu sagen, dass eine radikale Reform unerlässlich ist. Dies wird im Übrigen längst diskutiert – doch wie leider so oft in dieser Fehlkonstruktion – hinter verschlossenen Türen und getrieben vom gegenseitigen Belauern. Jedenfalls ist allen klar: Eine EU, in der Angela Merkel und der griechische Premier Alexis Tsipras um drei Uhr morgens über ein winziges Detail für die griechischen Rentner handelseinig werden müssen, damit das ganze Gebilde nicht in die Luft fliegt, stellt keine Struktur für revolutionäre Zeiten dar.[405]

Deutschland könnte vor allem in der Frage der friedensstiftenden Natur der neuen EU eine führende Rolle wahrnehmen. Hierbei spielt die Frage, ob Deutschland aufgrund seiner Geschichte dazu eine Verpflichtung hat, ganz und gar keine Rolle: Deutschland hat im Hinblick auf die kommenden Generationen hierzu eine Verpflichtung – das ist die wesentlich stärkere und dynamischere Begründung.

Um das alles umzusetzen, könnten Deutschland und Österreich einen EU-weiten, neuen Wiener Kongress einberufen, bei dem all die offenen Fragen diskutiert und die Grundlinien festgelegt werden. Dies wäre wesentlich sinnvoller als die zahlreichen, ergebnislosen G7- oder G20-Gipfel, die nichts anderes sind als Jahrmärkte der kollektiven Eitelkeit oder Bazare, die dazu dienen, sich gegenseitig auszutricksen.

Der Wiener Kongress fand vor genau 200 Jahren statt: Seine Schlussakte wurde am 9. Juni 1815 unterzeichnet. Während man in Europa über den Ausbruch des Ersten Weltkriegs ausführliche Gedenkfeiern abhielt, kümmerte sich um das Jubiläum dieses Kongresses kaum jemand. Immerhin brachte er uns einige interessante Bücher, wie das stimmungsvolle Buch »Wien 1814. Von Kaisern, Königen und dem Kongress, der Europa neu erfand«, von David King.[406] King schreibt als Fazit, dass dieser Kongress natürlich keine perfekte Welt hinterließ. Doch der in Vergessenheit geratene Kongress wirkt bis heute nach: »Schließlich, und das war das wichtigste Ergebnis, stellte der Kongress den Frieden wieder her – einen echten Frieden, der länger Bestand hatte, als alle Gesandten das erwartet hätten. Trotz der vielen Spannungen und Feindseligkeiten, die im Zeitalter des Nationalismus schwelten und zu zahlreichen Aufständen, Rebellionen und Bürgerkriegen führten – Fakt ist, dass für 100 Jahre kein Konflikt mehr so außer Kontrolle geriet, dass er alle Großmächte in einen Krieg hineinzog. Der nächste größere Konflikt war der Krimkrieg, gefolgt von den nationalen Einigungen Deutschlands und Italiens, doch es kam zu keiner kriegerischen Auseinandersetzung in der Größenordnung der napoleonischen Kriege oder des Ersten Weltkriegs.«

Es wäre verlockend, einen solchen neuen Wiener Kongress virtuell abzuhalten, so dass alle Beteiligten aus ihren Ländern daran mitwirken könnten. Ich glaube jedoch, dass ein solcher Kongress wegen der besseren Konzentration ganz traditionell abgehalten werden sollte, vielleicht sogar als Konklave. Damit wäre den Teilnehmern die Möglichkeit verwehrt, dauernd auf ihren Smartphones und Tablets herumzutippen. Sie wären gezwungen, sich auf eine wirklich wichtige Sache zu konzentrieren.

Es erscheint mir, dass wir uns, mitten in den modernen Kriegen, umtost von der technologisch-industriellen Revolution, freiwillig und selbstbestimmt aus unseren behaglichen Stühlen erheben sollten – nicht, um am Vorabend gravierender Veränderungen über die gute, alte Zeit zu lamentieren, sondern um zu beschließen, dass Deutschland und Europa auch nach 200 Jahren noch nicht am Ende sind. Wir müssen den Lauf der Dinge nicht über uns ergehen lassen wie einen kalten Regenschauer im trüben November. Das Ende der Behaglichkeit kann, wenn wir es nicht verschlafen, zur Entdeckung der Moderne in Europa führen.

DANKSAGUNG

Ich danke den Kolleginnen und Kollegen aus den Redaktionen der Deutschen Wirtschafts Nachrichten, der Deutschen Mittelstands Nachrichten und der Deutsch-Türkischen Nachrichten. Ihre intensive und kontinuierliche Recherchearbeit, ihre Fachkenntnis und Analyse bilden die Grundlage dieses Buches.

Ich danke den hervorragenden Redakteurinnen, die mich bei diesem Buch unterstützt haben: Stefanie Schneider für ihre umfangreiche Recherchearbeiten, Susanna Maier für ihre Recherchen und Hinweise zu den technologischen Umbrüchen sowie Judith Engst für die gewissenhafte Schlussredaktion.

Ich danke Anders Eriksson von Bonnier Business Press und Christoph Hermann, die mir als Vorsitzender des Boards und als Geschäftsführer die Freiheit gegeben haben, dieses Buch zu schreiben.

Ich danke Georg Hodolitsch vom FinanzBuch Verlag, ohne dessen freundliche Beharrlichkeit dieses Buch nicht entstanden wäre.

Ich danke meinen Kindern Bernhard, Susanna, Ruth, Anna, Jonathan und Rebecca. Ohne sie würde ich anders leben, denken und schreiben.

Meiner Frau Ilka danke ich für ihre wohlwollende Autorität und ihre absolute Unbestechlichkeit in Qualitätsfragen.

Ich widme dieses Buch Fahira und Sabira, die vor vielen Jahren als Flüchtlinge aus Bosnien nach Berlin gekommen sind und heute mit ihren Familien dazu beitragen, dass Deutschland für die Zukunft gut gerüstet ist.

Anmerkungen

1   Florian Illies, 1913. Der Sommer des Jahrhunderts, Frankfurt am Main 2012, S. 39.

2   »Landratsamt untersagt öffentliche Versammlungen in Heidenau«, Mitteilung 138/2015 vom Landratsamt Pirna, 27.08.2015.
    »Berlin: Polizei erschießt Terroristen nach Messerattacke auf Polizistin«, in: *DWN*, 18.09.2015.
    »OB-Kandidatin bei Messerangriff schwer verletzt«, in: *Die Zeit*, 17.10.2015.

3   »Why this tech party isn't like 1999«, in: *CNN Money*, 20.2.2015.

4   »Battle Heats Up Over Exports of Surveillance Technology«, in: *New York Times*, 31.10.2015.

5   »Merkel: Deutschland geht es so gut wie lange nicht mehr«, Regierungserklärung, zitiert nach *Wall Street Journal Deutschland*, 29.1.2014.

6   »Angela Merkel: ›Deutschland geht es gut‹«, Interview mit der *SUPERIllu*, 12.9.2013.

7   »Jeder zweite Deutsche will Grenzen schließen, um Flüchtlingsstrom zu stoppen«, in: *Focus* vom 21.10.2015.

8   »Schäuble: Griechenland ist auf gutem Weg«, in: *Hamburger Abendblatt*, 1.3.2012.

9   »Deutsche akzeptieren Annexion durch Russland«, *dpa*-Meldung vom 23.2.2014, veröffentlicht auf t-online. Die uneingeschränkte Verwendung des Begriffs »Annexion« wird im Kapitel über die Propagandakriege behandelt.

10 »NATO Publics Blame Russia for Ukrainian Crisis, but Reluctant to Provide Military Aid«, in: *Pew Research Center*, 10.6.2015.

11 Über 770.000 Menschen sind in der Industrie beschäftigt. Gut 390.000 sind unmittelbar an der Produktion von Kraftfahrzeugen beteiligt. Knapp 370.000 arbeiten der Automobilindustrie zu. (Zahlen 2007, Angaben des Bundesministeriums).
    Beschäftigte in der deutschen Automobilindustrie im Jahr 2014, Daten von Statista 2015.

12 »Volkswagen could pose bigger threat to German economy than Greek crisis«, ING Chefökonom Carsten Brzeski in: *Reuters*, 23.09.2015.

13 Erik Brynjolfsson, Andrew McAfee, Steve Jurvetson, et al, Open Letter on the Digital Economy, 4.6.2015.

14 »The good, the bad and the ugly of the digital revolution's destructive impact on jobs«, in: *Washington Post*, 29.7.2015.

15 »The world's most tech-ready countries 2014«, *Global Information Technology Report* 2014.

16 Daron Acemoglu, Why Nations Fail. The origins of power, prosperity and poverty, London 2012.

17 Robert Menasse, Die Zerstörung der Welt als Wille und Vorstellung, Frankfurt am Main, 2006.

18 Joseph A. Schumpeter, Kapitalismus, Sozialismus und Demokratie, 8. Auflage, Tübingen 2005, S. 213 ff.

19 »Flüchtlingskrise: ›Wir stehen vor einem schleichenden Dritten Weltkrieg‹«, in: *Euractiv* vom 13.9.2015.

20 Susan E. Tifft, Alex S. Jones, The Trust: The Private and Powerful Family Behind The New York Times, Boston, New York, London 1999.

21 Michael Maier, Journalism without Journalists: Vision or Caricature?, Discussion Paper des Joan Shorenstein Center on the Press, Politics and Public Policy, Harvard University, Frühjahr 2007.

22 Michael Maier, Die ersten Tage der Zukunft. Wie wir mit dem Internet unser Denken verändern und die Welt retten können, München 2008.

23 Alvin Toffler, Der Zukunftsschock, Bern/München/Wien 1971.

24 Zitiert nach: Annette Ohme-Reinicke, Moderne Maschinenstürmer, Frankfurt am Main 2000, Seite 133.

25 In einem ersten Schritt haben sich China und die USA nur darauf verständigen können, sich gegenseitig über Cyber-Attacken auf Unternehmen zu informieren: »U.S., China in Pact Over Cyberattacks That Steal Company Records, *Wall Street Journal*, 25.9.2015.

26 »Ex-›Presse‹-Chef im Dienste der CIA: Otto Schulmeister agierte für den Geheimdienst«, in: *Profil* vom 18.4.2009.

27 »Der Spion, dem alle vertrauten«, in: *Süddeutsche Zeitung*, 17. Mai 2010.

28 »Ich habe für eine Agentur Wikipedia-Beiträge manipuliert«, in: Vice, 9.3.2015.

29 »Wikipedia appeals for more editors to combat PR spin«, in: *The Times*, 5.10.2015.

30 »Söldner in der Ukraine: Kroaten kämpfen für Kiew«, in: *Deutsche Wirtschafts Nachrichten*, 14.02.2015.
»Ukraine war pulls in foreign fighters«, in: BBC News, 01.09.2014.
»Russland fordert von Schweden Abzug der Söldner aus der Ukraine«, in: *Deutsche Wirtschafts Nachrichten*, 25.05.2015.
»Serbische Freischärler ziehen auf die Krim«, in: *Frankfurter Allgemeine*, 09.03.2014.
»Fragile Waffenruhe in der Ostukraine. Isoliert die Söldner«, in: *Süddeutsche Zeitung*, 16.02.2015.

31 »Islamic Batallions, Stocked with Chechens, Aid Ukraine in war with rebels«, in: T*he New York Times*, 07.07.2015.

32 »Blackwater's Legacy goes beyond public view«, in: *New York Times*, 14.04.2015.
»Military contracting: our new era of corporate mercenaries«, in: *The Guardian*, 23.01.2013.

33 »How Islamic State extremists use social media to recruit«, in: *BBC*, 23.2.2105.

34 »Abu Bakr al-Baghdadi emerges from shadows to rally Islamist followers, in: *The Guardian*, 6.7.2014.

35 Noman Benotman/Roisin Blake, Jabhat al-Nusra: A Strategic Briefing, Publikation der Quilliam Foundation.

36 »Luftschläge galten offenbar auch Amerikas Verbündeten«, in: *Frankfurter Allgemeine Zeitung*, 1.10.2015.

37 Karin Leukefeld, Flächenbrand. Syrien, Irak, die arabische Welt und der Islamische Staat, Köln 2015.

38 Defense Intelligence Agency (DIA) Dokument «Pgs. 287-293 (291) JW v DOD and State 14-812«, veröffentlicht durch *Judical Watch* am 18.05.2015.

39 Nafeez Ahmed, Pentagon report predicted West's support for Islamist rebels would create ISIS Anti-ISIS coalition knowingly sponsored violent extremists to ›isolate‹ Assad, rollback ›Shia expansion‹, in: *Insurge Intelligence*, 22.05.2015.

40 Nafeez Ahmed, The Pentagon plan to »divide and rule« the Muslim world, in: *Middle EastEye*, 03.04.2015. Dazu auch interessant die Aufarbeitung der entsprechenden Wikileaks-Depeschen über Syrien von Robert Naiman, in: *Wikileaks*, London 2015.

41 »USA haben Entstehung des Islamischen Staats bewusst nicht verhindert«, in: *Deutsche Wirtschafts Nachrichten*, 25.05.2015.
»The Pentagon plan to divide and rule the Muslim world«, in: *Middle East Eye*, 03.04.2015.

42 Zbigniew Brzezinski, The Grand Chessboard: American Primacy And Its Geostrategic Imperatives, Basic Books, New York 1997.

43 »The true cost oft he Iraq war: $3 trillion and beyond, in: *Washington Post*, 5.9.2010.

44 Armin Krishnan, Gezielte Tötung - Die Zukunft des Krieges, Berlin 2012.

45 »Offener Krieg ist zu teuer: Weltmächte setzen auf verdeckte Operationen«, in: *Deutsche Wirtschafts Nachrichten*, 20.07.2014.

46 »Wikileaks reveals video showing US air crew shooting down Iraqi civilians«, in: *The Guardian*, 05.04.2010 (Video Footage Juli 2007).

47 Zeyno Baran und Emmet Tuohy, Citizen Islam. The Future of Muslim Integration in the West, New York 2011.

48 »Kein Judentum light«, in: *Deutschlandfunk*, 24.06.2014.

49 »Zentralrat: Feindseligkeiten gegen Muslime nehmen zu«, in: *Deutsche Wirtschafts Nachrichten*, 13.7.2015.

50 So warf der Spiegel den von mir gegründeten »Deutsch-Türkischen Nachrichten« vor, eine heimliche, »islamistische« Agenda zu verfolgen, weil wir Karakoyun für einige Zeit als Herausgeber beschäftigt hatten, in: »Wie der ›Spiegel‹ die DTN als U-Boot der Islamisten enttarnen wollte«, in: *Deutsch-Türkische Nachrichten*, 20.8.2012.

51 »Harvard-Professor Rodrik: Erdogan will regieren, ohne kontrolliert zu werden«, in: *Deutsch-Türkische Nachrichten*, 15.6.2012.

52 »Soziologin: Gülen-Bewegung muss Rolle der Frau neu definieren«, in: *Deutsch-Türkische Nachrichten*, 20.3.2012.

53 »Ein Wahrzeichen der Weltoffenheit und ein Fragezeichen, wie offen dort der Islam ist«, in: *Hauptstadtbriefe 131/2015*, S. 82.

54 Angaben der Deutschen Bischofskonferenz.

55 Pankay Ghemawat, Word 3.0. Global Prosperity and how to achieve it, Boston 2012.

56 Dani Rodrik, Das Globalisierungs-Paradox. Die Demokratie und die Zukunft der Weltwirtschaft, C.H.Beck, München 2011.

57 «El tercer rescate de Grecia está diseñado para fracasar«, in: *El País*, 2.8.2015.

58 Jim Rickards, Währungskrieg. Der Kampf um die monetäre Weltherrschaft, FinanzBuch Verlag, München 2012.

59 »Edward Snowden: the whistleblower behind the NSA surveillance revelations«, in: *The Guardian*, 11.6.2013.

60 »The stealthy, Eric Schmidt-backed startup that's working to put Hillary Clinton in the White House in: *Quartz*, 9.10.2015.

61 www.aiib.org.

62 »Dollar Dominance Intact as U.S. Fines on Banks Raise Ire«: in: *Bloomberg Business*, 16.06.2014.

63 SWIFT Sanctions Statement, Mitteilung vom 6.10.2014.

64 »BNP shares rise in wake of US sanctions-busting deal«: in: *Financial Times*, 01.07.2014.

65 »The Art of Financial Warfare: How the West Is Pushing Putin's Buttons«, in: *Newsweek* vom 24.4.2014.

66 Die Batkivshcyna von Julia Timoschenko wird von der EVP offiziell im Beobachterstatus geführt, www.epp.eu, Stand 3.11.2015.

67 Ivan Katchanovski, »The ›Snipers Massacre‹ on the Maidan in Ukraine«, School of Political Studies, University Ottawa, in der Fassung vom September 2015.

68 »Crimea applies to be part of Russian Federation after vote to leave Ukraine«: in: *The Guardian*, 17.03.2015.

69 Angaben State Statistics Committee of Ukraine, Ukraine Census 2001.

70 »Op-Ed: The Crimea referendum and International observers«: in: *Digital Journal*, 22.03.2014.

71 »Foreign-born ministers in Ukraine's new cabinet«, in: *BBC News*, 05.12.2014.

72 »The Art of Financial Warfare: How the West Is Pushing Putin's Buttons«: in: *Newsweek*, 24.04.2014.

73 James Rickards, The Big Drop. How to Grow Your Wealth During The Coming Collapse, Baltimore 2015.

74 Chris Martenson, The Crash Course. The Unsustainable Future of Our Economy, Energy, and Environment, Hoboken 2011.

75 »Rohstoff-Schock: Gefährliche Spirale, die kaum zu stoppen ist«, in: *Deutsche Wirtschafts Nachrichten*, 07.08.2015.

76 »Commerzbank zahlt 1,5 Milliarden Dollar Strafe«, in: *Frankfurter Allgemeine*, 12.03.2015.

77 »Currency Manipulation: Why Something Must Be Done, in: *Forbes*, 25.2.2015.

78 Norbert Häring, Ein Investmentbanker über die Finanzmärkte als Waffen, 27.05.2015.

79 Häring, ebd.

80 Häring, ebd.

81 84 Prozent des Aktienhandels wird über High-Frequency Computer abgewickelt, nur 14 Prozent durch Börsenhändler Zero Hedge, 84% of All Stock Trades Are By High-Frequency Computers, 26.04.2012.

82 Häring, ebd.

83 »Is Russia Planning a Gold-Based Currency«, in: Ludwig von Mises Institute, 06.03.2015.

84 »So hindern Sie Windows 10 am Spionieren«, in: *Die Welt*, 11.8.2015.

85 »USA: Wer »Zombie« im Internet schreibt, wird als Extremist ausgeforscht«, in: *Deutsche Wirtschafts Nachrichten*, 19.06.2013.

86 Zitiert nach: »Greenwald: US-Dienste haben großes Interesse an Banking und Geldflüssen«, in: *Deutsche Wirtschafts Nachrichten*, 24.5.2014.

87 »Es gibt Hinweise, dass die NSA die Schweizer Banken ausspioniert«, in: *Tagesanzeiger*, 23.5.2014.

88 »Zahl der Selbstanzeigen nach Hoeneß-Prozess verdreifacht«, in: *Die Zeit*, 16.4.2014.

89 Spying by N.S.A. Ally Entangeled U.S. Law Firm, in: *New York Times*, 15.2.2014.

90 »Wirtschaftsspionage: NSA späht Anwaltskanzleien aus«, in: *Deutsche Wirtschafts Nachrichten*, 22.02.2014.
»NSA spioniert US-Anwaltskanzlei aus«, in: *Die Zeit*, 16.02.2014.

91 ebd.

92 »Cyber Combat: Act of War«, in: The Wall Street Journal, 31.05.2011.

93 »NATO agrees cyber attack could trigger military response«, in: *Euractiv*, 05.09.2014.

94 Deutscher Bundestag, Drucksache 18/164, Antwort der Bundesregierung auf die Kleine Anfrage der Abgeordneten Andrej Hunko, Jan Korte, Christine Buchholz, weiterer Abgeordneter und der Fraktion DIE LINKE, Drucksache 18/77, Kooperation zur sogenannten Cybersicherheit zwischen der Bundesregierung, der Europäischen Union und den Vereinigten Staaten, 12.12.2013.

95 Deutscher Bundestag, Drucksache 18/3963, Antwort der Bundesregierung auf die Kleine Anfrage der Abgeordneten Jan van Aken, Andrej Hunko, Christine Buchholz, weiterer Abgeordneter und der Fraktion DIE LINKE, Drucksache 18/3799, Elektronische Kampfführung der Bundeswehr, 06.02.2015.

96 Deutscher Bundestag, Drucksache 18/4074.

97 Pressemitteilung von Andrej Hunko, Tarnung von Cyberangriffen der Bundeswehr sind Verstoß gegen Völkerrecht, 18.03.2015.

98 ebd.

99 Deutscher Bundestag, Drucksache 18/4286, 11.03.2015. S. 2.

100 Cyber risks too big to cover, says Lloyd's insurer, in: *Financial Times* 5.2.2015.

101 »Market watchdog warns on danger of cyber attack«, in: *Financial Times*, 24.8.2014.
»SEC issues guidelines on hacking«, in: *Financial Times*, 14.10.2011.

102 »Ex-Worker Theory Casts Doubt on N. Korea as Sony Hacker«, in: *Bloomberg Business*, 30.12.2014.

103 »Battling Employee Sabotage in the Wired Workplace«, in: *The Center for Association Leadership*, November 2011.

104 Annette Leiterer, *ZAPP Studie: Vertrauen in Medien gesunken*, 17.12.2014.

105 »Pediga-Demonstranten prügeln auf Journalisten ein«, in: *Frankfurter Allgemeine*, 28.09.2015.

106 Bonnier Business Press Enters German Market. Bonnier Business Press acquires majority stake in news site Deutsche Wirtschafts Nachrichten, Mitteilung des Verlags vom 11.2.2015

107 *Angaben Bonnier, About Us, History.*

108 Öffentlich-rechtliche Medien – Aufgabe und Finanzierung. Gutachten des Wissenschaftlichen Beirats beim Bundesministerium der Finanzen, 03/2014.

109 Hans-Peter Siebenhaar, Die Nimmersatten: Die Wahrheit über das System ARD und ZDF, Frankfurt 2012.

110 In Deutschland gibt es insgesamt 64 öffentlich-rechtliche Radiosender und 13 öffentlich-rechtliche Fernsehsender.
Statista, Entwicklung der Anzahl der öffentlich-rechtlichen und privaten Radiosender in Deutschland in den Jahren 1987 bis 2015, zuletzt aufgerufen am 23.10.2015.

111 »France passes new surveillance law in wake of Charlie hebdo attack«, in: *The Guardian*, 05.05.2015.

112 »ARD und ZDF siegen im Gebührenstreit« in: *Frankfurter Allgemeine Zeitung*, 11.09.2015.

113 »Ein Beitrag zur Funktionsfähigkeit der Gesellschaft«, in: *ARD intern*, 27.12.2012.

114 Koschnick, Wolfgang J. »Berufspolitiker: Die Totengräber der Demokratie« auf www.heise.de/tp/artikel/40/40658/1.html, 06.01.2014.

115 »30.000 lobbyists and counting: is Brussels under a corporate sway?«, in: *The Guardian*, 08.05.2014.

116 »Abgas Manipulation in den USA - Ruf nach Aufklärung im VW-Skandal«, in: *Tagesschau*, 21.09.2015.

117 »Stationierung neuer US-Atomwaffen in Deutschland«, Beitrag in *Frontal21* am 22.9.2015.

118 All Ukrainian Population Census 2001, (Kharkiv, Luhansk, Donetsk).

119 »Kühle Ironie der Geschichte«: in: *Frankfurter Allgemeine*, 07.04.2014.

120 »Deutsche Welle soll Anti-Putin-Sender werden«, in: *Handelsblatt* vom 24.09.2014.

121 Axel Springer, Grundsätze und Leitlinien.

122 »Deutsche Welle wird Stimme der Freiheit«, in: *Die Welt*, vom 2.3.2015.

123 »Auslandssender Deutsche Welle erhält 280 Millionen Euro vom Bund«, Mitteilung des WDR vom 29.10.2014.

124 Grundsätze und Leitlinien, Axel Springer, Unternehmensgrundsätze: 3. »Die Unterstützung des transatlantischen Bündnisses und die Solidarität in der freiheitlichen Wertegemeinschaft mit den Vereinigten Staaten von Amerika«.

125 »TTIP - Zum Glück kein Wahnsinn«, Gastbeitrag von Karel de Gucht, in: *Zeit*, 12.06.2014.

126 Der Streit um die Gebühren: Beitrag oder Beihilfe, zitiert nach »Tele-Visionen«, Fernsehge-schichte Deutschlands in Ost und West, herausgegeben von der Bundeszentrale für politi-sche Bildung.

127 »Commerzbank: Boni an Banker übersteigen Jahres-Gewinn«, in: *Deutsche Wirtschafts Nachrichten*, 11.02.2014.

128 Gerhard Schick, Selbstbedienungsladen Commerzbank, 10.02.2014.
Eine Studie hat den Zusammenhang zwischen Berichterstattung und Anzeigen bei deut-schen Magazinen untersucht und kommt zu durchaus ähnlichen Erkenntnissen: Lutz M. Ha-gen, Anne Flämig und Anne-Marie In der Au, Synchronisation von Nachricht und Werbung. Wie das Anzeigenaufkommen von Unternehmen mit ihrer Darstellung in Spiegel und Focus korreliert, Publizistik/Vierteljahreshefte für Kommunikationsforschung, Heft 4, November 2014, 59. Jahrgang.

129 Michael Maier, Die Plünderung der Welt. Wie die Finanz-Eliten unsere Enteignung planen, FinanzBuch Verlag, München 2014.

130 Credit Suisse, Global Wealth Databook 20013/2014. in: Deborah Hardoon, Oxfam Issue Briefing 2015. S. 2.

131 Deborah Hardoon, Oxfam Issue Briefing 2015. S. 3.

132 Jon Slater, Richest 1 Percent will own more than all the rest by 2016. Oxfam 2015.

133 Deborah Hardoon, Oxfam Issue Briefing 2015. S. 3.

134 Deborah Hardoon, Oxfam Issue Briefing 2015. S. 5.

135 Ausgaben für Lobbying in den USA und Europa 2013: Finanz- und Versicherungssektor 550 Millionen US-Dollar, Pharmazie- und Gesundheitssektor 500 Millionen US-Dollar (2013) Jon Slater, Richest 1 Percent will own more than all the rest by 2016. Oxfam 2015.

136 Deborah Hardoon, Oxfam Issue Briefing 2015. S. 1,7.

137 OECD, Income Inequality Charts 2012, Stand 16.10.2015.

138 World Bank, country information USA 2014, Stand 16.10.2015.

139 Stierli, Markus/Shorrocks, Anthony/Davis, James B./ Rodrigo, Lluberas/Koutsoukis, Antonios: Global Wealth Report 2014, Credit Suisse Research Institute, Zürich 2014. S. 25.

140 Stierli, Markus/Shorrocks, Anthony/Davis, James B./ Rodrigo, Lluberas/Koutsoukis, Antonios: Global Wealth Report 2014, Credit Suisse Research Institute, Zürich 2014. S. 27.

141 OECD, In It Together: Why Less Inequality Benefits All, OECD Publishing, Paris 2015. S. 56.

142 OECD, social and welfare issues, inequality and income, Stand 16.10.2015.

143 Stierli, Markus/Shorrocks, Anthony/Davis, James B./ Rodrigo, Lluberas/Koutsoukis, Antonios: Global Wealth Report 2014, Credit Suisse Research Institute, Zürich 2014. S. 21.

144 Stierli, Markus/Shorrocks, Anthony/Davis, James B./ Rodrigo, Lluberas/Koutsoukis, Antonios: Global Wealth Report 2014, Credit Suisse Research Institute, Zürich 2014. S. 25.

145 Stierli, Markus/Shorrocks, Anthony/Davis, James B./ Rodrigo, Lluberas/Koutsoukis, Antonios: Global Wealth Report 2014, Credit Suisse Research Institute, Zürich 2014. S. 27.

146 Stierli, Markus/Shorrocks, Anthony/Davis, James B./ Rodrigo, Lluberas/Koutsoukis, Antonios: Global Wealth Report 2014, Credit Suisse Research Institute, Zürich 2014. S. 53.

147 Stierli, Markus/Shorrocks, Anthony/Davis, James B./ Rodrigo, Lluberas/Koutsoukis, Antonios: Global Wealth Report 2014, Credit Suisse Research Institute, Zürich 2014. S. 25.

148 European Commission, Poverty and Inequalities: Frequently asked Questions, Memo, Brus-sels 2014.

149 Deborah Hardoon, Oxfam Issue Briefing 2015. S.5.

150 United Nations, World Population Prospects, Key findings and advance tables, 2015 Revision, New York 2015. S.1-2.

151 Die Wachstumsrate der Weltbevölkerung lag 2005 bei 1,24 Prozent pro Jahr. 2015 lag die Wachstumsrate bei 1,18 Prozent.

152 United Nations, World Population Prospects, Key findings and advance tables, 2015 Revision, New York 2015. S. 1-2.

153 United Nations, World Population Aging 2013, New York 2013.

154 Bevölkerung über 60 (2015: 901 Millionen / 2050: 2,1 Milliarden). Bevölkerung über 80 (2015: 125 Millionen / 2050: 434 Millionen). United Nations, World Population Prospects, Key findings and advance tables, 2015 Revision, New York 2015. S. 1-2.

155 United Nations, World Population Aging 2013, New York 2013.

156 Anstieg von 1,6 Kinder auf 1,8 Kinder pro Frau.

157 United Nations, World Population Prospects, Key findings and advance tables, 2015 Revision, New York 2015. S. 4.

158 United Nations, World Population Prospects, Key findings and advance tables, 2015 Revision, New York 2015. S. 8-9.

159 Statistisches Bundesamt: Germany's Population by 2060 - Results of the 12th coordinated population projection, Wiesbaden 2009. S. 5-6.

160 Dr. Feng, Wenmeng, Chapter 6: The silver and white economy - The Chinese demographic challenge, OECD, Research Department II, China Development Research Foundation, 2012.

161 World Bank, Age dependency ratio (percent of working-age population 2014), Stand 16.10.2015.

162 Müller, Ruth/Klingholz, Reiner: Russland neu gezählt - Was die jüngsten Zensusergebnisse über Russlands Bevölkerungsentwicklung verraten, Berlin Institut für Bevölkerung und Entwicklung, Berlin 2014.

163 Colby, Sandra L./Ortman, Jennifer M.: Projections of the Size and Composition of the US Population: 2014 to 2060, Populations estimates and Projections; US Census Bureau, März 2015. S. 1,4.

164 International Labour Organization: Global Employment Trends 2014: Risk of a jobless recovery?, Supporting data sets, Employment, Share of employment by sector and sex, globally and by region and country, Geneva 2014.

165 Blanchet, Max/Rinn, Thomas/Von Thaden, Georg/De Thieulloy, Georges: Industry 4.0 - The new industrial revolution, How Europe will succeed, Roland Berger, München 2014. S. 2.

166 Blanchet, Max/Rinn, Thomas/Von Thaden, Georg/De Thieulloy, Georges: Industry 4.0 - The new industrial revolution, How Europe will succeed, Roland Berger, München 2014. S. 4.

167 Blanchet, Max/Rinn, Thomas/Von Thaden, Georg/De Thieulloy, Georges: Industry 4.0 - The new industrial revolution, How Europe will succeed, Roland Berger, München 2014. S. 7.

168 Sulavik, Chris/Portnoy, Michael/Waller, Thomas: The new hire: How a new generation of robots is transforming manufactoring, PWC in conjunction with Manufacturing Institute, 2014. S. 1,4.

169 IHS Global Insight, World Industry Service Database 2013, Daten von 2012.

170 Blanchet, Max/Rinn, Thomas/Von Thaden, Georg/De Thieulloy, Georges: Industry 4.0 - The new industrial revolution, How Europe will succeed, Roland Berger, München 2014. S. 8.

171 Blanchet, Max/Rinn, Thomas/Von Thaden, Georg/De Thieulloy, Georges: Industry 4.0 - The new industrial revolution, How Europe will succeed, Roland Berger, München 2014. S. 8.

172 Umsatz Apple 2014: 182,79 Milliarden US-Dollar, Statista, aufgerufen am 16.10.2015.

173 Umsatz Amazon 2014: 89 Milliarden US-Dollar, Statista, aufgerufen am 16.10.2015.

174 Umsatz Google 2014: 66 Milliarden US-Dollar, Statista, aufgerufen am 16.10.2015.

175 Umsatz Yandex 2014: 50 Milliarden Rubel, Statista, aufgerufen am 16.10.2015.

176 Umsatz Alibaba 2014: 52 Milliarden Yuan, Statista, aufgerufen am 16.10.2015.

177 World Bank, BIP Deutschland 2014, Stand 16.10.2015.

178 Statista, Jugendarbeitslosigkeit in Europa, Stand 16.10.2015.

179 286 Prozent gemessen am weltweiten BIP.

180 Dobbs, Richard/ Lund, Susan/ Woetzel, Jonathan/Mutafchieva, Mina: Debt and (not much) deleveraging, McKinsey Global Institute, 2015.

181 Dobbs, Richard/ Lund, Susan/ Woetzel, Jonathan/Mutafchieva, Mina: Debt and (not much) deleveraging, McKinsey Global Institute, 2015. S. 1.

182 Dobbs, Richard/ Lund, Susan/ Woetzel, Jonathan/Mutafchieva, Mina: Debt and (not much) deleveraging, McKinsey Global Institute, 2015. S. 106.

183 Dobbs, Richard/ Lund, Susan/ Woetzel, Jonathan/Mutafchieva, Mina: Debt and (not much) deleveraging, McKinsey Global Institute, 2015. S.106.

184 Dobbs, Richard/ Lund, Susan/ Woetzel, Jonathan/Mutafchieva, Mina: Debt and (not much) deleveraging, McKinsey Global Institute, 2015. S. 106.

185 Trading Economics, EU Debt to GDP, Daten von Eurostat, Stand 16.10.2015.

186 Trading Economics, Domestic credit to private sector in Euro area 2013, Stand 16.10.2015.

187 Dobbs, Richard/ Lund, Susan/ Woetzel, Jonathan/Mutafchieva, Mina: Debt and (not much) deleveraging, McKinsey Global Institute, 2015. S. 106.

188 OECD, Social Expenditure Update - Social spending is falling in some countries, but in many others it remains at historically high levels, Insights from the OECD Social Expenditure Database (SOXC), Directorate for Employment, Labour and Social Affairs, 2014. S. 1.

189 OECD, Social Expenditure Update - Social spending is falling in some countries, but in many others it remains at historically high levels, Insights from the OECD Social Expenditure Database (SOXC), Directorate for Employment, Labour and Social Affairs, 2014. S. 2.

190 OECD, Social Expenditure Update - Social spending is falling in some countries, but in many others it remains at historically high levels, Insights from the OECD Social Expenditure Database (SOXC), Directorate for Employment, Labour and Social Affairs, 2014. S. 3.

191 Bundesministerium der Finanzen, Staatsquoten im internationalen Vergleich, Monatsbericht Mai 2015, Stand 16.10.2015.

192 Statista, Russia, Ratio of government expenditure to gross domestic product (GDP) from 2010 to 2020, Stand 16.10.2015.

193 Staatsquote EU 2014: 48,1 Prozent.

194 Gesundheit 14,8 Prozent, generelle öffentliche Dienste 14,1 Prozent, Bildung 10,3 Prozent, Wirtschaftsangelegenheiten 8,8 Prozent, öffentliche Ordnung und Sicherheit 3,7 Prozent, Verteidigung 2,9 Prozent, Freizeit, Kultur und Religion 2,2 Prozent, Umweltschutz 1,7 Prozent, Wohnungswesen und kommunale Einrichtung 1,4 Prozent.
Eurostat, General government expenditure in the EU, Eurostat News Release 122/2015, 2015. S. 1.

195 Bundesministerium der Finanzen, Staatsquoten im internationalen Vergleich, Monatsbericht Mai 2015, Stand 16.10.2015.

196 Ausschnitt aus den verschiedenen Ausgabearten des Bundes (Zahlen von 2014 und 2015 sind vorläufige Berechnungen): Personalausgaben (29.779 Millionen Euro) davon ziviler Bereich (11.025 Millionen Euro) und militärischer Bereich (10.506 Millionen Euro);

Versorgung (8.248 Millionen Euro) davon ziviler Bereich (2.832 Millionen Euro) und militärischer Bereich (5.417 Millionen Euro); laufender Sachaufwand (24.394 Millionen Euro) davon Unterhaltung des unbeweglichen Vermögens (1.417 Millionen Euro), militärische Beschaffungen, Anlagen usw. (9.538 Millionen Euro), sonstiger laufender Sachaufwand (13.439 Millionen Euro); Zinsausgaben (25.593 Millionen Euro); laufende Zuweisungen und Zuschüsse (192.824 Millionen Euro) davon an Verwaltungen wie Länder und Gemeinden, Sondervermögen und Zweckverbände (22.802 Millionen Euro); davon an Unternehmen, Renten Unterstützungen, Sozialversicherung, an private Institutionen ohne Erwerbscharakter, ans Ausland und sonstiges (170.022 Millionen Euro).
Bundesministerium für Finanzen: 6 Ausgaben des Bundes nach volkswirtschaftlichen Arten in den Haushaltsjahren 2010 bis 2015, Monatsbericht, Stand 19.12.2014.

197 Rede von Mark Carney, Breaking the tragedy of the horizon - climate change and financial stability, Bank of England, 29.09.2015.

198 Colin Crouch, Postdemokratie, Rom 2003, hier die 11. Auflage der deutschen Ausgabe 2015, Seite 129.

199 »Diese Berufsgruppen vertreten das deutsche Volk«: in: Die Welt, 06.10.2013. Im Jahr 2013 waren im Deutschen Bundestag 80 Juristen vertreten. Die größte Gruppe sind »Öffentlicher Dienst und Beamte« mit 149, davon 36 Lehrer. Unternehmer und Handwerker stellen gemeinsam 35 Abgeordnete. Es gibt 15 Land- und Forstwirte im Bundestag.

200 »Gorbatschow wirft USA Siegerkomplex vor«, Interview der Netzeitung, in: Der Tagesspiegel, 15.10.2006.

201 Jens Peter Paul, Bilanz einer gescheiterten Kommunikation. Fallstudien zur deutschen Entstehungsgeschichte des Euro und ihrer demokratietheoretischen Qualität, Dissertation Frankfurt am Main, Juli 2010.

202 Gegen den ESM hatten der Verfassungsrechtler Christoph Degenhart und die frühere Justizministerin Herta Däubler-Gmelin Verfassungsbeschwerde eingelegt, Berlin, 29.6.2012.

203 »CDU-Abgeordnete glaubt, dass sie schon über den ESM abgestimmt hat«, in: Deutsche Mittelstands Nachrichten, 15.3.2012.

204 »SPD verpasst ihren Bundestags-Abgeordneten Maulkorb zum ESM«, in: Deutsche Mittelstands Nachrichten, 22.3.2012.

205 »Alle Bundestagsabgeordneten im Interview: Wie werden Sie über den ESM abstimmen?«, Deutsche Mittelstands Nachrichten, Mai – August 2012.

206 »Bundestag stimmt in heiterer Sitzung für Abgabe der Souveränität«, in: Deutsche Wirtschafts Nachrichten, 14.6.2013.

207 »Als Abweichler in Berlin abgestraft«, in: Frankfurter Allgemeine Zeitung, 28.12.2013.

208 »Papandreou verzichtet auf Euro-Referendum«, in: Zeit Online, 3.11.2011.

209 »Der reiche Grieche vom Genfersee«, in: Tagesanzeiger, 02.06.2012.

210 Maier, aaO.

211 »Peter Gauweiler: Immunität der ESM-Lenker ist ein Skandal«, in: Deutsche Wirtschafts Nachrichten, 08.03.2014.

212 Roger Boyes, Meltdown Island. How the Global Financial Crisis Bankrupted an Entire Country, London 2010.
Grimson in: »Islands Präsident: ›Lasst die Banken pleitegehen, die sind keine heiligen Kirchen!‹, in: Deutsche Wirtschafts Nachrichten, 28.1.2013.

213 Rede der Bundeskanzlerin vor dem EP: Merkel und Hollande vor EU-Parlament, Europa muss entschlossen handeln, 07.10.2015

214 »Mikl-Leitner: ›Müssen an Festung Europa bauen«, in: Kronenzeitung, 22.10.2015.

215 Ansgar Belke/Jonas Keil, Niedrigzinsfalle: Die Gefahr der finanziellen Repression, in: Vierteljahrshefte zur Wirtschaftsforschung, DIW Berlin, 82. Jahrgang, 02.2013.

216 »G20-Gipfel beschließt weltweiten Austausch der Steuerdaten«, in: *Deutsche Wirtschafts Nachrichten*, 07.09.2013.
»Internationaler Austausch von Steuerdaten: Bundesrat akzeptiert neue OECD-Regeln«, in: *Neue Zürcher Zeitung*, 12.09.2015.

217 Interview Georg Fahrenschon, Präsident des Deutschen Sparkassen- und Giroverbands (DSGV) im *Deutschlandfunk* am 04.06.2014.

218 »Die Schweizer Angst vor Bank Run«, in: portfolio institutionell, 27.3.2015.

219 Eurostat, Unemployment Rate 2003- 2014, Stand 18.06.2015.

220 »Schuldenschnitt? Kein Problem!«, in: *Frankfurter Allgemeine Zeitung*, 31.7.2015.

221 Philipp Bagus, Wie das Papiergeld-Experiment enden wird, Ludwig Von Mises Institut Deutschland, Artikel, 09.12.2013.

222 Helmut Trischler, Innovationsmotor oder Fortschrittsbremse? Wissenschaft und Technik am Vorabend des Ersten Weltkriegs, Kultur&Technik 2/2014, Herausgeber Deutsches Museum

223 »The Pitfalls of Peace: The Lack of Major Wars May Be Hurting Economic Growth«: in: *NY Times*, 13.06.2014.

224 »The lack of major wars may be hurting economic growth«, in: *The New York Times*, 13.06.2014.

225 »Wie sich die Neos den Grant großer Zeitungen zuzogen«, in: *Der Standard*, 08.10.2015.

226 »Spain's New Public Safety Law Has Its Challengers«, in: *NY Times*, 30.06.2015.
»Nationalversammlung will Schnüffeln erleichtern«, in: *Zeit*, 05.05.2015.
»David Cameron's internet porn filter is the start of censorship creep«, in: *The Guardian*, 03.01.2014.

227 »Russischer Geheimdienst will Totalüberwachung in Sotschi«, in: *Golem*, 7.10.2013.

228 »Russia to monitor ›all communications‹ at Winter Olympics in Sochi«, in: *The Guardian*, 6.10.2013.

229 Angela Merkel in Berlin am 19.6.2013.

230 »Merkel plädiert für ›Spezialdienste‹ im Internet«, in: *Computerwoche*, 4.12.2014.

231 Peter Vonnahme, Alexander Unzicker, Auf dem Weg zu einem Vermutungsstrafrecht, in: Telepolis, 27.10.2015 und dieselben, Vermutung statt Tatsachen: Das Strafrecht auf einem gefährlichen Weg, in: *Deutsche Wirtschafts Nachrichten*, 27.10.2015.

232 Franz, Albert/Baum, Wolfgang: Theologie im Osten Europas seit 1989 - Entwicklungen und Perspektiven, LIT Verlag, Berlin 2009.

233 »Degenhart: Karlsruhe kann kalte Enteignung der Sparer nicht stoppen«, in: *Deutsche Wirtschafts Nachrichten*, 17.02.2014.

234 United Nations Human Rights, Universal Declaration of Human Rights, Resolution 217 A (III) vom 10.12.1948.

235 UN, Transforming our world: the 2030 Agenda for Sustainable Development, 2015.

236 Crouch, Colin: Postdemokratie, Suhrkamp Verlag, Frankfurt, 2008. S. 10.

237 Wahlbeteiligung nach Altersgruppen, 1953-2009, Bundeszentrale für Politische Bildung, 1.9.2009.

238 »Van Rompuy hält EU-Wahl für überflüssig: Entschieden wird woanders«, in: *Deutsche Wirtschafts Nachrichten*, 23.04.2014.

239 Auswärtiges Amt: Kleine Anfrage der Abgeordneten Dr. Alexander Neu, Sevim Dağdelen, Dr. Diether Dehm u.a. und der Fraktion DIE LINKE, Bundestagsdrucksache Nr. 18-2316 vom 08.08.2014.

240 Crouch, Collin: Postdemokratie, Suhrkamp Verlag, 2008. S. 123.

241 »Griechenland hat über seine Verhältnisse gelebt«, Bundesfinanzminister Wolfgang Schäuble, in: *Die Welt*, 6.5.2015.

242 »Kampeter: Griechenland muss sich an Verträge halten, in: *Tagesschau* 10.2.2015.

243 Gary Busch, The Unspeakable German Hypocrisy on Greek Debt, LinkedIn, 08.07.2015.

244 »The Submarine Deals That Helped Sink Greece«, in: *The Wall Street Journal*, 10.07.2010.

245 Gary Busch, The Unspeakable German Hypocrisy on Greek Debt, academia.edu 08.07.2015.

246 »Greece sues for 7 billion euros over German submaries that have never sailed«, in: *The Telegraph*, 12.07.2014.

247 »Die Nato braucht Griechenland in der Euro-Zone«, in: *Deutsche Wirtschafts Nachrichten*, 22.02.2015.

248 »Diskussion zu Griechenland: Chronologie des Tages«, in: *Deutsche Wirtschafts Nachrichten*, 02.07.2015.

249 »Griechenland erschwindelte Euro-Beitritt«, in: *Frankfurter Allgemeine*, 16.11.2004.

250 »Goldman Sachs hyrer Anders Fogh som rådgiver i DONG-sag«, in: *Berlingske*, 05.08.2015.

251 »Die Griechen haben nicht über ihre Verhältnisse gelebt«, in: *Deutsche Wirtschafts Nachrichten*, 07.08.2015.

252 Verlust von Mitgliedern: die CDU verzeichnete einen Rückgang von 57,9 Prozent und die SPD von 48,7 Prozent. Entwicklung der Mitgliederzahl der CDU von 1990 (789.609 Mitglieder) bis 2014 (457.488 Mitglieder), Rückgang von 57,9% (332.121 Mitgliedern), Daten von Statista 2015.
Entwicklung der Mitgliederzahl der SPD von 1990 (943.402 Mitglieder) bis 2014 (459.902 Mitglieder), Rückgang von 48,7% (483.500 Mitgliedern), Daten von Statista 2015.

253 »Buying Power - Presidential Election Super Pac Donors«, in: *NY Times*, 10.10.2015.

254 Dwight D. Eisenhower, Farewell Address, 17.1.1961.

255 Mathew D. Rose, Korrupt? Wie unsere Politiker und Parteien sich bereichern – und uns verkaufen, Heyne, München 2001.

256 »Parteien haben trotz Krise 450 Millionen Euro Vermögen angehäuft«, in: *Deutsche Wirtschafts Nachrichten*, 20.07.2014.

257 Lobbycontrol, Lobbyismus in Brüssel, zuletzt aufgerufen am 23.10.2015.

258 Sven Kesch, Kurs halten bis zum Untergang Europas. Unglaubliche ›Erfolgsgeschichten‹ aus dem Brüsseler Tollhaus, Wien 2015.

259 »Luxus-Leben bis zum Untergang: Die sagenhaften Privilegien der EU-Politiker«: in: *Deutsche Wirtschafts Nachrichten*, 26.10.2013.

260 «Parteien erhalten mehr Geld vom Staat«, in: *n-tv* vom 13.5.2013.

261 Inflationsrate in Deutschland von 1992 bis 2014, Statista 2105.

262 »Sweden parties reach budget deal to avoid snap election«, in: *BBC* vom 27.12.2014.

263 »Schweden: Rechtspopulistische Schwedendemokraten führen in Meinungsumfrage«, in: *Euractiv* vom 20.8.2015.

264 »UKIP immigration policy - the wife test«, in: *BBC News*, 22.04.2014.

265 Franco »Bifo« Berardi, Der Aufstand - Über Poesie und Finanzwirtschaft, Berlin 2015, S. 11.

266 »The Indian-origin scientist who took a test drive, exposed VW«, in: *Hindustan Times*, 05.10.2015.

267 »Volkswagen Emissions Problem Exposed by Routine University Research«, in: *The Wall Street Journal*, 23.09.2015.

268 »Kraftfahrtbundesamt ordnet Rückruf an«, in: *Zeit Online*, 15.10.2015.

269 Bernegger, Michael: »Das falsche System: Volkswagen-Krise ist gefährlich für ganz Deutsch-land«, in: *Deutsche Wirtschafts Nachrichten*, 03.10.2015.

270 Bernegger, Michael: »Das falsche System: Volkswagen-Krise ist gefährlich für ganz Deutsch-land«, in: *Deutsche Wirtschafts Nachrichten*, 03.10.2015.

271 Angaben des Niedersächsischen Finanzministeriums, Beteiligungen, Volkswagen AG, Wolfs-burg, Stand 01.03.2015.

272 Hans Joachim Selenz, Gabriel ohne Persilschein, 12.02.2005.

273 »VW-Affäre - Hartz sei Dank!«: in: *Fokus*, 28.11.2005.

274 ebd.

275 Peter Ruppert, Jo Schück, Michael Strompen, Flucht in die Karibik - die Steuertricks der Konzerne, *ZDF-Zoom*, 6.3.2013.

276 »Nimm mich mit, Kapitän, auf die Reise«, in: *Frankfurter Allgemeine*, 03.04.2009.

277 Mitteilung der Bundesregierung, Elektromobilität, Leitmarkt und Leitanbieter für Elektro-mobilität.

278 Vance, Ashley: «Tesla. Paypal, Space X. Wie Elon-Musk die Welt verändert.«, FinanzBuch Verlag, München, 2015.

279 ebd.

280 »GM ignition switch defects tied to 124 deaths, 275 injuries, Feinberg review finds«, in: *Automotive News*, 04.08.2015.

281 »Innenminister Saarland: Ungeordnete, wilde Asyl-Ströme durch Deutschland«, Rede im Land-tag von Saarbücken am 23.9.2015, Wortlaut in: *Deutsche Wirtschafts Nachrichten*, 30.09.2015.

282 »Grundschule verbietet Gesichtsschleier«, in: Rheinische Post Online, 20.10.2015.

283 »Wer übersah Spur 195?«, in: *Zeit*, 03.05.2012.

284 Endgültiges Ergebnis der Bundestagswahlen 2013: NPD 635.135 (Erststimmen), 560.828 (Zweitstimmen), 09.10.2013, Mitteilung des Bundeswahlleiters vom 9.10.2013.

285 »Pegida verzeichnet in Dresden weiter Zulauf«, in: *Frankfurter Allgemeine*, 21.09.2015.

286 Statistiken Sachsen, Rechte und rassistische Gewalt in Sachsen 2014: Sachsen 257 Angriffe davon Leipzig 57 und Dresden 48; in Dresden ein Anstieg rassistisch motivierter Gewalt im Vergleich zum Vorjahr von 89 Prozent, Stand 19.02.2015.

287 »AfD könnte in den Bundestag einziehen«, in: *Die Welt*, 09.05.2015.

288 »Union vor der Meuterei?«, in: Heise 20.10.2015.

289 »Gefürchtete Liste: Eine Million Amerikaner steht unter Terror-Verdacht«, in: *Deutsche Wirtschafts Nachrichten*, 01.12.12.

290 CBS News, President Obama - Steve Kroft questions President Obama on topics including Russia's incursion in Syria, ISIS and the 2016 presidential race, 11.10.2015.

291 Astri Suhrke, Defining the Mission - The US Engagement in Afghanistan, 2011.

292 »Flüchtlinge: Eine Folge der globalen Wirtschafts-Kriege«, in: *Deutsche Wirtschafts Nachrich-ten*, 24.08.2015.

293 »Auseinandersetzungen in Flüchtlingsheimen«, in: *Die Welt*, 20.09.2015.

294 »Polizeigewerkschaft fordert deutschen Grenzzaun«, in: *Die Welt*, 18.10.2105.

295 »Gefälschte Papiere«, in: Die Zeit, Nr. 38/2015, 17. September 2015.

296 »Sicherheits-Behörden haben Überblick über Terroristen in Europa verloren«, in: *Deutsche Wirtschafts Nachrichten*, 23.09.2015.

297 »Zeit im Bild« des Österreichischen Rundfunks vom 20.09.2015.

298 »Hans-Werner Sinn: Mindestlohn oder Flüchtlinge – beides geht nicht«, in: *Finanznachrichten*.de vom 15.9.2015.

299 »Nahles lässt am Mindestlohn für Flüchtlinge nicht rütteln«, Reuters, in: Finanzen.net vom 30.9.2015.

300 *ZDF heute* Beitrag, Rede der Bundesarbeitsministerin Andrea Nahles im Bundestag.

301 »Seehofer nennt Flüchtlingsbewegung Völkerwanderung«, in: *Die Welt*, 23.08.2015.

302 Heather, Peter: Invasion der Barbaren: Die Entstehung Europas im ersten Jahrtausend nach Christus, Klett-Cotta Verlag, Stuttgart, Juli 2012.

303 Henryk M. Broder: Die letzten Tage Europas - Wie wir eine gute Idee versenken, Albrecht Knaus Verlag, München 2013.

304 Heather, Peter: Invasion der Barbaren: Die Entstehung Europas im ersten Jahrtausend nach Christus, Klett-Cotta Verlag, Stuttgart, Juli 2012.

305 Heather, S. 554.

306 Migration Policy Institute, Top 10 of 2014 - Issue 1: World Confronts Largest Humanitarian Crisis since WWII, 18.12.2014.

307 »Sich jetzt wegzuducken und zu hadern, das ist nicht mein Angang«, in: *Deutschlandfunk*, 04.10.2015.

308 »Flüchtlinge kurbeln die Wirtschaft an«, in: *Die Welt*, 30.09.2015.

309 Bernegger, Michael: »Gewagtes Experiment: Merkel hofft auf Wachstum durch Massen-Einwanderung«, in: *Deutsche Wirtschafts Nachrichten*, 10.10.2015.

310 Bernegger, Michael: »Gewagtes Experiment: Merkel hofft auf Wachstum durch Massen-Einwanderung«, in: *Deutsche Wirtschafts Nachrichten*, 10.10.2015.

311 Bernegger, Michael: »Gewagtes Experiment: Merkel hofft auf Wachstum durch Massen-Einwanderung«, in: *Deutsche Wirtschafts Nachrichten*, 10.10.2015.

312 »Die Folgekosten werden in die Milliarden gehen«, in: *Handelsblatt* vom 21.10.2015.

313 »BaFin erleichtert Eröffnung von Konten für Flüchtlinge, BaFin-Mitteilung vom 9.9.2015.

314 »Migration: The drain from Spain«, in: *Financial Times*, 20.02.2014.

315 »El ladrillo también tira del PIB: sigue subiendo la inversión, el empleo y la riqueza que genera el sector«, in: *Idealista*, 28.08.2015.

316 PWC: Temas candentes del sector inmobiliario español - reactivar el mercado, 2012.

317 Rodrígues-Planas, Núria / Nollenberger, Natalia: A precarious position - The labour market integration of new immigrants in Spain, Migration Policy Institute, März 2014. S. 16, 20.

318 Simon, Patrick/Steichen Elsa: Slow Motion - The labour market integration of new immigrants in France, Migration Policy Institute, Mai 2014. S. 18-19.

319 Simon, Patrick/Steichen Elsa: Slow Motion - The labour market integration of new immigrants in France, Migration Policy Institute, Mai 2014. S. 5, 15.

320 Brzeski, Carsten / Burk, Inga: Die Roboter kommen - Folgen der Automatisierung für den deutschen Arbeitsmarkt, ING DiBa, Economic Research, 30.04.2015.

321 Frey, Carl Benedikt / Osborne, Michael A.: The Future of Employment: How Susceptible are Jobs to Computerisation?, 17.09.2013.

322 »Maschinen könnten 18 Millionen Arbeitnehmer verdrängen«, in: *Die Welt*, 02.05.2015.

323 Bonin, Prof. Dr. Holger/Gregory, Dr. Terry/ Zierahn, Dr. Ulrich: Übertragung der Studie von Frey/Osborne (2013) auf Deutschland, Endbericht, Kurzexpertise Nr. 57 des Zentrums für Europäische Wirtschaftsforschung für das Bundesministerium für Arbeit und Soziales, Mannheim 14.04.2015.

324 Statistisches Bundesamt: Beschäftigung in Prozent nach Sektoren 1950 - 2014. Stand 25.08.2015.

325 Deutsche Bank Research, The Future of Germany as an automaking location, in Kooperation mit dem Verband der Automobilindustrie, 26. Mai 2014. S. 1.

326 Marc Levinson, CRS Insights - Measuring the Loss of Manufacturing Jobs, 21.07.2014. Daten vom Bureau Labour of Statistics.

327 »BAMF und BA Hand in Hand, in: *Tagesschau Online*, 21.9.2015.

328 Definition des Begriffs Subbotnik: Vom russischen subbota (Sonnabend) abgeleiteter Begriff für einen freiwilligen, unbezahlten Arbeitseinsatz am Sonnabend. In der DDR wurde bis 1967 an jedem und dann bis 1969 an jedem zweiten Sonnabend halbtags gearbeitet. Subbotniks als unbezahlte Mehrarbeit zur Sicherung der Planerfüllung oder Gestaltung von Betriebsgelände und betrieblichen Einrichtungen (Kantine, Pausenhofkonnte, Kindergarten u.ä.) konnten bis dahin also nur stundenweise am Sonnabend geleistet werden, in: DDR-Lexikon.

329 »Plattenbauten werden zu Flüchtlingswohnungen«, in: *rbb online* vom 15.9.2015.

330 Bundesagentur für Arbeit, Zahlen für das Bundesland Brandenburg, Stand September 2015.

331 »In Deutschland fehlen 41.000 IT-Experten«, Mitteilung der Bitkom vom 10.11.2014.

332 »The Trans-Atlantic Trade and Investment Partnership: European Disintegration, Unemployment and Instability«, von Jeronim Capaldo, Working Paper No. 14-03 des Global Development and Environment Institute, Tufts University Medford MA, Oktober 2014.

333 »Hier verdienen Praktikanten am meisten«, eine Untersuchung von glassdoor.com, zitiert nach Frankfurter Rundschau vom 17.3.2014.

334 Pentagon signs up Apple and Boeing to ›silicon warfare‹ institute to build wearable health monitors for soldiers and smart sensors for planes and weapons, in: *Daily Mail Online*, 28.8.2015.

335 ITB World Travel Trends Report 2014/2015, prepared by IPK International on behalf of ITB Berlin - The World's Leading Travel Trade Show, Dezember 2014. S. 27.

336 James Manyika, Michael Chui, Peter Bisson et. al, The Internet of Things: Mapping the value beyond the hype, McKinsey Global Institute, Juni 2015.

337 Frauenhofer-Institut für sichere Informationstechnologie, Cyber-Physical Systems - Sicherheit im Internet der Dinge.

338 James Manyika, Michael Chui, Peter Bisson et. al, The Internet of Things: Mapping the value beyond the hype, McKinsey Global Institute, Juni 2015.

339 SAS, Predictive Analytics - what is it and why it matters.

340 »9 ways we use predictive analytics without even knowing it - predictive analytics part 6«, in: *Fusion Brew*, 18.10.2013.
»How Facebook can predict your politics, your love life, and even your sister's name«, in: *Forbes Magazine*, 23.09.2014.

341 »9 ways we use predictive analytics without even knowing it - predictive analytics part 6«, in: *Fusion Brew*, 18.10.2013.

342 Standford University, Machine Learning, Course description.

343 »Palantir raises $450 Million at $20 Billion Valuation«, in: *Forbes Magazine*, 23.07.2015.

344 »Der mysteriöse Datensammler«, in: *Frankfurter Allgemeine*, 29.06.2015.

345 »Did hipster tech really save the Obama campaign?«, in: *Wired*, 06.04.2013.

346 Le Vine, Dr. Scott/Zolfaghari, Dr. Alireza/Polak, Prof. John: Carsharing: Evolution, Challenges and Opportunities, ACEA, Scientific Advisory Group Report, September 2014. S. 3.

347 Roland Berger, Perspectives on the Chinese car sharing market, München/Beijing Juni 2014. S. 4.

348 Shaheen, Ph.D. Susan/Cohen, Adam: Innovative Mobility Carsharing Outlook, Carsharing market overview, analysis, and trends, Transportation Sustainability Research Center - University of California, Berkeley, Volume 3 Issue 2, Fall 2014.

349 Anzahl der Car-Sharing Fahrzeuge nach Ländern in Europa 2014, Daten von Statista, Stand 19.10.2015.

350 »Uber's Astounding Rise: Overtaking Taxis in Key Markets«, in: *Forbes Magazine*, 10. April 2015.

351 ITB World Travel Trends Report 2014/2015, prepared by IPK International on behalf of ITB Berlin - The World's Leading Travel Trade Show, Dezember 2014. S. 27.

352 Prof. Dr. Volker Penter / Kavin Pfaffner, E-Health als Gestalter der Gesundheit von morgen. in: KPMG, Gesundheitsbarometer, Gesundheitswirtschaft, Ausgabe 1/2015, Heft 25, 8. Jahrgang. S. 4.

353 Prof. Dr. Volker Penter / Kavin Pfaffner, E-Health als Gestalter der Gesundheit von morgen. in: KPMG, Gesundheitsbarometer, Gesundheitswirtschaft, Ausgabe 1/2015, Heft 25, 8. Jahrgang. S. 4-5.

354 Uwe Fachinger et. al, Ökonomische Potenziale altersgerechter Assistenzsysteme. Ergebnisse der Studie zu Ökonomischen Potenzialen und neuartiger Geschäftsmodelle im Bereich Altersgerechte Assistenzsysteme, 2012. S. 16.

355 Prof. Dr. Volker Penter / Kavin Pfaffner, E-Health als Gestalter der Gesundheit von morgen. in: KPMG, Gesundheitsbarometer, Gesundheitswirtschaft, Ausgabe 1/2015, Heft 25, 8. Jahrgang. S. 7.

356 Bundesverband Deutscher Versandapotheken, Daten und Fakten zum Arzneimittelversandhandel in Deutschland, Stand 23.10.2015.

357 »The future of medical innovations: Evaluating the trends«, in: *International Innovation*, 22.06.2015.

358 »Tech Trends Shaping the Future of Medicine, Part 2«, in: *Forbes Magazine*, 23.11.2014.

359 EYGM, Biotechnology Industry Report 2015 - Beyond borders, reaching new heights, 2015.

360 ITB World Travel Trends Report 2014/2015, prepared by IPK International on behalf of ITB Berlin - The World's Leading Travel Trade Show, Dezember 2014. S. 26.

361 Zervas, Georgios / Proserpio, Davide / Byers, John W.: The Rise of the Sharing Economy: Estimating the Impact of Airbnb on the Hotel Industry, Boston 2015.

362 ITB World Travel Trends Report 2014/2015, prepared by IPK International on behalf of ITB Berlin - The World's Leading Travel Trade Show, Dezember 2014. S. 27.

363 »The 5 most important virtual currencies other than Bitcoin«, in: *Investopedia*, 10.12.2014.

364 Badev, Anton/Chen, Matthew: Bitcoin: Technical Background and Data Analysis, Finance and Economics Discussion Series Divisions of Research & Statistics and Monetary Affairs Federal Reserve Board, Washington, D.C., 2014. S. 2.

365 Zarat, Juan C.: Conflict by other means - The Coming Financial Wars, Center for Strategic and International Studies (CSIS), 2013.

366 Trigg, Tali/Telleen, Paul: Global EV Outlook, Understanding the Electric Vehicle Landscape to 2020, Clean Energy Ministerial, Electric Vehicles Initiative, International Energy Agency, April 2013. S. 6.

367 Ayre, James: Electric Car Deman Growing, Global Market Hits 740,000 Units, Clean Technica, 28.03.2015.

368 KPMG/Center for Automotive Research: Self-driving cars - The next revolution, 2012. S. 7.

369 »Fiat Chrysler schließt gefährliche Sicherheitslücke«, in: *Golem*, 21.7.2015.

370 »Google investiert ins Deutsche Forschungszentrum für Künstliche Intelligenz«: in: *Wired*, 08.10.2015.

371 »Apple buys UK-bases speech technology start-up VocalIQ«, in: *Financial Times*, 02.10.2015.

372 Michael C. Horowitz, The Looming Robotics Gap - Why America's global dominance in military technology is starting to crumble, Foreign Policy, 05.05.2014.

373 Crane, Keith/Usanov, Artur: Role of High-Technology Industries, in: Aslund, Anders/Guriev, Sergei/Kuchins, Andrew et. al.: Russia after the global Economic Crisis, Peterson Institute for International Economics, Washington Juni 2010. Kapitel 5, S. 95-123.

374 Kopp, Dr. Carlo: The Impact of Russian High Technology Weapons: Transforming the Strategic Balance in Asia, Air Power Australia, 2008.

375 Sujata, Joshi/Sohag, Sakar/Tanu, Dewan/Chintan, Dharmani/Shubham, Purohit/Sumit, Gandhi: Impact of Over the Top (OTT) Services on Telecom Service Providers, Indian Journal of Science and Technology, Vol. 8 (S4), 145-160, Februar 2015.

376 Skan, Julian/Dickerson, James/Masood, Samad: The Future of Fintech and Banking: Digitally disrupted or reimagined?, Accenture, 2014. S. 4.

377 Skan, Julian/Dickerson, James/Masood, Samad: The Future of Fintech and Banking: Digitally disrupted or reimagined?, Accenture, 2014. S. 5.

378 »Global companies sign White House pledge on climate change action«, in: *The Financial Times*, 19.10.2015.

379 Rede von Mark Carney, Breaking the tragedy of the horizon - climate change and financial stability, Bank of England, 29.09.2015.

380 Robert Menasse, Der Europäische Landbote. Die Wut der Bürger und der Friede Europas oder warum die geschenkte Demokratie einer erkämpften weichen muss, Paul Zsolnay, Wien 2012, S. 107.

381 Robert Menasse, Der Europäische Landbote. Die Wut der Bürger und der Friede Europas oder warum die geschenkte Demokratie einer erkämpften weichen muss, Paul Zsolnay, Wien 2012, S. 107.

382 Philip K. Howard, The Death of Common Sense, New York 2011.

383 »EU-Lobbyisten im Dienst von US-Konzernen«, in: *Deutsche Wirtschafts Nachrichten*, 28.03.2013.

384 Google Transparency Report July - December 2014, Liste der Staaten, die eine Herausgabe von Nutzerdaten fordern; Deutschland 3.114 Anfragen, Österreich 24 Anfragen, USA 9.981 Anfragen, Russland 134 Anfragen, China 1 Anfrage.

385 Auskunftspflichten der Kommunen, aus: Leitfaden für Kommunen zur Anwendung des Rundfunkbeitrags, März 2015, S. 11.

386 »Pentagon signs up Apple and Boeing to silicon warfare institute to build wearable health monitors for soldiers and smart sensors for planes and weapons«, in: Mail Online, 28.08.2015.

387 »Leading scientists critcise Juncker investment plan«, in: *EU Observer*, 17.02.2015.

388 ebd.

389 »US-geführte Militärallianz wirft in Syrien Munition für Rebellen ab«, in: *Zeit*, 12.10.2015.

390 »David Cameron to unveil new limits on extremists' activities in Queen's speech«, in: *The Guardian*, 13.05.2015.

391 »Spain's New Public Safety Law Has Its Challengers«, in: *NY Times*, 30.06.2015.
»Nationalversammlung will Schnüffeln erleichtern«, in *Zeit*, 05.05.2015.
»Police State France. New Anti-Terrorism Legislation, Threat to Civil Liberties«, in: *Global Research*, 10.10.2015.

392 Gideon Rachman, Nullsummenwelt. Das Ende des Optimismus und die neue globale Ordnung, Weltkiosk, London-Berlin 2012, S. 184.

393 Johannes Willms, Die deutsche Krankheit, Carl Hanser Verlag, München 2001, Seite 168. Außerdem hat Willms beschrieben, wie die Abschaffung der Zünfte eines der Ziele der französischen Revolution wurde, in: Willms Zünfte Johannes Willms, Tugend und Terror - Geschichte der Französischen Revolution, C.H.Beck, München 2014.

394 Roland Baader, Geldsozialismus - Die wirklichen Ursachen der neuen globalen Depression, Resch Verlag, Gräfelfing 2010.

395 Schriftlicher Bericht der Autorinnen an den Verfasser dieses Buches.

396 Bouillon, ebd.

397 »Euro-Krise: Deutschlands Pochen auf Regeln ist pro-europäisch«, in: *Deutsche Wirtschafts Nachrichten*, 02.08.2015.

398 »As Syria Reels, Israel Looks to Expand Settlements in Golan Heights«, in: *The New York Times*, 02.10.2015.

399 Remarks by the Vice President at the John F. Kennedy Forum, unter: White House Briefing Room, 3.10.2014.

400 Laut Russland haben sich die Flüge taktischer Flugzeuge der NATO in 2014 auf 3.000 Flüge verdoppelt. Quelle: »Russia Denounces increase NATO Air Patrols«, in: *The Wall Street Journal*, 24.12.2014.

401 Government of the Netherlands: MH17 incident, 296 Todesopfer.

402 »Saudi Arabia is building a 600-mile ›great wall‹ to shield itself from ISIS«, in: *Business Insider*, 14.1.2015.

403 »Immortality research is a pet interest of the super-rich - but that doesn't mean it's selfish or unethical«, in: *Tech Insider*, 06.08.2015.
    »Silicon Valley is trying to make humans immortal - and finding some success«, in: *Newsweek*, 05.03.2015.

404 »Die ganze Wahrheit über Hardheim«, in *Zeit Online*, Oktober 2015.

405 »Greece talks: ›Sorry, but there is no way you are leaving this room‹«, in: *Financial Times*, 13.07.2015.

406 King, David: Wien 1814: Von Kaisern, Königen und dem Kongress, der Europa neu erfand, Piper Verlag, München 2008, S. 398.

Literaturverzeichnis

Acemoglu, Daron: Why Nations Fail – *The Origins of Power, Prosperity and Poverty*, London 2012.

Anonymus: *The WikiLeaks Files – The World According to US Empire*, London 2015.

Baader, Roland: *Geldsozialismus – Die wirklichen Ursachen der neuen globalen Depression*, Gräfelfing 2010.

Baran, Zeyno/Tuohy, Emmet: *Citizen Islam – The Future of Muslim Integration in the West*, New York 2011.

Berardi, Franco »Bifo«: *Der Aufstand – Über Poesie und Finanzwirtschaft*, Berlin 2015.

Boyes, Roger: *Meltdown Island – How the Global Financial Crisis Bankrupted an Entire Country*, London 2010.

Broder, Henryk M.: *Die letzten Tage Europas – Wie wir eine gute Idee versenken*, München 2013.

Brzezinski, Zbigniew: *The Grand Chessboard – American Primacy And Its Geostrategic Imperatives*, New York 1997.

Crouch, Colin: *Postdemokratie*, 11. Auflage, Frankfurt am Main 2015.

Davies, Norman: *Verschwundene Reiche – die Geschichte des vergessenen Europa*, London 2011.

Franz, Albert/Baum, Wolfgang: *Theologie im Osten Europas seit 1989 – Entwicklungen und Perspektiven*, Berlin 2009.

Feuchtwanger, Lion: *Erfolg – Drei Jahre Geschichte einer Provinz*, Berlin 1930.

Feuchtwanger, Lion: *Die Geschwister Oppenheim*, Amsterdam 1933.

Feuchtwanger Lion: *Exil*, Amsterdam 1939.

Gebauer, Carlos A.: *Rettet Europa vor der EU – wie ein Traum an der Gier nach Macht zerbricht*, München 2015.

Ghemawat, Pankay: *Word 3.0 – Global Prosperity and how to achieve it*, Boston 2012.

Heather, Peter: *Invasion der Barbaren – Die Entstehung Europas im ersten Jahrtausend nach Christus*, Stuttgart 2012.

Heer, Friedrich: *Europa unser*, Braunschweig 1977.

Howard, Philip K.: *The Death of Common Sense – How Law is Suffocating America*, New York 2011.

Illies, Florian: *1913 – Der Sommer eines Jahrhunderts*, Frankfurt am Main 2012.

Kesch, Sven: *Kurs halten bis zum Untergang Europas – Unglaubliche ›Erfolgsgeschichten‹ aus dem Brüsseler Tollhaus*, Wien 2015.

King, David: *Wien 1814. Von Kaisern, Königen und dem Kongress, der Europa neu erfand*, München 2008.

Kissinger, Henry: *New World Order*, New York 2014.

Koenig, Aaron: *Bitcoin – Geld ohne Staat*, München 2015.

Krishnan, Armin: *Gezielte Tötung – Die Zukunft des Krieges*, Berlin 2012.

Leukefeld, Karin: *Flächenbrand – Syrien, Irak, die arabische Welt und der Islamische Staat*, Köln 2015.

Maier, Michael: *Die Plünderung der Welt – Wie die Finanz-Eliten unsere Enteignung planen*, München 2014.

Maier, Michael: *Die ersten Tage der Zukunft – Wie wir mit dem Internet unser Denken verändern und die Welt retten können*, München 2008.

Martenson, Chris: *The Crash Course – The Unsustainable Future of Our Economy, Energy, and Environment*, Hoboken 2011.

Menasse, Robert: *Der Europäische Landbote – Die Wut der Bürger und der Friede Europas oder warum die geschenkte Demokratie einer erkämpften weichen muss*, Wien 2012.

Menasse, Robert: *Die Zerstörung der Welt als Wille und Vorstellung*, Frankfurt am Main 2006.

McGregor, Neil: *Germany – Memories of a Nation*, London 2014.

Murphey, Cullen: *Are We Rome? The Fall of an Empire and the Fate of America*, New York 2007.

Pfaff, William: *The Wrath of Nations – Civilization and the Furies of Nationalism*, New York 1993.

Ohme-Reinicke, Annette: *Moderne Maschinenstürmer*, Frankfurt am Main 2000.

Rachman, Gideon: *Nullsummenwelt – Das Ende des Optimismus und die neue globale Ordnung*, London/Berlin 2012.

Rashid, Ahmed: Sturz in Chaos – *Afghanistan, Pakistan und die Rückkehr der Taliban*, Düsseldorf 2010.

Rickards, James: *The Big Drop – How to Grow Your Wealth During The Coming Collapse*, Baltimore 2015.

Rickards, James: *Währungskrieg. Der Kampf um die monetäre Weltherrschaft*, München 2012.

Rodrik, Dani: *Das Globalisierungs-Paradox – Die Demokratie und die Zukunft der Weltwirtschaft*, München 2011.

Rose, Mathew D.: *Korrupt? Wie unsere Politiker und Parteien sich bereichern – und uns verkaufen*, München 2001.

Rosenberg, Tina: *Die Rache der Geschichte – Erkundungen im neuen Europa*, München 1995.

Saunders, Doug: *Die neue Völkerwanderung – Arrival City*, München 2011.

Sakwa Richard: *Frontline Ukraine – Crisis in the Borderlands*, London 2015.

Servan-Schreiber, *Jean-Jacques – Die amerikanische Herausforderung*, Paris-Hamburg 1968.

Schumpeter, Joesph A.: *Kapitalismus, Sozialismus und Demokratie*, 8. Auflage, Tübingen 2005.

Tifft, Susan E./Jones, Alex S.: *The Trust – The Private and Powerful Family Behind The New York Times*, Boston/New York/London 1999.

Toffler, Alvin: *Der Zukunftsschock – Strategien für die Welt von Morgen*, Bern/München/Wien 1971.

Vance, Ashley: *Tesla. Paypal, Space X – Wie Elon Musk die Welt verändert*, München 2015.

Willms, Johannes: *Tugend und Terror - Geschichte der Französischen Revolution*, München 2014.

Willms, Johannes: *Die deutsche Krankheit – Eine kurze Geschichte der Gegenwart*, München 2001.

Stichwortverzeichnis

Die großen Crashs 1929 und 2008

Barry Eichengreen

Die Ursachen der beiden größten ökonomischen Katastrophen in den letzten 100 Jahren – die Weltwirtschaftskrise in den 1930er-Jahren und die Finanzkrise seit 2008 – gleichen einander wie ein Ei dem anderen. Beide entstanden infolge eines krassen Kreditbooms, dubioser Bankpraktiken sowie eines fragilen Finanzsystems. Und doch beriefen sich die Entscheidungsträger auf die falschen Lektionen, sodass die Krise nach mehr als sechs Jahren noch immer nicht ausgestanden ist.

Barry Eichengreens *Die großen Crashs 1929 und 2008* ist DAS neue Hauptwerk der Wirtschaftsgeschichte und zeigt auf, welche Schlussfolgerungen aus der Geschichte der Großen Depressionen gezogen werden müssen, ehe dieselben Fehler in der nächsten Krise erneut gemacht werden. Kein anderes Werk erklärt die Geschichte der zwei größten Krisen umfassender und gibt weitreichendere Antworten. Ein monumentales Epos von einem der einflussreichsten Ökonomen der Welt

560 Seiten I Hardcover I 34,99 € (D) I ISBN 978-3-89879-890-7

Die Plünderung der Welt

Michael Maier

Unbemerkt von der Öffentlichkeit treibt eine internationale Clique aus Politikern, Lobbyisten, Bankern und Managern die Plünderung der Welt voran. Eine globale Feudalherrschaft entsteht: Die Reichtümer der Erde wandern zu einer winzig kleinen Gruppe im Innersten des Finanzsystems. Die Regierungen wollen zu den Profiteuren zählen und zwingen ihre Bürger zu immer neuen Opfern.

Unterstützt von mächtigen und verschwiegenen Organisationen wieder Weltbank, dem IWF, der Bank für Internationalen Zahlungsausgleich und den Zentralbanken plündern die Regierungen die privaten Vermögen und kündigen den wirklich Bedürftigen die Solidarität auf. Ozeane von Falschgeld überfluten die ganze Welt, während sich globale Finanzströme der demokratischen Kontrolle entziehen. Recht wird nach Belieben gebrochen. Willkür ist die neue Ideologie. Anstand ist ein Fremdwort geworden.

288 Seiten | Hardcover | 19,99 € (D) | 20,60 € (A) | ISBN 978-3-89879-853-2

Warum andere auf Ihre Kosten immer reicher werden

Andreas Marquart
Philipp Bagus

Deutschland hat wie alle Länder der Welt ein reines Papier-geldsystem, in dem neues Geld quasi aus dem Nichts entsteht. Andreas Marquart und Philipp Bagus zeigen spannend und für jeden verständlich, wie Geld entsteht und warum unser jetziges Geld schlechtes Geld ist. Der Leser erfährt, wie wichtig gutes Geld für eine Volkswirt-schaft ist und welchen Einfluss schlechtes Geld auf jeden Einzelnen in der Gesellschaft hat. Welche Rolle zudem Staat, Regierung und Politik bei der Umverteilung zugunsten Superreicher spielen und warum die naive Staatsgläubig-keit keine Zukunftsstrategie für den einzelnen Bürger ist, zeigen Marquart und Bagus anhand vieler Beispiele. Wer hingegen Politikern – und sei es nur aus einem Bauchge-fühl heraus – noch nie vertraut hat, wird den Beleg dafür erhalten, dass er mit diesem Gefühl richtig liegt. Ein leicht verständlicher Einstieg in die Frage, warum Geld für viele Missstände in unserer Gesellschaft verantwortlich ist.

192 Seiten | Broschur | 16,99 € (D) | 17,60 € (A) | ISBN 978-3-89879-857-0

Des Bankers neue Kleider

Anat Admati I Martin Hellwig

In den letzten Jahren dominiert ein Thema die Schlagzeilen:
die Finanzkrise und die maroden Banken. Und wer bezahlt,
wenn mal wieder eine Bank aus dem Ruder läuft ? Die Sparer und die Steuerzahler! Trotzdem schaffen es die Bank-
manager immer wieder, sich strengeren Reglements zu
entziehen, und tischen dafür die aberwitzigsten Argumente
auf. Anat Admati und Martin Hellwig untersuchen diese
»modernen Märchen« und kommen eindeutig zu dem
Schluss, dass es keineswegs notwendig ist, die Vorzüge des
Systems zu opfern, um die Banken gesünder und sicherer
zu machen.

528 Seiten I Hardcover I 24,99 € (D) I ISBN 978-3-89879-825-9

Die Value-Investor-Ausbildung

Guy Spier

Wer träumt nicht davon, einmal ein weltweit erfolgreicher Investor zu werden? Guy Spier hat es geschafft.
Sein Abendessen mit Warren Buffett für 650 100
US-Dollar ist nur einer der vielen Höhepunkte einer
langen Suche nach den erfolgreichsten Methoden
des Value-Investierens. Doch wie wird man ein wer-
torientierter Investor à la Warren Buffett?

Die Value-Investor-Ausbildung begleitet Guy Spier
auf seinem Werdegang von einem Möchtegern-Gor-
don-Gekko hin zu einem erfolgreichen Value-Investor.
Er gibt praktische Tipps, wie Anleger bessere Invest-
ment-Entscheidungen treffen, und zeigt, wie er aus
teuren Fehlern gelernt hat und wie jeder seinen
eigenen Weg gehen kann.

240 Seiten I Hardcover I 24,99€ (D) I ISBN 978-3-89879-901-0

Von Rettern und Rebellen

Klaus-Peter Willsch | Christian Raap

Der CDU-Bundestagsabgeordnete Klaus-Peter Willsch packt schonungslos aus: Die Bundesregierung war seit Beginn der Eurokrise nicht nur vollkommen planlos, sondern hat auch gegenüber dem Bundestag gezielt Informationen vertuscht und zurückgehalten. Doch Willsch stellte sich entschlossen gegen den kollektiven Rechtsbruch und die Plünderung Deutschlands durch die Schuldenstaaten Europas. Er verstieß damit jedoch gegen ein ungeschriebenes Gesetz: Folge deiner Führung!

Klaus-Peter Willsch zeigt mit Informationen, die der Öffentlichkeit bisher nicht zugänglich waren, die zentralen Probleme auf: mangelnder ökonomischer Sachverstand im Parlament, eine rücksichtslose Machtsicherung der Führung und die Drohung mit schlechterer Listenplatzierung vor Wahlterminen.

Doch Willsch scheut nicht davor zurück, Ross und Reiter zu nennen. Ein spannender und zugleich beängstigender Einblick in die Herzkammer unserer Demokratie.

288 Seiten | Hardcover | 19,99 € (D) | ISBN 978-3-89879-926-3

Bargeldverbot

Ulrich Horstmann | Gerald Mann

Nicht nur die andauernde Niedrigzinsphase ist eine große Gefahr für Sie als Sparer, sondern auch das immer stärkere Zurückdrängen von Bargeld. In Italien und Frankreich sind bereits Bargeldzahlungen ab 1000 Euro illegal und viele Deutsche Banken haben neben Tageslimits schon Wochen-limits eingeführt. Seitens der EU soll es bereits für 2018 kon-krete Pläne für eine vollständige Bargeldabschaffung geben. Welche krassen Folgen ein Verbot von Bargeld hätte und wie Sie sich als Sparer davor schützen können, zeigen Ulrich Horstmann und Gerald Mann als profunde Kenner in diesem Buch.

- Alle Informationen über die Szenarien und Folgen einer Bargeldabschaffung
- Das erste Buch, das über diesen neuen Enteignungs- und Überwachungsansatz informiert
- Profundes Hintergrundwissen von zwei erfahrenen Finanzexperten

128 Seiten I Broschur I 6 99 € (D) I ISBN 978-3-89879-933-1

Elon Musk

Ashlee Vance | Elon Musk

Elon Musk ist als Unternehmer der da Vinci des 21. Jahrhunderts. Seine Firmengründungen lesen sich wie das Who's who der zukunftsträchtigsten Unternehmen der Welt. Mit PayPal revolutionierte er das Zahlen im Internet, mit Tesla schreckte er die Autoindustrie auf und sein Raumfahrtunternehmen SpaceX ist aktuell das weltweit einzige Unternehmen, das ein Raumschiff mit großer Nutzlast wieder auf die Erde zurückbringen kann.

Dies ist die Geschichte hinter einem der größten Unternehmer seit Thomas Edison, Henry Ford oder Howard Hughes. Das Buch erzählt seinen kometenhaften Aufstieg von seiner Flucht aus Südafrika mit 17 Jahren bis heute. Es ist die gleichsam inspirierende, persönliche und spannende Geschichte eines der erfolgreichsten Querdenker der Welt. Ashlee Vance hat für diese Biografie mehr als 40 Stunden persönlich mit Elon Musk verbracht und exklusiven Zugang zu Musks familiärem Umfeld erhalten.

368 Seiten | Hardcover mit Schutzumschlag | 19,99 € (D) | ISBN 978-3-89879-906-5

BITCOIN – Geld ohne Staat

Aaron Koenig

Als der Nobelpreisträger Friedrich August von Hayek 1976
das Ende des staatlichen Geldmonopols und einen freien
Wettbewerb der Währungen forderte, wurde sein Konzept
nicht besonders ernst genommen. Heute ist die Entstaatli-
chung des Geldes in vollem Gang. Digitale Währungen wie
Bitcoin kommen ohne Banken und ohne staatliche Regulierung aus.

Dieses Buch beschreibt das Konzept des dezentralen, nicht-
staatlichen Geldes auf leicht verständliche und anschauliche
Weise. Der Autor betrachtet das Zahlungssystem Bitcoin aus
Sicht der Wiener Schule der Volkswirtschaft. Deren Vordenker wie Hayek Ludwig von Mises oder Murray Rothbard
kritisieren die schädlichen Folgen des »Geldsozialismus« und
plädieren für eine freie Marktwirtschaft ohne Staatseingriffe.
Mit Bitcoin wird ihre Forderung nach freiem Marktgeld Realität. Und die Bitcoin zugrunde liegende Blockchain-Tech-
nologie kann noch viel mehr!

208 Seiten I Broschur I 16,99 € (D) I ISBN 978-3-89879-911-9